江苏高校优势学科建设工程资助项目
江苏土地开发整理技术工程中心　　联合资助

农用地转用征收环节土地税费设置
分析与绩效评价研究

◎ 张志宏　金晓斌　周寅康　等著

南京大学出版社

图书在版编目(CIP)数据

农用地转用征收环节土地税费设置分析与绩效评价研
究 / 张志宏等著. —南京:南京大学出版社,2013.10
　　ISBN 978 - 7 - 305 - 11831 - 9

　　Ⅰ.①农…　Ⅱ.①张…　Ⅲ.①土地税-税收管理-研
究-中国　Ⅳ.①F812.424

中国版本图书馆 CIP 数据核字(2013)第 161317 号

出版发行	南京大学出版社
社　　址	南京市汉口路 22 号　　　　邮　编 210093
网　　址	http://www.NjupCo.com
出版人	左　健

书　　名	**农用地转用征收环节土地税费设置分析与绩效评价研究**
著　　者	张志宏　金晓斌　周寅康　等
责任编辑	陈　露　荣卫红　　　　　编辑热线　025 - 83592401
照　　排	南京紫藤制版印务中心
印　　刷	南京玉河印刷厂
开　　本	787×960　1/16　印张 17.75　字数 280 千
版　　次	2013 年 10 月第 1 版　2013 年 10 月第 1 次印刷
ISBN	978 - 7 - 305 - 11831 - 9
定　　价	38.00 元

发行热线	025 - 83594756　83686452
电子邮箱	Press@NjupCo.com
	Sales@NjupCo.com(市场部)

前　言

　　土地作为一种不可再生的稀缺资源,是人类生存和生产发展的基础。随着社会经济的发展,土地无限需求与刚性供给之间的矛盾不可避免。作为政府调节土地供需平衡的重要经济杠杆,土地税费在促进资源有效配置方面发挥着行政管理政策和法律调控手段难以比拟的优势。土地税费主要利用税种、税率、减免税、税负、征管等要素调节各方经济利益,通过对纳税人利益得失的调整,影响他们经济活动的能力与行为,进而对社会经济结构产生影响。政府利用这种影响,有目的地对社会经济活动进行引导,从而合理调整社会经济结构。

　　土地税产生于原始社会末期,古埃及、古罗马以及古代中国早在封建社会就出现了土地税的雏形。早期的土地税多按土地面积、土地生产物的产量课征,计征方法简便,税额的确定也符合当时人口少、土地兼并垄断情况相对较轻的社会状态。但到了近代社会后,经济发展加速,人口快速增长,对土地资本的垄断和独占造成了社会贫富悬殊,原有的土地税已不能有效解决这一问题,一些国家开始征收以土地价值为计税依据的地价税。进入现代社会后,土地税发展日趋成熟,多数国家遵循"宽税基、少税种、低税率"的税制设计原则,既通过土地税收入补充地方财政支出,也借助土地税调控作用,力图实现保护土地资源、调节土地使用结构、促进合理有效利用土地的目的。此时,以土地价值为计税依据,实行差别比例税率的土地财产税得到普遍施行。

　　中国的土地税可以追溯到夏商周时期,1949 年以前中国的土地税一般称为田赋,即以农村土地为对象课征的税。经过两千多年封建社会的发展演变,到民国时期,土地所征税收统称为四赋(漕粮、户课和各种官田租课)。新中国成立后,对从事农业生产、有农业收入的单位和个人征收农业税(于 2006 年取消),对城市土地征收地产税或土地使用税。中国现行土地税制在组织财政收入、宏观调控房地产市场、维护社会公平等方面发挥了积极作用,突出表现在抑制土地投机、避免地价过快上涨、促进土地资源合理利用、调节土地收益分配、促进企业公平竞争、筹集公共设施建设资金等方面。但随着经济不断深入发展,土地税种结构不合理、税费混杂、重费轻税、征税范围狭窄、征税基础薄弱等问题和矛盾愈加突出,严重影响了土地资源的配置效率。

农用地转用在中国城市化、工业化进程中处于重要地位,相关土地税费设置对社会经济的稳定发挥着难以估量的作用。随着最严格的耕地保护制度和最严格的节约集约用地制度相继确立,国家对农用地转用征收环节中土地税费的征收管理日渐增强,相继出台了一系列的政策和规定。目前,农用地转用环节形成了以"耕地占用税"、"新增建设用地土地有偿使用费"、"征地补偿费"、"耕地开垦费"构成的"一税三费"为主的土地税费制度,共同发挥着抑制农用地占用规模和控制占用速度、促进土地节约集约利用等作用。但由于缺乏明确的法律规范,现行土地税费制度在税费标准设置、税费衔接协调、税费效益发挥等方面有待进一步完善。

目前,农用地转用征收环节土地税费的理论研究和实践探索尚未形成系统,在理论、技术和管理层面多为方向性指引而缺乏明确的操作规则,给实际工作的有序开展及发挥既定效益造成一定障碍。本研究从农用地转用征收环节的土地税费入手,从理论层面梳理了国内外土地税费制度和思想理论的发展状况,围绕土地税费立法过程中涉及的关键性问题展开深入研究;从技术层面运用数理统计、实证分析、区域对比等方法,分析了农用地转用征收环节土地税费的主要构成,探讨了土地税费间的相互关系及其绩效状况;从管理层面综合了国内外耕地保护和土地税费制度的有益之处,针对当前中国农用地转用征收环节的实际情况提出建议措施。

目　录

第一章 绪 论

第一节 研究背景

一、土地资源与持续发展

土地作为一种不可再生的稀缺资源，不仅为人们提供了居住空间，还为其他生产要素作用的发挥提供了可能。土地是农业之本，也是人类赖以生存的基本保障。中国以世界上 7％的土地养活了世界上 22％的人口，成为人类发展史上的一个奇迹。中国土地资源的特点可以概括为"一多四少"，即总量多，人均耕地少，可利用的土地资源相对少，高质量的耕地更少，可开发后备资源有限。[1]

土地资源的持续利用是实现社会经济和环境可持续发展的基本出发点，土地利用的效率影响着经济增长速度、生态环境质量及其所能承载的人口数量。目前，由于不合理的土地利用方式引发的资源环境和社会经济问题愈加突出，土地资源的持续利用已成为制约中国和谐发展的关键因素和各方矛盾的焦点。一是土地资源数量虽大，但人口众多导致人均土地，特别是耕地严重不足，人地矛盾尖锐；二是各类农用地的利用指数和耕地复种指数都高于世界平均水平，土地开发程度较高，但利用方式较为粗放；三是由于土地管理的执法力量不足，特别是一些地方从眼前利益出发，致使土地滥占滥用现象严重；四是建设用地利用效益不高，土地闲置撂荒，占而不用或多占少用的现象时有发生；五是由于过去滥砍乱伐森林,滥垦山丘和草原,在建设活动中不注意保护植被,致使土地退化加剧,生态环境趋于恶化。[2]要根本解决上述问题,就必须改变传统的土地资源利用方式,走可持续发展的道路。

耕地在土地资源中起着决定性作用,其不仅是国家粮食安全的重要资源保障,更是人类社会赖以生存、繁衍和发展的物质基础。中国是一个人口大国、农业大国,农用地,特别是耕地的数量、质量与国家粮食安全密切相关,人多地少的国情更加剧了粮食供给与需求的矛盾,耕地保护始终是国人必须优先考虑且不能回避的问题。在亚洲季风气候条件下,气候变化影响着粮食产量,进而对国家政权产生影响,而政权波动时期往往与某一时期降水量大幅下降,粮食无法满足需求的情况相关。纵观中国风云历史,政权更替都是由于粮食安全无法保障造成的,即便在盛世唐朝,关乎国家兴衰的一个重要问题也是粮食问题。正因如此,才有了"国以民为本,民以食为天"、"仓廪实而知礼节"、"无农不稳,无粮则乱"等历史经验,精辟地道出了粮食安全在国民经济和社会持续发展中的重要性。无论社会如何发展、科学如何进步,粮食问题永远是中国最基本的问题。[3]

据第六次人口普查数据,2010 年中国人口为 13.7 亿[4],预计到 2020 年,人口总量将达 14.5 亿,在 2033 年前后达到高峰值(15 亿左右)[5]。为保障国家粮食安全,必须保有一定数量的耕地,而保障国家生态安全,也需要加强对具有生态功能的农用地特别是耕地的保护。中国正处于城镇化、工业化的快速发展阶段,预计到 2020 年,城镇化率将达到 58%,在强化耕地保护的同时,建设用地的供需矛盾愈加突出,首先,城镇工矿用地需求量将在相当长的时期内保持较高水平;其次,推进城乡统筹、区域一体化发展和建设社会主义新农村,都需要一定规模的新增建设用地加以支撑,土地的刚性供给造成了土地供需之间的巨大矛盾,各项建设用地的供给面临巨大的压力,并开始制约社会和经济的发展。

二、税费制度与土地管理

国际上对土地资源的管理一般采用两种方式,即土地批租制度[1]和财产税制度,目前中国采用土地批租制、税收手段以及一些行政管理政策综合调节的方式。随着社会经济的不断发展,这种管理模式所暴露出来的问题也愈加突出。

新中国成立以来,中国土地税收制度不断完善,初步建立起覆盖各环节、调节全过程的土地税收调控体系,在筹集地方政府财政收入、限制土地滥用、节约土地资源等方面发挥了积极作用。20世纪80年代中期,中国开始实施以土地使用有偿化为核心的土地产权制度改革,土地所有权与使用权相分离以及土地使用有偿化为政府进行土地课税清除了制度障碍。1984年9月18日,国务院发布了《中华人民共和国国营企业所得税条例(草案)》和《国营企业调节税征收办法》,决定恢复征收房地产税,并将城市房地产税分为房产税和城镇土地使用税。同时,为了节约和有效利用土地、调节土地收益分配,逐步开展了土地税收的立法以及实施工作,土地使用税、土地增值税等税种相继开征。1986年9月,国务院颁布《房产税暂行条例》并于同年10月1日起实施;1987年7月1日,《中华人民共和国耕地占用税暂行条例》出台。耕地占用税的开征在一定时期内对合理利用土地资源、加强土地管理、保护耕地起到了积极作用。

税收作为政府调控市场的重要经济杠杆,对社会经济具有巨大的调节作用。它通过对纳税人利益得失的调整,影响他们经济活动的能力和行为,并对社会经济结构产生影响。政府利用这种影响,有目的地对社会经济活动进行引导,从而

---

[1] 土地批租制度(The land leasehold system 或 The leasehold system)的主要内容为:批租只涉及土地的使用权,不改变土地的所有权。业主取得的只是某一块土地在一定年限内的使用权,以后业主之间能转让的也仅是土地的使用权。而当批租期限届满,承租人就要将这块土地的使用权连同附属其上的建筑物全部无偿地归还给土地所有权人。在中国,关于城市土地使用权的期限及相关问题的法律法规主要有1990年颁布的《城镇国有土地使用权出让和转让暂行条例》和1994年颁布的《城市房地产管理法》(2007年8月30日第十届全国人民代表大会常务委员会第二十九次会议进行了修正)。《暂行条例》第十二条根据土地的用途不同,对各类用途的土地使用权最高年限作了规定:居住用地70年,工业用地50年,教育、科技、文化、卫生、体育用地50年,商业、旅游、娱乐用地40年,综合或者其他用地50年。

实现对社会经济结构的调整。随着中国社会主义市场经济制度的建立和发展,原有计划经济体系下的税收制度在税种设置、税种间协调与配合、筹集财政收入职能发挥等方面都无法实现预定目标,中央政府于 1994 年对税制进行重大改革,实行税收分管体制。这一制度设计符合中国分级财政管理的要求,但地方税制设计方面面临税种多、收入规模小、税源分散、征管难度大,以及税制使用内外有别等问题,[6]造成地方税体系在发挥资源配置、稳定经济、公平税负等方面的调节作用也不尽如人意,也给地方维护稳定的收入来源带来一定的难度。理论上,地方税的税基应具有非流动性(税负不易转嫁)、不易发生周期性波动,且具有适度的弹性和较大的收入规模,这样才能使税收收入随经济增长而相应增加。[7]

土地税是以土地为征税对象的一类税收,诞生于原始社会末期,是历史上最古老的税收形式之一。土地作为不动产,具有固定性和非移动性,因而土地税作为一种可靠的税收形式历来受到统治者的重视。自威廉·配第开始,之后所有著名的古典经济学家和庸俗经济学家几乎都在自己的论著中提出了较为独立的税收学说。早期的土地税作为政府财政收入的重要来源,所承担的社会职能主要是增加财政收入。随着社会经济的发展,土地开发程度逐渐加大,土地资源供给日渐紧张,同时,土地利用过程中也出现了一些对土地资源的可持续利用构成较大威胁的问题。因而,近现代各国土地税收的重点逐渐从单纯增加财政收入转向对土地资源的保护。[8]土地税有广义和狭义两种范畴。广义的土地税不仅包括对土地实体本身及其所提供服务的征税;也包括对地上建筑物及其附着物等土地改良物所征收的税收,如房屋税、土地改良物税等;还包括对土地或土地改良物交易行为的征税,如土地增值税、契税、印花税等;以及对土地的不当利用行为课征的税收,如空地税、荒地税等。狭义的土地税仅指对土地实体本身及其所提供服务所课征的税收,如地价税、地租税等。[9]

从市场经济角度来看,要想有效地进行土地的开发、利用和管理,发挥其经济资源优势,关键在于利用税收机制对土地资源收益进行正确管理。在各种税收政策中,最为直接有效的就是土地税收。土地税收通过调整土地关系、均衡土地收益、规范土地市场来实现土地资源的合理利用。土地税收作为国家强制、无偿地占有部分土地收益,以取得财政收入的一种形式,具有税源广和税基稳定等特点,对土地资源的管理利用有着重要影响。在对土地资源进行配置的过程中,土地税费在占有、保有和转让等环节都占据着不容忽视的地位。

在土地占有环节,土地税可以控制用地数量,目前我国在土地占有环节的税种是耕地占用税。完善的土地占有环节税收可从源头上支持国家的土地政策,减少对耕地的占用。按照财政预算管理规定,耕地占用税收入主要用于农业综合开发[1],包括开垦新的耕地、改造现有中低产田和改善农业生产条件,实现耕地数量的动态平衡,为农业发展保持较好势头提供保障。

在土地保有环节,土地税能够在一定程度上提高土地质量,发挥土地作为资产要素的作用,减少土地闲置和浪费现象。通过对土地保有者征税,一方面能够提高土地保有成本,防止囤积居奇;另一方面也可自觉调节土地开发行为和持有土地所有权与使用权的行为,从而保证土地资源的长期收益。

在土地转让环节,相关税收可以规范土地交易,引导土地资源的流向,目前我国在土地转让环节的税种是土地增值税。土地增值税是对土地使用权转让及出售建筑物时所产生的价格增值量征收的税种,其实施有利于增强国家对房地产开发商和房地产交易市场的调控,有助于国家抑制炒买炒卖土地获取暴利的行为,有利于增加国家财政收入,为经济建设积累资金。

三、土地税费与耕地保护

耕地作为一种稀缺资源,具有保障粮食安全、保护生态环境、稳定社会政治等性质,土地税费对其在取得、保有、流转等各方面的调控和保护作用是巨大的。通过土地税收制度的改进和完善,可以推动资源有效配置、土地集约利用,进而实现耕地保护的目的。

根据国家统计局、农业部、原国家土地管理局和国土资源部的统计资料,中国耕地面积在 1957 年达到高峰,其后经历了一次大幅度的减少。第二次大的滑坡发生在 1965—1977 年,第三次耕地面积减少在 1980—1988 年,第四次为 1992 年

---

[1]　征收的耕地占用税收入入库后在中央、地方财政之间分配。财政部在 1987 年规定,征收的耕地占用税 50%上交中央财政,50%留给地方财政。为调动地方征收的积极性,国务院于 1989 年将上述分成比例调整为"倒三七"比例分成,即交中央 30%,地方留 70%。1994 年实行分税制财政管理体制以后,耕地占用税属于地方固定财政收入。

持续至今。[10]2008 年全国土地利用变更调查结果显示,截至 2008 年 12 月 31 日,全国耕地面积为 12177.59 万公顷(18.26 亿亩),较 1996 年的 13003.92 万公顷(19.50 亿亩)减少了 826.33 万公顷(1.24 亿亩),人均耕地仅 0.093 公顷(1.39亩),不到世界平均水平的 40%,约相当于美国的 1/8、印度的 1/2。[11]中国人均耕地面积已低于专家测算的维持温饱的最低极限——人均耕地 0.1 公顷(1.5 亩),处于理论上的"饥饿线"之下。[12]

在目前高度全球化和市场化的社会经济体系下,中国的耕地保护工作正面临着诸多新的要求和压力,重点表现在以下方面:一是土地供求矛盾尖锐,土地利用规划确定的建设占用耕地指标不断突破,一些地区已无法实现规划确定的耕地保有量、基本农田保护面积、新增建设用地占用耕地等指标,耕地流失现象严重;二是违法用地、低效占地依然普遍存在,不少地方滥用征地权、随意修改规划、违法圈占土地,未批先建、占而未用、多占少用屡禁不止;三是占优补劣,重开发、轻整理复垦,据相关研究表明,由于建设占用的耕地多为城市周围和主要交通沿线农业生产条件好、土壤肥沃、单产较高的良田,而新开垦补充的耕地大多位于距城镇和交通线较远的地区,导致粮食低产区耕地面积持续增加,而中高产区耕地面积不断减少;四是耕地生态环境破坏严重,一方面农业活动造成的面源污染日益加剧,另一方面工业"三废"对农业的污染正由局部向整体蔓延,再加上水土流失、土地沙化等原因,耕地质量下降乃至退化的现象严重。

在城镇化、工业化快速发展的今天,农业依然是我们这样一个人口众多的发展中国家的第一产业,目前农业人口仍占半数左右,在政府财力有限,还难以为全部农民提供社会保障的条件下,耕地依然承担着重要的农村社会保障功能,耕地保护的成功与否已经成为关系国家兴衰、维护国家安全、保证社会稳定的重大政治问题。改革开放以来,随着经济的快速发展和城市化进程的不断推进,农用地转用愈加频繁,耕地数量急剧减少,农用地特别是耕地保护正面临着严峻的挑战。中国政府十分重视土地税费在耕地保护中发挥的积极作用,2006 年 8 月 31 日发布的《国务院关于加强土地调控有关问题的通知》(国发〔2006〕31 号)明确提出,将提高城镇土地使用税征收标准作为国家加强土地调控、抑制建设用地过度扩张的重要抓手。2006 年 12 月 31 日《城镇土地使用税暂行条例》的修订和 2008 年 1

月1日《中华人民共和国耕地占用税暂行条例》的颁布实施,有力地证明了土地税收政策对节约和有效利用耕地资源的重要程度。但目前我国大多数税收政策都是以国务院条例的形式存在的,上升为法律的仅有《个人所得税法》、《企业所得税法》和《车船适用税法》。耕地保护被认为是我国的七项基本国策之一[1],为落实最严格的耕地保护制度和节约集约用地制度,2011年全国人大将耕地占用税修订纳入了立法计划。

我国现行土地税收制度中与农用地转用征收有关的包括耕地占用税、城镇土地使用税、土地增值税等税种。通过征收耕地占用税,可有效运用税收机制遏制耕地减少,为农业发展筹集资金、增加农业投入并增强农业后劲;城镇土地使用税能够调节不同地区、不同地段之间的土地级差收入,促使土地使用者节约用地,提高土地利用效益;土地增值税可发挥税收的分配杠杆作用,调节土地增值收益,维护国家利益,规范土地市场交易秩序。但随着经济社会变化和耕地保护形势的不断严峻,现有土地税费制度越来越难以适应新形势的要求,如何改革和完善农用地转用征收环节的相关税费制度,切实保护耕地资源,促进国民经济可持续发展等已经成为国土与税收管理中亟待解决的重要问题。

四、农用地转用与税费调节

农用地转用是指按照土地利用总体规划和国家规定的批准权限获得批准后,农村集体组织所有的土地改变产权性质或用途的行为,包括农业用地或未利用地转变为农村或城镇建设用地、农村建设用地转变为城镇建设用地等情形。[13]土地征收是指国家为了公共利益需要,依照法律规定的程序和权限将集体所有的土地转化为国有土地,并依法对被征地的农村集体和个人进行合理补偿及妥善安置的法律行为[2]。

改革开放以来,中国经济发展进入了高速增长阶段。30年间,中国GDP年

---

〔1〕 七项基本国策包括计划生育,保护环境,对外开放,节约资源(保护资源),十分珍惜、合理利用土地和切实保护耕地,男女平等,水土保持。

〔2〕 我国实行土地所有权归国家和集体所有的基本制度,《宪法》第十条规定:"国家为了公共利益的需要,可以依照法律规定对土地实行征收或者征用并予以补偿。"《土地管理法》、《土地管理法实施细则》、《物权法》等对相关制度进行了具体规定。

均增长率高达 9.80％,是世界上经济发展最快的国家之一,与此相伴的是建设用地迅速增加,耕地资源不断损失(1978 年以来,建设用地占用耕地面积平均每年达 18.20 万公顷)。可以说,中国经济的高速发展是以建设用地快速膨胀为支撑和耕地资源加速损失为代价的。进一步分析表明,1989—2006 年间,我国城镇工矿用地由 2090 万公顷增加到 2630 万公顷,平均每年增加 32.1 万公顷,总体上处于上升趋势;1993 年以来,每增加 1 亿元第二、三产业 GDP,城镇工矿用地增加 31.49 公顷。其中,1989—1996 年每增加 1 亿元第二、三产业 GDP,城镇工矿用地增加71.87公顷;1996—2001 年每增加 1 亿元第二、三产业 GDP,城镇工矿用地增加 21.97 公顷;2001—2006 年每增加 1 亿元第二、三产业 GDP,城镇工矿用地增加 15.82 公顷。[14]在我国快速城市化、工业化的进程中,建设用地扩张的趋势仍将继续,由此带来对农村土地的持续需求。当前农用地转用征收过程中存在不少问题,突出表现在国家、集体和农户的利益得不到合理协调,国家仍在一定程度上沿用计划经济时期的计划手段和行政手段,未充分考虑土地利益的现实分配;个别地方政府依靠对土地一级市场的垄断,通过行政权力,利用土地征用制度,一手从农民那里低价征地,一手面向市场高价卖出,在侵犯农民权益的同时获取高额收益;少数村集体在土地补偿款分配中不顾农民利益,谋取暴利。[15]

随着最严格的耕地保护制度和节约集约用地制度的相继确定,加上土地管理经验的不断丰富,国家对农用地转用征收环节中有关土地税费征收管理的重视程度日渐增强。2005 年 7 月 1 日,国家税务总局、财政部和国土资源部联合下发了《关于加强土地税收管理的通知》,之后又相继出台了配套文件和操作细则。现行税费体系基本满足了对实践工作的指导需要,但就具体税费标准设置及土地税费间的相互关系而言,有待进一步完善。

纵观中国农用地转用征收环节的土地税费设置,可用"费多税少,分配使用不合理"来概括。随着国家对土地宏观调控的加强,农用地转用征收环节税费标准也应随着中国经济水平的发展及国家宏观调控政策的变化而不断调整,清费立税,通过法律形式提高耕地占用税在农用地转用征收环节的比重,逐步降低行政规费比重的思想逐渐受到认可和重视。因此,探讨未来农用地转用征收环节土地税费改革的趋势,立足土地保护和土地管理对农用地转用征收环节土地税费的设置提出新要求,具有时代性和现实意义。

第二节　研究目的和意义

一、研究目的

土地税收作为一项重要的经济政策工具,历来为各国所重视。在社会经济发展水平较低的历史时期,土地税收主要承担筹集财政收入的功能,如今土地税收的作用已拓展到土地资源利用和管理、贫富差距调节、经济社会协调发展等诸多方面。但目前我国土地税收制度尚不完善,存在租税费混淆、以租代税、以费代税等现象;在税种设置上,也存在重复与缺位并存、交叉与重叠同在等问题。[16] 在农用地转用征收环节,目前我国基本形成了以耕地占用税、新增建设用地土地有偿使用费、征地补偿费和耕地开垦费为主的税费制度,在保护耕地、促进土地节约集约利用等方面发挥了积极作用。但相关税费设置的理论基础仍然薄弱,各项税费的设立依据、征收标准、功能取向、作用机制等基础原理尚不明晰。本研究拟从当前我国农用地转用征收环节中土地税费运行的实际情况出发,围绕耕地占用税立法过程中涉及的若干关键性问题进行深入分析。

二、研究意义

面对日益严重的资源短缺和生存危机,党中央、国务院提出要合理、有效地利用资源,坚持资源开发与节约并重,把节约放在首位,努力构建节约型社会。土地税收作为一项重要的经济政策工具,对促进土地资源合理配置和有效利用有着十分重要的作用,其完善程度直接影响着社会经济的健康发展。本研究的意义主要体现在以下方面:第一,掌握目前我国农用地转用征收过程中的税费构成方式、运行情况及其空间分布特征,明确土地税费在农用地转用征收中所发挥的作用,减少由于税费不明确造成的混乱;第二,梳理当前农用地转用征收环节税费设置和征收过程中存在的问题,为土地税费的合理配置提供参考和依据;第三,以典型税费为重点,分析收缴资金的使用效率和效率损失,探讨在既有征收模式和征收标准下提高综合效益的途径。

第三节　研究内容

本研究拟就农用地转用征收环节土地税费设置,相关税费在农用地转用征收成本中的比重等问题进行深入分析,主要完成以下研究内容:

第一,理论层面,在进行国内外土地税费制度和思想理论发展综述的基础上,分析当前我国农用地转用征收过程中土地税费的实际状况,围绕土地税费立法过程中涉及的关键性问题展开深入研究,以期为相关立法工作提供理论和方法支撑。

第二,技术层面,根据所收集的各类数据,使用数理统计、实证分析、区域对比等方法,以农用地转用征收环节中的"一税三费"为研究对象,分析各项税费间的相互关系,计算相关资金绩效,分析有关税费设置的合理性,寻求相关税费改进和完善的空间与途径。

第三,管理层面,综合国内外耕地保护和土地税费制度的经验,针对当前农用地转用征收环节的实际情况,在政策制度、法律建设、经济手段、技术手段、生态保护和宣传教育等方面提出针对性的措施与建议。

第四节　技术路线

本研究的技术路线见图1-1。

```
┌─────────────────────────────────────────────────────────────────────────┐
│  ┌──────────┐   ┌──────────┐   ┌──────────┐   ┌──────────┐              │
│  │土地资源与 │───│税费制度与 │   │土地税费与 │   │农用地转用与│             │
│  │持续发展   │   │土地管理   │   │耕地保护   │   │税费调节   │             │
│  └──────────┘   └──────────┘   └──────────┘   └──────────┘              │
└─────────────────────────────────────────────────────────────────────────┘

┌─────────────────────────────────────────────────────────────────────────┐
│  ┌──────────┐      农用地转用征收环节         ┌──────────┐                │
│  │土地税费思想理论│    土地税费分析           │典型税费分析│               │
│                                                                           │
│    ┌────────┐         ┌────────┐              ┌──────────┐                │
│    │国内外   │         │作用机理 │              │          │                │
│    │土地赋税发展│       │与功能取向│             │新增费分配 │               │
│    └────────┘         └────────┘              │管理与优化设计│             │
│    ┌────────┐         ┌────────┐              └──────────┘                │
│    │国内外土地│   ⇒    │与土地出让│      ⇒                                  │
│    │税费思想理论│       │成本关系分析│          ┌──────────┐               │
│    └────────┘         └────────┘              │中央分成   │               │
│    ┌────────┐         ┌────────┐              │新增费土地整治│             │
│    │土地税费 │         │与城市地价│            │绩效分析   │               │
│    │构成分析 │         │关系分析 │             └──────────┘                │
│    └────────┘         └────────┘                                          │
│                       ┌────────┐                                          │
│                       │耕地保护 │                                          │
│                       │绩效分析 │                                          │
│                       └────────┘                                          │
└─────────────────────────────────────────────────────────────────────────┘

                        ┌──────────────────┐
                        │研究结论与政策建议  │
                        └──────────────────┘
```

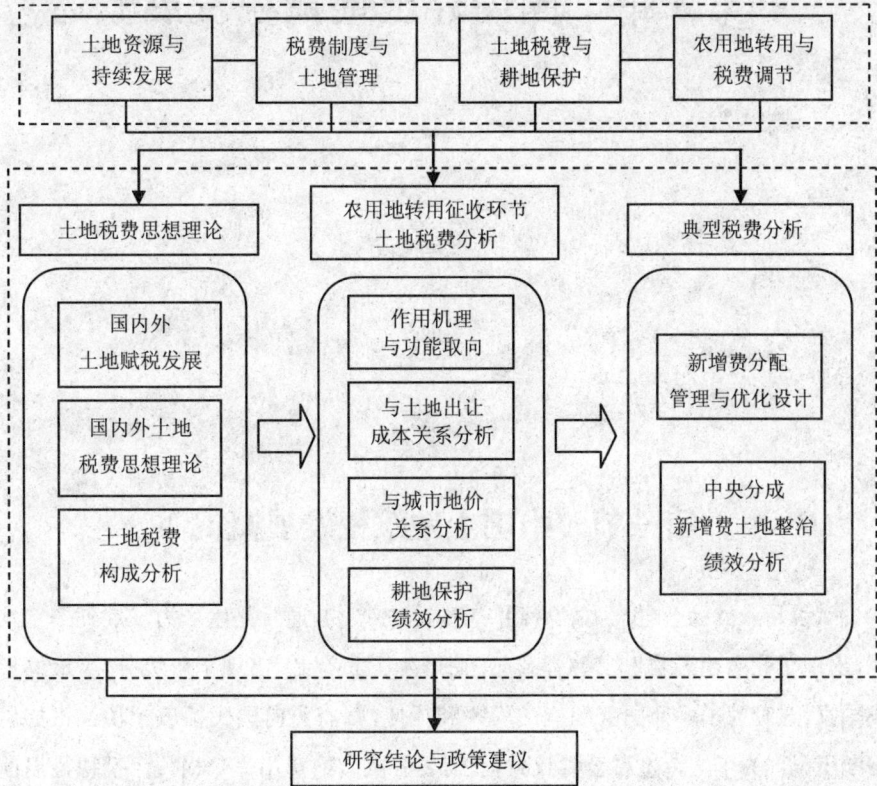

图 1-1 技术路线图

第二章　国内外土地赋税发展概述

第一节　中国土地赋税发展概况

赋税是人类社会生产力发展到一定阶段的产物,通常是生产力发展到一定水平,出现了剩余生产物和贫富差异,进而产生了私有制,出现了阶级分化,最终形成国家,这时为了保证国家职能的发挥和行使,就需要向国民征收捐税。正如恩格斯所说:"为了维持这种公共权力,就需要公民缴纳费用——捐税。捐税是以前氏族社会完全没有的。"[17]由此可见,生产力发展是税收产生的基础,国家的出现是赋税产生的前提。

据《史记》记载,中国从禹开始就制定出了征收赋税的基本政策和主要方针,这就是"相地宜所有以贡"。《通典·食货典·赋税上》记载有"禹别九州,量远近,制五服,任土作贡,分田定税,什一而赋",大体意思是禹将全国分为九区,按土质将全国土地分为九等,根据土地肥瘠和运输等条件确定九等赋,进而组织各种征收。从夏朝到春秋时期的赋税征收基本都遵循了这一原则。

在中国漫长的封建社会里,赋税不仅是封建国家赖以存在的经济基础,也是封建生产关系的重要组成部分。作为封建统治阶级控制经济和维持自身统治的一种手段,赋税是国家参与社会产品分配的重要方式,国家通过这种方式占有社会产品份额的大小以及在各经济部门间所占比例的不同导致其对社会经济发展产生的影响不同。可以说虽然封建社会的赋税对劳动人民造成了剥削,一定程度上阻碍着商业的发展,但同样也具有调节经济的作用,封建统治者也在不自觉地运用这一经济杠杆,为巩固发展经济基础服务。[18]

　　两千多年的封建统治结束后,在民主主义革命初期的北洋政府时代,政府通过大肆出卖国家主权换取帝国主义贷款,帝国主义列强借此控制了中国的税收大权。这一时期中国的主要税收为帝国主义所控制,税收的半殖民地性质加深,且地方军阀各自为政,没有统一的赋税制度,各地不仅随意提高正常捐税,还千方百计巧立名目,造成人民负担沉重。[19]1927年中华民国建立后,为改变北洋政府时期的割据局面,着手整顿财政,形成了中央以关税、盐税、统税为支柱,地方以田赋、营业税为主的赋税结构。1928年11月,国民政府公布了国家收入和地方收入划分标准案,这种划分结合关税、盐税的整理,厘金的废除,统税、所得税及营业税等的开征,标志着近代资本主义税制初步取代了封建税制,实现了历史的进步。1949年新中国成立后,经过60多年的发展和沉淀,我国赋税体系日渐完整,税种日益全面,税收成为调整社会物质利益关系的重要杠杆,是联系政府与各类市场主体的纽带,发挥了组织财政收入、调节社会经济和信息反馈的综合作用。[20—22]综合四千多年来中国土地赋税的发展变化,形成土地赋税制度发展简表,如表2-1所示。

表2-1　中国土地赋税制度发展简表

时期	朝代/阶段	税赋特点
奴隶社会 (约公元前21世纪— 公元前476年)	夏	贡
	商	助
	周	彻
	春秋	鲁国"初税亩"
封建社会 (公元前475年— 公元1840年)	秦	田租、口赋、杂役
	两汉	田租、耕赋、人口税、徭役、兵役
	唐	"租、庸、调"、两税法
	北宋	两税法、方田均税法
	明	"一条鞭法"
	清	"摊丁入地、地丁合一"

续　表

时期	朝代/阶段	税赋特点
旧民主主义革命时期 （1840—1919 年）		近代土地税制度开端
新民主主义革命时期 （1919—1949 年）	国民党统治时期	地价税、田赋正税、田赋附加、田赋预征、"三征"政策
	革命根据地	土地税、农业税
新中国成立后 （1949 年至今）	新中国成立初期	《新解放区农业税暂行条例》
	曲折发展时期	《农业税条例》，税制改革
	全面加强时期	税制完善、税种丰富，主要有农业税、土地增值税、耕地占用税、城镇土地使用税、契税等

三、古代赋税制度的发展演变

1. 奴隶社会的赋税制度（约公元前 21 世纪—公元前 476 年）

中国从奴隶社会早期开始出现夏"贡"、商"助"、周"彻"等税收的雏形。《孟子·滕文公》中有"夏人五十而贡，殷人七十而助，周人百亩而彻，其实皆什一也"的记载，这也说明，中国在奴隶制时代已经有了按田亩数量缴纳的租税制度，形成了税收的雏形。[19]

夏朝（约公元前 21 世纪—公元前 16 世纪）统治者为了维持国家政权的存在并实现国家职能，凭借政治权力对其臣属部落和平民强制课征，其中"贡"是主要形式[1]。夏代赋税征收有两种主要方式：一是"任土作贡"。《尚书·禹贡》孔安国序云"禹别九州，随山浚川，任土作贡"，即土贡，主要是夏王朝对臣属、藩属的强制纳贡。二是"五十而贡"。《尚书·禹贡》记载"咸则三壤成赋"，此为夏统治者对人民的田赋课征。贡的基本特点是"下献上"。《广雅》："贡，献也。"这种"献"带有政治强制的因素。《孟子·滕文公上》："贡者，校数岁之中以为常。乐岁，粒米狼戾，多取之而不为虐，则寡取之；凶年，粪其田而不足，则必取盈焉。"即不管收成有无、丰歉，都得按定额贡纳，因此贡具有税的性质。[23]孔颖达疏《尚书·禹贡》："九

---

〔1〕 "贡"是中国古代赋税制度的最初形式，起源于氏族社会。

州之土,物产各异,任其土地所有,以定贡赋之差。既任其所有,亦因其肥瘠、多少不同,制为差品。"

商代(约公元前16世纪—公元前11世纪中期)实行"助"法。"助"是指在井田制度[1]下,农奴以自己的劳力、工具、牲畜等耕种农奴主的"公田",所以"助"实际上是一种劳役型租税。《孟子·滕文公上》记载,在田制方面,"商人始为井田之制,以六百三十亩之地,画为九区,区七十亩,中为公田,其外八家各授一区";在税制方面,"借其(八家)力以助耕公田,而不复税其私田"。可见"助"是国家把部分土地划分成等量的方田,耕种者按规定耕种定量的公田,公田上的收获物全部交给国家,多收多交,少收少交,私田则不再纳税。对这种田赋的性质,《孟子》说"助者,借也",实际上是一种借民力助耕的劳役地租。[19]

周代(约公元前11世纪中期—公元前771年)实行"彻"法。《孟子》说"周人百亩而彻",即指周代田赋征收实行彻法,把九百亩大小的大田分为九个百亩一块的小田,每夫授田一块,年末按实际收获产量征收实物,税率约为十分之一,即谓"民耕百亩者,彻取十亩以为赋"。"彻"同"助"法相似,也是建立在井田制基础上,但也有所不同:首先,授地亩数不同;其次,夏代是定额税,周代则采取比例税;最后,通过多收多得,有利于调动劳动者的积极性。

春秋时期(公元前770年—公元前476年),贵族与奴隶主强迫奴隶开垦荒地,私田数量不断增加,而耕种私田不向国君缴纳贡赋,国君收入相对减少。鲁国为了增加财政收入,从公元前594年开始对井田以外的私田征税,宣布不论公田、私田一律按亩征税,称为"初税亩",这是中国历史上首次以法律形式承认了土地私有权的合法性。

2. 封建社会的赋税制度(公元前475年—公元1840年)

公元前221年,秦始皇统一六国,建立了中国历史上第一个统一的中央集权封建国家,标志着中国正式进入封建社会。在秦、汉、魏、晋、隋、唐、宋、元、明、清

---

〔1〕 井田制是中国古代社会的土地国有制度,商时有文字记载,西周时盛行。因为道路和渠道纵横交错,把土地分隔成方块,形状像"井"字,因此称作"井田"。井田属周王所有,分配给庶民使用,领主不得买卖和转让井田,还要交一定的贡赋,其实质是一种土地私有制度。

等各朝两千多年的封建统治中,赋税和徭役始终是封建国家机器赖以生存和运转的经济支柱。代表地主阶级整体利益的封建国家政权要维持对农民阶级的政治统治,只有通过赋役制度来保证劳力、兵力的征集,并满足国家行政权力的有效实施以及军事活动所需要的巨额开支。[24]一定的赋役制度是特定生产力发展水平在赋役征敛上的体现,从秦汉至明清,土地税收制度发生了许多变革,由于各个历史时期的生产力发展水平不同,其赋役制度也具有深刻的时代烙印。对此,马克思指出:"分配的结构完全决定于生产的结构,分配本身就是生产的产物。"[25]唐代的租庸调制和两税法,明代的一条鞭法和清代的摊丁入地等都是封建赋役制度重大改革的典型代表。

秦代(公元前221年—公元前206年)的赋税就其结构而言,是以田租、口赋和徭役形成三大支柱,辅以其他杂税和复除制度[1]所构成的。秦代的土地税是田租、刍稿并行,其中田租是按土地征粮,税率史称"收泰半之赋",即为三分取其二,这主要是承袭六国旧制。[26]刍稿[2]是土地税的另一种形式,与田租并行,其课征主要是为了供给马匹和官府牲畜的饲料。秦征刍稿以石为单位,万石为一积,而且都要归仓。口赋以人口作为课税对象,即所谓人头税,《史记·商君列传》中记载"民有二男以上不分异者,倍其赋"。从此田租(土地税)和口赋(人头税)就成为中国封建社会两种并行的赋税制度,构成封建国家赋税结构中的两大主要部分。

两汉时期(公元前206年—公元220年),正式编入政府户籍的平民百姓被称为编户齐名,具有独立的身份,根据其资产多少向国家交纳赋税,即田租、更赋、人口税,并承担徭役、兵役。西汉初期实行"授田制",汉高帝曾有诏,对"罢兵归家"的复员军人赐爵、免役和"法以有功劳行田宅"。汉初的田租率曾有所波动,记载有汉兴,"民无盖藏……上于是约法省禁,轻田租,什五而税一"。但后因"俭于十税一也,中间废",行"什一之税"。而惠帝元年(公元前194年)以后,又恢复"什五

---

〔1〕复除,也称为"给复",或简称"复",是指依据法律的规定或是帝王的临时诏令,免除人们应纳的租税和应服的徭役。

〔2〕刍稿,即禾秆,也就是平常所说的稻草。

之税"。所谓"减田租,废什五之税",而且时有免除"二岁"、"三岁"田租的规定。[27]人头税分算赋和口赋两种:汉初规定,15—56 岁的人,不论男女,每人每年纳赋 120 钱,称为算赋;7—14 岁的小孩,每人每年纳赋 20 钱,称为口赋。田租按产量征收,一般三十税一。徭役又进一步分为劳役和兵役。

唐初沿袭北魏以来的均田制,在计口授田的基础上实行"租、庸、调"的赋税制度,规定田有租、身有庸、户有调。田租,每丁纳粟二石;庸,即力役,每丁每年为官府无偿服劳役 20 天,不服劳役的,则以绢代纳,1 天折绢 3 尺(江南可以纳米代庸);调,即随乡土特产,每丁每年纳绢二丈,纳绵二两,或纳布二丈五尺,麻三斤。

唐玄宗天宝年间(742—755 年),土地买卖和兼并之风盛行,政府直接支配的土地日益减少,均田制无法推行,租庸调制也难以维持,国家财政收入大为减少。德宗建中元年(780 年),唐德宗采纳宰相杨炎建议推行两税法,其实质是以户税和地税代替租庸调制的新税制。《新唐书·食货志》称,"盖口分、世业之田坏而为兼并,租、庸、调之法坏而为两税",其主要内容包括:一是简化税制,"其租庸杂徭悉省,而丁额不废,申报出入如旧式"[1],取消租庸调及各项杂税的征收,保留户税和地税;二是"凡百役之费,一钱之敛,先度其数而赋于人,量出以制入",政府先预算开支以确定赋税总额,实际操作上是以大历十四年(779 年)政府各项税收所得钱、谷数,作为户税、地税总额,分摊于各州,各州以大历年间收入最多年的收入数作为两税总额分摊于各地;三是依据财产的多寡划分户等,唯以资产为宗,不以丁身为本,资产少者则其税少,资产多者则其税多,户税在征收时大部分折算成绢帛,少部分征钱;四是地税按亩征收谷物,纳税的土地以大历十四年的垦田数为准;五是户税和地税均分夏秋两季征收,夏税限六月纳毕,秋税限十一月纳毕;六是对不定居的商贾征税三十分之一(后改为十分之一),使之与定居者负担均等。两税法约实行了八百年,中间略有变更。

北宋时(960—1127 年)从户税中分化出商税和间架税。户税逐渐变成地税,仅保留夏秋两征的形式,成为一半收钱、一半收谷的两税。两税法把原来的地税、户税及一切杂税合并到夏、秋两次征收,简化了征管手续,不分主户、客户同样纳

---

〔1〕《旧唐书·杨炎传》。

税,扩大了征税面;按贫富等级征收,可适应农民的负担能力;农商兼征,相对减轻农民负担,有利于农民安于生产,不轻易离土。两税法是中国赋税制度上的一次重要改革。

北宋神宗时期(1067—1085 年),宰相王安石为防止官僚豪强兼并土地、隐田隐丁、逃避税赋,实行新法,重定方田,以解决税负不均问题,史称"方田均税"。主要做法是每年秋季由官家派人丈量土地,按土地优劣划分为五等,分别确定税负,第二年春公布于众,若无异议即付诸实施。此法实行十几年后,丈量过的土地占全国纳税土地的 54%,使中央和地方州县仓库里所积存的钱粟"无不充衍"[1]。这种兼有地籍整理的税收制度,损害了官僚地主阶级的利益,引起保守派大官僚的反对,仅推行了 48 年即被废止。

明朝中期,土地兼并加剧、财政收入入不敷出、贪污腐败严重,加上商品经济的发展,促使朝廷对赋役制度进行改革。明神宗万历九年(1581 年)开始推行"一条鞭法"[2]赋役制度。"一条鞭法"是将地税和各种力役合而为一,按田缴纳的方法,具体内容如下:首先,各项复杂的田赋附征和各种性质的徭役一律合并征银;第二,徭役中的力差改为以银代役,由官府雇人充役;第三,徭役银不采用户丁分派,而由地亩承担;第四,以县为单位,将全部徭役银分配于县的田额上,改变原来按里平摊的做法;第五,赋役征收由地方官吏直接办理,废除原来通过粮长、里长办理征解升役的办法。"一条鞭法"是中国赋役制度史上的重大改革,首先,它简化了赋役的征收手续,改变了以前赋与役分征的办法,使二者合而为一,并出现了"摊丁入亩"的趋势;其次,徭役征银的办法使农民对封建国家的人身依附关系有所松弛,为城镇手工业提供了较多的劳动力;此外,由于赋税征银,对货币地租的产生和部分农作物的商品化起到了一定的促进作用。"一条鞭法"的意义在于实行赋役合一,计亩征收,将农民的劳役改为农民纳钱,官府代雇,使农民有了较为安宁的生活,而采用"计亩征银"也实现了赋税由实物税向货币税的转变。

---

[1]《宋史·食货志》。

[2] 初名条编,又名类编法、明编法、总编法等。后"编"又作"鞭",间或用"边"。主要是总括一县之赋役,悉并为一条。

清初，由于明末战争以及清军入关过程中的破坏，全国地荒人亡，财尽民穷，阶级矛盾十分尖锐，因此清政府采取了轻徭薄赋的政策以期恢复经济。顺治元年（1644 年）开始，根据各地的不同情况分别减免田赋，或全免，或免 1/2、1/3；或免一年、两年、三年不等。清初虽沿用了"一条鞭法"征收赋役，但由于一条鞭法不是普遍征收，赋、役改革不彻底，尚存在很多弊端，随着人口逐年增加，农民土地并未扩大，导致负担不断加重。为缓和这一矛盾，康熙年间（1661—1722 年）作出了"滋生人丁，永不加赋"的规定，雍正初年（1722 年）进一步推行了"摊丁入地，地丁合一"的办法。这一重大的赋役制度，既相对平均了赋役负担，也减轻了封建性的人身依附关系，促进了社会生活和经济的发展[28]。"摊丁入地，地丁合一"的具体做法是把康熙五十年（1711 年）的丁银（335 万余两）固定下来，平均摊入各地的田赋银中，统一征收。清朝这种固定丁银不变，最后把丁银完全摊入地银征收的地丁合一制度，彻底废除了简单粗糙的人头税（丁税），同时取消了地主豪绅的特权，对促进农业生产、增加田赋收入起到了一定作用。"摊丁入地"是中国赋税史上的一次重大变革，其重要意义在于：一是改变了历史上地丁分征、赋役不均的状况，完成了赋役合一的历史进程，因其是按土地多少负担税负，有利于缓解封建性的人身依附关系，从制度上讲，无地农民和工商业者不再负担丁银，有利于工商业的发展，促进了社会经济的进步；二是丁税固定，人民负担稳定，安心务农和垦田的积极性提高，使全国耕地面积有所增加，国家财政收入稳定提高；三是户口渐实，人口不断增多。实施摊丁入地时的人口数量难以准确估算，初步估计约 2400 余万，至道光十五年（1835 年）全国人口突破 4 亿，成为当时世界上人口最多的国家，这充分说明"摊丁入地"不仅具有经济意义，也具有重要的政治意义。[29]

二、近现代土地税收制度

1. 旧民主主义革命时期（1840—1919 年）

中国近代的土地税制度始于清朝末期的青岛。1897 年，德国政府以传教士被杀案为借口武装占领胶州，随后迫使清政府签订了《胶澳租借条约》。德国在租借胶州湾时，对租界内的土地实行了官厅垄断制度。德国殖民当局除占有青岛地区的全部公地外，还由海军发布军令，禁止私人买卖土地，同时设立测量部，对界内土地面积进行测量，规定等级和价格，由德国殖民政府统一收买。[30]1898 年 9

月 2 日,德国殖民政府发布《征收课税章程》,规定:"至于地值一层,至一千九百二年正月一日止,与现交总督买价一律,以后另行估价。"按 1901 年德国殖民政府所规定的卖价计算,当时所买土地实价为 49 万余元,而根据土地拍卖的结果,到 1911 年累计卖出土地的收入达 145 万余元,增值 2.9 倍。

捐税是当时德国殖民者重要的财政收入之一,其名目繁多,主要有地税、地租、海关报效金、领港税、营业特许税和各种杂捐等,其中地税又分为德国所买土地和中国居民原有土地两种情况。德国所买土地再拍卖于民间者,按地价值百抽六向买主征收地税,由于地价逐年提高,地税亦逐年增加。对中国居民原有土地,则征收钱粮税,征收办法起初按清政府旧例,之后逐年增加。1898 年 9 月 2 日,德国殖民政府发布《征收课税章程》,规定:"土地税……均照向例,每一官亩(市亩)应完钱粮京钱六十四文。"1904 年改定新章,规定每市亩增至两百文,到 1908 年更增至三百五十文,十年中增加了将近 5 倍。应兑钱粮,分上下两忙缴纳,"各花户兑粮延迟者,即罚应兑之数至多十倍,至少一元,若无力缴款,则以监禁"。不仅如此,德国侵略者还明文规定,于正税之外加收 5% 的费用,名曰"酬劳"费。而地租的征收办法是按青岛市街、四方市街、工场地、青岛区农业地、李村区农业地、渔池、台东台西镇官地等分成若干等级,按不同等级征收相应的地租。在 1902—1911 年的十年间,德国侵略者共收地租 114 万多元。

2. 新民主主义革命时期的土地赋税制度(1919—1949 年)

(1)国民党统治时期的土地赋税制度

1927 年"四·一二"政变后,蒋介石在南京建立国民政府。国民党统治时期的土地税收制度已初具规模,涉及的税种比以往任何历史时期都多,按税种可分为中央收入和地方收入。抗战(1937 年)前属于中央收入的主要有关税、盐税、统税,抗战以后除了关税及盐税外又增加了货物税和直接税。属于地方收入的主要有田赋及田赋附加、契税、营业税等。[31]主要税收措施是将地价税、土地增值税同田赋一起划入土地税的征收范围,在未实行地价税的区域仍然征收田赋。

孙中山在革命早期就从"文明之福祉,国民平等以享之"的宗旨出发,于 1906 年提出达到这一目的的具体纲领:"当改良社会经济组织,核定天下地价。其现有之地价,仍属原主所有;其革命后社会改良进步之增价,则归于国家,为国民所共享。"他把"改良社会经济组织"与"核定天下地价"等同起来,把地价核定提升到了改革社会的政治高度。孙中山提出地价概念,是希望借助这个经济范畴作为实现平均地权的手段,进而达到"耕者有其田"的目标。因此,地价一提出就被赋予了重要职能——调整人们对土地占有和分配的不合理性。[32]孙中山认为,通过地价税不仅可以从总体上实现平均地权,建立新的土地制度,还可以进行税制改革,改变当时税种及附加繁多、收赋工作繁琐、土地分等粗略等情况。如果对土地实行按质论价的办法,再照价纳税,就可以消除过去所实行的旧田赋制度的弊端。实行地价政策主要有四个步骤:首先,采取业主自报地价的办法确定地价;其次,照价纳税,业主向政府纳税值百抽一;再者,要求涨价归公,"且繁盛之区,所得重大之地价非由地而生,实因交通种种发达而得此结果,则此功劳当归社会,不当归地主明矣",[33]从某种意义上讲,涨价归公的概念代表着土地增值税的产生;最后,为防止业主报价不实,采用照价收买的制约手段。当时开办地价税的地区有上海、青岛、杭州、广州等市,此后南昌、镇江等市也陆续开征。1937—1942年间,全国开征地价税的共有49个县市,土地增值税开征地区则更少。广州市于1928年开征过土地增值税,采用累进制税率,每年征税额约为12万元。

1927年6月,南京国民政府召开东南六省财政会议,议定了财政部提出的《划分国家地方收支案》,将税种分为国家税和地方税。[34]在税收政策方面,推行东南六省财政会议确立的中央和地方相对独立的分税制原则。经过国、地分税之后,国家与地方形成了各自的主体税种。国家税收以盐税、关税、统税为主体,地方税收以田赋、契税和营业税为主体。地方税又分为三级,即省及特别市税、县及普通市税和镇乡税。

国民党政府统治前期,对土地和农业收入征收的田赋主要沿袭清代及北洋军阀统治时期的旧制,包括地丁、租课、漕银及附加的各项收入。之后田赋附加项目不断增加,有时超过正税十余倍,甚至二十多倍。除田赋正税之外,还有田赋附加和田赋预征等[1],有的田赋预征时限达到十几年,甚至几十年。如此苛重的田赋,使得农民生活在水深火热之中,导致农村经济趋于破产边缘。

表2-2 成都、华阳十年预征田赋略表[35]

年份	成都		华阳	
	征收年度	每两粮征额	征收年度	每两粮征额
民国13年	民国14—15年	27.60元		
民国14年	民国16—19年	55.20元	民国18—21年	56.60元
民国15年	民国20—24年	69.00元	民国22—25年	56.60元
民国16年	民国25—28年	55.20元	民国26—29年	56.60元
民国17年	民国29—31年	31.40元	民国30年	14.40元
民国18年	民国31—36年	69.00元	民国31—34年	57.60元
民国19年	民国37—43年	86.60元	民国35—38年	57.60元
民国20年	民国44—50年	86.60元	民国39—43年	72.00元
民国21年	民国51—58年	100.40元	民国44—49年	86.40元
民国22年	民国59—68年	138.00元	民国50—57年	115.20元
民国23年			民国58—63年	86.40元

抗日战争开始后,为了应对时局变化,国民政府于1941年6月召开第三次全国财政工作会议,对税收政策进行了较大调整,将田赋收归中央,把全国税收划分为国家税收与县自治税收两大系统,原先的省级税统一纳入国家税中进行管理,实行田赋征实、粮食征购、粮食征借的"三征政策"。

---

〔1〕 田赋正税:国民政府初期将田赋正式划为地方税,田赋划归地方后,各省基本按土地肥瘠划定税率,按亩征收。因各省都采用先定配赋数额而后摊定税率的做法,故税率高低极不一致,总体而言南方重于北方。另外田赋仍分上忙、下忙两次征收,交纳方式则统一折银元征收,发行法币(1935年11月)后,田赋改征法币。

田赋附加:国民政府时期,田赋改归地方后,曾规定不得增设附加税,但当征赋操纵权落在地方手中后,附加摊派变得难以控制。各省不仅以革兴、建设所需之费不足为由征收田赋附加税,甚至行政费用不足也取之,致使田赋附加迅速增加。为改变这一状况,国民政府于1928年10月颁布了限制田赋附加办法八条,各省遵行,但各级政府依旧有令不行,各行其是,任意加征田赋附加税。

田赋预征:田赋预征是指预先征收来年的田赋。国民政府时期田赋预征最严重的是四川省,各种名目的预征一年甚至多达七八次,各军阀防区内一般都预征三十年以上,四川各军阀在其防区内预征田赋,次数无定限,时间无定期,需要就征。

三征政策中的田赋征实即田赋征收实物,最早开始于山西省。国民政府于1941年8月在全国范围内实行田赋征实,征收的目的是"调剂战时军粮民食,并平均人民负担",征收办法是以1941年年度田赋正税和附加税的总额,每元折征稻谷二市斗为标准,产麦及杂粮地区也按等价折征小麦及杂粮;征收种类以稻谷、小麦、棉花为主,不产稻谷、小麦、棉花的地方折征杂粮;征收时间从当地收获开始时起征收,以三个月为期限,过期处以滞纳金,加罚征收。田赋征实本是抗战时期保障军粮民食的非常措施,但因通货恶性膨胀及随后的经济崩溃,抗战胜利后并未停止实行,反而在全国更大范围内普遍推行。

粮食征购办法从1938年4月开始实行,但各战区的具体做法并不统一。从1942年起,国民政府将征购办法统一为随赋征购,即按田赋数额的多少和比例征购,其标准与旧赋征实相同。征购价格由政府按远低于市价的标准来核定,并规定按三成法币、七成粮食库券或法币储蓄券搭发。随着通货膨胀,征购款实发到农民手中已寥寥无几,所谓的粮食征购基本就是无偿征收。

粮食征借开始于四川,从1943年起四川停止搭发现金,全部付给粮食库券,不计利息,规定自第五年起分五年平均偿还,或抵纳当年新税。1944年起,国民政府规定废除粮食库券,全国一律改征购为征借,其办法是在交粮后于粮上另加注明,作为借粮凭证,但此举既不付息,还本也只是一句空话。

表面上看,"三征政策"是田地所有人负担,而实际上,地主们往往借口政府增加田赋而任意提高田租,将负担全部转嫁给农民。"三征"使广大农民受到了沉重打击,抗战胜利以后,为了内战的需要,征实比以前更加苛重。

(2) 革命根据地的赋税

革命根据地的赋税制度始创于土地革命时期的中央苏区,经历了土地革命、抗日战争和解放战争,并随着革命斗争形势不断发展变化,大致可分为建立、完善和发展三个阶段。这三个历史阶段的赋税制度既有连续性,又有阶段性。

革命根据地的农业税称为土地税或公粮。开征较早的根据地有井冈山革命根据地、海陆丰革命根据地和琼崖革命根据地等。1928年在宁冈开始征收土地税,这时的土地税在整个财政收入中的比重并不大,但却是人民的税收,是中国新型税收的起点。1928年12月,在井冈山根据地颁布的《井冈山土地法》中规定,土地税依照生产分为三种情形,即15%、10%和5%,且以第一种为主体。自1929年秋季开始,赣南、闽西、湘鄂赣、闽浙赣、陕甘、川陕等根据地相继开征土地税,采用累进税制,税法由各根据地自定。1931年,中华苏维埃共和国临时中央政府根据《中华苏维埃共和国宪法大纲》的规定,颁布了《中华苏维埃共和国暂行税则》,规定:农业税只对主要生产物(谷、麦)征税,对副产物不征税;根据农民分得的土地按照全家全年主要生产的收获以全家人口进行平均,对收获数与生活必需支出的差额作为计税标准;实行累进税制,税率和起征点由各地自定。1933年中央颁布的《农业税暂行税则》,对农业税作出几项重大修改:一是规定了全苏区统一的累进税率;二是将税率标准由单一的收获量调整为田亩和人口两个标准;三是起征点一律改为二担。

抗日战争时期的农业税又称"救国公粮",它是当时部队粮食供给的主要来源,也是抗战时期解放区财政的主要来源,从1937年开始征收。救国公粮具有土地所得税和农业所得税的性质,它的征收开始采用劝募形式,后期各根据地多采取自上而下分配与民主评议相结合的方式,或按照条例依率征收,这样既考虑了负担面,也保证了征收任务的完成。[36]

3. 新中国的土地赋税制度(1949年至今)

1949年,在中国共产党的领导下,中国人民推翻了国民党反动政权,建立了新中国,并迅速建立了全国统一的新税制,税收的性质也发生了根本变化。新中国的赋税制度是在继承发展革命根据地赋税制度和改造国民政府时期赋税制度的基础上建立起来的。60多年来,中国的税制改革与发展大致经历了三个历史时期:第一个时期为1949—1957年,即国民经济恢复和社会主义改造时期,这是新中国税制的建立和巩固期;第二个时期为1958—1978年,这是中国税制曲折发展的时期;第三个时期是党的十一届三中全会(1978年12月)召开至今,是中国实行改革开放政策后的新时期,是税制建设得到全面加强,税制改革不断前进的时期[37]。

(1) 初步建立与巩固期(1949—1957年)

1949年中华人民共和国成立后,为巩固新政权和发展经济,解决政府财政来源成为一个现实而紧迫的问题。为此,1949年11月24日中央人民政府财政部在北京召开首届全国税务会议,确定了若干税收基本政策。在整个解放战争时期,来自农村的公粮是财政的主要来源。当新政权接管了所有大城市,财政来源的重点不可避免地由农村转向城市。到了 1952 年,主要来自城市的税收已占全部财政收入的 50%,国营企业收入占 30%,公粮占 15%,其他为 5%。

　　新中国成立之初,约占全国农村人口三分之一的老解放区已建立起新的农业赋税制度,而新解放区还存在着不合理的田赋制度。针对这一情况,中央政府决定在不同地区实行不同的田赋制度,老解放区仍然执行原来的征收制度,新解放区则执行中央人民政府于 1950 年 9 月公布的《新解放区农业税暂行条例》,其主要内容是:(1) 以户为单位,按农业人口每人平均农业收入累进计缴,由收入所得人交缴农业税;(2) 全家人均年农业收入在 150 斤以下的免税,超过者按农业收入采用 3%～42% 的不同税级(见表 2-3)的累进税率征税,并规定出租收入一百斤作一百二十斤计算,佃农收入一百斤作八十斤计算,公营农场按农业总收入的 10% 计征;(3) 开垦荒地一至五年免税,因兴修水利或采用其他办法改造土壤提高常年应产量者,三至五年不改订其常年应产量,因受灾减产、革命工作人员家属及老弱孤寡残废等特别贫困者,减免其税额。农业合作化高潮(1954—1955 年)后,富农经济被消灭,个体经济成为集体经济,全国农业税也就由原来的累进税制统一改为比例税率。

表 2-3　农业税税率计算

税级	家庭人均年农业收入 (市斤)	税率(%)	税级	家庭人均年农业收入 (市斤)	税率(%)
	150 以下	免征	21	1231—1310	23
1	151—190	3	22	1311—1390	24
2	191—230	4	23	1391—1490	25
3	231—270	5	24	1491—1590	26
4	271—310	6	25	1591—1690	27
5	311—350	7	26	1691—1790	28
6	351—390	8	27	1791—1890	29
7	391—430	9	28	1891—1990	30

税级	家庭人均年农业收入 （市斤）	税率(%)	税级	家庭人均年农业收入 （市斤）	税率(%)
8	431—470	10	29	1991—2110	31
9	471—510	11	30	2111—2230	32
10	511—550	12	31	2231—2350	33
11	551—610	13	32	2351—2470	34
12	611—670	14	33	2471—2590	35
13	671—730	15	34	2591—2710	36
14	731—790	16	35	2711—2850	37
15	791—850	17	36	2851—2990	38
16	851—910	18	37	2991—3130	39
17	911—990	19	38	3131—3270	40
18	991—1070	20	39	3271—3410	41
19	1071—1150	21	40	3411 以上	42
20	1151—1230	22			

（2）曲折发展期(1958—1978 年)

1956 年,中国基本完成对资本主义的社会主义改造,各种形式的社会主义经济成分已占到整个经济的 93%,加之计划经济的加强和苏联简单税制的样板,税制的单一化势在必行。同年农业合作化后,社会主义性质的高级农业生产合作社成为中国农业经济的主体,农村生产关系也发生了根本变化,需要建立一个适合农业合作化后农村经济情况的新农业税条例。1958 年 6 月,第一届全国人民代表大会常务委员会第九十六次会议通过《农业税条例》,规定农业税以常年产量为计税标准,实行比例税率,全国平均税率为常年产量的 15.5%,各省(自治区、直辖市)的平均税率由国务院规定。征收范围包括粮食作物、薯类作物、经济作物、园艺作物等收入;农业税以征收粮食为主,分夏秋两季征收,夏收较少的地区,可以不进行夏征,在秋季一并征收;农业生产合作社和兼管农业的其他合作社,以社为单位交纳农业税,其他纳税人按照经营单位交纳。《农业税条例》结束了中国农业税制不统一的历史,新的农业税制实行"稳定负担,增产不增税"的政策,对发展农业集体经济、鼓励增产、调节收入有着极其深远的影响。

1966 年之后,经过 7 年冲破"管、卡、压"与改革"不合理的规章制度"的冲击,国务院在 1972 年批转财政部报送的《关于扩大改革工商税制试点的报告》,附发《中华人民共和国工商税条例(草案)》,共设立 13 种税收,即工商税、工商统一税(工商税开征以后此税基本停征)、关税、工商所得税、城市房地产税、契税、车船使用牌照税、船舶吨税、屠宰税、牲畜交易税、集市交易税、农业税和牧业税。这次改革主要是进行了税种合并,国营企业征收工商统一税,集体企业另增工商所得税,税目由 108 个减为 41 个,税率由 141 个减为 82 个,但实际发挥作用的税目只有 16 个。这一时期赋税的指导思想是以阶级斗争为纲,强调赋税作为阶级斗争工具的意义,在一定程度上损害了赋税对经济发展的促进作用。

(3) 全面加强期(1978 年至今)

1978 年十一届三中全会的召开标志着中国进入了改革开放的新的历史时期,走上了建设有中国特色社会主义的道路,经济社会发展取得了辉煌的成就,与之相对应,有关土地税费规范化的要求也愈发迫切。

在 1978 年底至 1982 年期间,党的十一届三中全会明确提出了改革经济体制的任务,中国共产党第十二次全国代表大会进一步提出要抓紧制定改革的总体方案和实施步骤,在第七个五年计划期间(1986—1990 年)逐步推行。这一时期是中国税制建设的恢复时期和税制改革的准备和起步时期,从思想上、理论上、组织上、税制上为后来的改革做了大量准备工作,打下了坚实的基础。在思想上,提出按照经济规律办事,扩大税收在财政收入中的比重,充分发挥税收的经济杠杆作用,以为社会主义现代化建设服务为指导思想;在组织上,恢复和加强各级税务机构建设,大力充实税务干部队伍,到 1982 年底,各地各级税务机构普遍建立,省级税务机构的地位得以提升,税务系统实行地方政府和上级税务机关双重领导的体制得以恢复;在税制上,提出了包括开征国营企业所得税和个人所得税等的初步设想与实施步骤。

1994 年税制改革本着统一税法、公平税负、简化税制、合理分权、理顺分配关系、保障财政收入的基本原则,对流转税、所得税、资源税以及其他税种进行了全面改革,并着手强化征收管理,建立分税制。在流转税方面,在商品的生产、批发、零售和进口环节全面实行增值税,大幅缩小营业税的征收范围;在所得税方面,统一了内资企业所得税,修改了个人所得税法;扩大了资源税的征收范围,开征土地增值税、证券交易税和遗产税,取消了集市交易税、牲畜交易税、烧油特别税、奖金税和工资调节税等。改革后,中国税种由 32 个减少到 18 个,税制结构趋于合理。此外,这一时期中国对涉及土地的相关税费进行了较为系统的规定,包括农业税、土地增值税、耕地占用税、城镇土地使用税以及契税等若干税种。

自 1958 年《中华人民共和国农业税条例》颁布到 2006 年废止的这段时间内,农业税是国家向一切从事农业生产并获有农业收入的单位和个人,依照地亩常年产量和国家规定的税率进行征收的一种税收,是国家财政参与社会比较品再分配的一种形式[38],全国的平均税率为常年产量的 15.5%,各省(自治区、直辖市)的平均税率由国务院根据全国平均税率结合各地区不同经济情况分别加以规定[1]。长期以来,农业税一直实行稳定负担和轻税的政策,承担着协调工农业生产之间收入水平,促进农业生产发展的职能。2004 年国务院开始实行减征或免征农业税的惠农政策,2005 年岁末免除农业税的惠农政策以法律形式固定下来,让 9 亿中国农民彻底告别了缴纳农业税的历史。

土地增值税是以因转让房地产所取得的土地增值额为征税对象而征收的一种税。[39,40]改革开放以后,房地产业迅速发展,为合理配置土地资源,充分发挥国有土地的资产效益,防止过度炒买炒卖房地产的投机行为,1993 年 12 月国务院发布了《中华人民共和国土地增值税暂行条例》,规定对转让国有土地使用权、地上建筑物及其附着物并取得收入的单位和个人征税,实行四级超率累进税率。土地增值税的征收对规范我国房地产市场和合理利用土地资源起到了积极作用。土地增值税的纳税义务人是指有偿转让国有土地使用权、地上建筑物及其附着物产权的单位和个人,包括机关、团体、部队、企事业单位、个体工商业及国内其他单位和个人,以及外商投资企业、外国企业、外国机构、华侨、港澳台同胞和外国公民等;土地增值税的征税对象是土地的增值额,增值额是纳税人转让房地产所取得的收入减除法定的扣除项目金额后的余额,增值额收入可以是货币收入、实物收

---

〔1〕《中华人民共和国农业税条例》。

入和其他收入。

　　耕地占用税是国家对占用耕地建房或者从事其他非农业建设的单位和个人，依据实际占用耕地面积，按照规定税额一次性征收的一种税。[41,42]1987年4月1日，国务院发布《中华人民共和国耕地占用税暂行条例》，以占用耕地建房或从事非农业建设的单位和个人为纳税人，采取地区差别税率。耕地占用税属行为税范畴，征税目的在于限制非农业建设占用耕地，建立发展农业专项资金，促进农业生产的全面协调发展；征税范围包括种植农作物的耕地（含3年前曾用于种植农作物的耕地）、鱼塘、园地、菜地和其他农业用地。2007年，为适应耕地保护需要，对原有条例进行了修订[1]，提高了税额标准，统一了内、外资企业的税收负担，从严规定了减免税项目，加强了征收管理。

　　城镇土地使用税是在城市、县城、建制镇、工矿区范围内，以使用土地的单位和个人为纳税人，以其实际占用的土地面积为计税依据，依照规定税额计算征收的一种行为税。1988年9月27日，国务院颁布《中华人民共和国城镇土地使用税暂行条例》，并于1988年11月1日起施行。为了适应社会发展和土地管理的需要，合理利用城镇土地，调节土地级差收入，提高土地使用效益，加强土地管理，2006年国务院发布了新的《中华人民共和国城镇土地使用税暂行条例》，将土地使用税税额标准提高了2倍，并扩大了纳税人范围。

　　契税是在土地、房屋不动产所有权和使用权发生转移变动时，按当事人双方所订契约产价（或现值）的一定比例向产权承受人征收的一次性税收。新中国成立后，政务院于1950年发布《契税暂行条例》，规定对土地和房屋的买卖、典当、赠与及交换征收契税。1954年财政部经政务院批准，对《契税暂行条例》的个别条款进行了修改，规定对公有制单位承受土地、房屋权属转移免征契税。改革开放后，为适应形势的需要，全国契税征管工作从1990年开始全面恢复。但由于《契税暂行条例》立法年代久远，很多规定与实际情况脱节，实际工作中难以有效操作和执行，为了适应建立和发展社会主义市场经济形势的需要，充分发挥契税筹集财政收入和调控房地产市场的功能，国务院于1997年发布《中华人民共和国契税

---

　　〔1〕　修订后的耕地占用税征收标准于2008年1月1日开始执行。

暂行条例》，规定在中国境内取得土地、房屋权属的企业和个人，应当依法缴纳契税，契税实行 3%～5% 的幅度比例税率。

第二节　国外土地税的产生与发展

一、萌芽与早期阶段

国外土地税历史悠久，其雏形产生于原始社会末期，与对领土的征服和占有相联系，由领土征服者向被征服者征收使用土地所形成的收入。在古埃及，法老历来是全部土地的最高所有者，希罗多德[1]在其《历史》中这样记载："塞索斯特里斯在全体埃及居民中间把埃及的土地作了一次划分，他把同样大小的正方形土地分给所有人，而要土地持有者每年向他缴纳租金，作为他的主要收入。如果河水冲跑了一个人分得的土地中的任何一部分，这个人就可以到国王那里把发生的事报告给他，于是国王便派人前去调查并测量损失地段的面积，这样今后他的租金就按着减少后的土地面积来征收了。"[43]古埃及较早对农业土地进行全面调查而整理出的土地清册，就是土地税的基础。

土地税在古罗马时代也很受重视，是当时的主要税种之一，并实行由包税人缴纳税款的包税制[2]。欧洲各国的土地税多源于罗马，在罗马的大多数行省[3]，土地税为一固定数额的货币，代表平均收入的价值定额，但也有行省采用

---

〔1〕　希罗多德，公元前 5 世纪（约公元前 484 年—前 425 年）的古希腊作家，在古罗马时代就被誉为"历史之父"。他把旅行中的所闻所见以及第一波斯帝国的历史纪录下来，著成《历史》一书，成为西方文学史上第一部完整流传下来的散文作品。

〔2〕　包税制是指国家将政府的征税活动承包给最高的投标者，后者只需要事前付给国家某个定额的租金就可以保留其他的税收收入。

〔3〕　罗马行省（provincia），指古代罗马在意大利以外的征服地派遣总督治理的行政区域。罗马在发展成为地中海霸国的过程中，采取不同于以前对意大利被征服者的统治方法，在海外征服地相继建立了行省制度。"行省"一词初指元老院为拥有军事指挥权的罗马行政官员划定的行使职权的领域，有的在意大利境内，也有的在其境外。

什一税[1]形式缴纳谷物。罗马帝国时期(公元前27年—公元476年)的主要收入来源即为土地税,当时的地产共分为七类,分别是耕地、葡萄园、橄榄园、牧场、森林、渔场、盐场。一般来说,主要税负落在耕地和种植园的所有者身上。[44]课之于耕地的税大多以实物征收,课之于种植园的税主要以货币征收。从纳税对象来看,采用缴租或缴税的方式,实际操作中也可能出现双重负担。皇室和元老院直辖行省的地产,国家既是主权者又是土地所有者,地租和赋税合为一体。正常情况下,私有土地的所有者向国家纳税,租佃土地者向地主交租。共和国时代,罗马沿袭西西里等地旧制,在当地征收什一税,也是原始的"课加在土地总产品上的税"。[45]当时,除课加在耕地和种植园的税外,公共牧场、矿山和采石场的经营者也要缴税。奥古斯都时代,土地税的征收较为合理,其后逐渐暴露出征收中的弊端,但一直都是政府稳定的收入来源。直到戴克里先实行税收改革,土地税的单位确定为轭(Iugum),并根据土地质量和种植场的性质而有区别地确定税额。从理论上看,戴克里先的土地税征收具有一定的科学性,但其实际效果却与愿望相反。[46]

英国中世纪的土地税是国王以一国之君的身份征收的一种国税,同时也是以土地面积为征收标准的一种直接税。除个别官员和少数获得豁免令状的领主,不论等级,不论在城市或是乡村,都使用相对稳定的税率向全体自由民征收。[47]中世纪历史上记载最早的土地税是丹麦金(Danegeld),它是英国在遭受北欧海盗入侵后而临时向国内征收的一种纳贡金。公元991年后,英国在全国普遍征收丹麦金,它以贤人会议的敕令为征收依据,以海德(Hide)为单位在全国可耕地上普遍征收。在各郡的百户区内,地为税而划,土地被划分成大小不等的海德,海德也成为各家庭之间的一种耕地分配方式,以满足绝大部分家庭的生活。不同地区的海德标准不同,一般来说是从100~200英亩不等,偶尔也有些地区低于100英亩。一个海德包括四个维尔格特(Virgate),而一个维尔格特要用两头牲畜来拉犁。相

----

[1]　什一税是源起于旧约时代,由欧洲基督教会向居民征收的一种主要用于神职人员薪俸和教堂日常经费以及赈济的宗教捐税,这种捐税要求信徒要按照教会当局的规定或法律的要求,捐纳本人收入的十分之一供宗教事业之用。

应的税率也不固定,每海德征收 1～4 先令。1163 年,丹麦金停止征收后曾有过短暂的复活时期,同时统治者也开始寻找一种新的土地税形式来填充丹麦金的收入空白。《末日审判书》[1]中有记录,为了保证丹麦金能公平、最大程度地征收,委员会里的一部分诺曼人提出用卡鲁卡奇(大约 120 英亩)作为土地标准,其征收本质仍是丹麦金制度的延续。1194 年,理查一世(Richard Ⅰ)从外征战回国,在诺丁汉郡召开大会议,决定首次征收卡鲁卡奇,并组建了征税委员会,对上报的土地数量进行重新核算,以其得出的数据作相应计算。直到 1692 年威廉三世(William Ⅲ)进行土地税制改革,英国近代土地税制才得以建立。法国与德国也分别于 1790 年和 1861 年对原土地税进行了改革,法国改革后的土地税法成为后来一些国家立法的典范。之后,土地税逐渐开始在各国普遍征收。

　　早期的土地税是按土地面积、土地生产物产量课征,这在当时人口相对增加不多、土地兼并垄断相对较轻的情况下是可行的,且计征简便,税额确实。但是到了近现代社会,经济发展迅速,人口增长很快,土地这种有限的资源就显得特别珍贵。同时,因为资本垄断的逐渐形成与加深,对土地的垄断或独占现象十分严重,土地价格猛涨,一些人大发土地投机之财,一方面拥有土地可以作为生产的资本,另一方面可以获得土地的自然增值而积聚财富,因此土地分配不均造成的社会贫富悬殊更加严重。这时只按土地面积或土地生产物征的土地税,对闲置土地垄断和投机已经难以发挥有效作用,一些国家开始征收以土地价值为计税标准的地价税,包括土地原值税(或称土地原价税)和土地增值税。地价税的征收,最早是由宗主国在一些殖民地或半殖民地推行,1873 年加拿大西部的哥伦比亚省对荒废土地征收从价课征的地价税,1878 年新西兰也开征了地价税。第一次世界大战前后,英、法、德、日、意等国相继征收了地价税,一是为了改革原来不合理的土

---

　　[1] Domesday Book,其正式名称应是《土地赋税调查书》或《温彻斯特书》,又称"最终税册"。英王威廉一世(征服者)下令进行全国土地调查情况汇编,以便收取租税,加强财政管理。1086 年由国王指定的教俗封建主在全境进行广泛的土地调查。调查时把全国划分为 7～8 个区,每个区包括若干郡,按郡、百户区、村的系统了解情况。调查内容包括当地地产归属情况,每个庄园的面积、工具和牲畜数量,各类农民人数,以及草地、牧场、森林、鱼塘的面积,该地产的价值等。调查结果汇总整理,编定成册。由于他派出的调查员个个如幽神恶煞,调查内容又极细致,使被调查者如履薄冰,好像在接受上帝使者的末日审判一样,所以调查结果被称为《末日审判书》。

地税制,二是为了限制土地投机和过分独占。后来,随着土地收益不断增加,土地自然增值的成分扩大,对土地增值所得征收所得税,对土地转让征收不动产转让税、印花税,对暂时闲置土地征收闲置土地税等,使土地税制在课征制度上不断完善。

二、现代发展阶段

随着人类社会的发展与社会制度的变迁,时至今日,由对土地的占有、开发、使用和转移等活动课税所构成的土地税收制度已成为世界各国税收制度的重要内容之一。各国政府借助土地税的特殊调控作用,为达到保护土地资源、调节土地结构、促进土地资源持续利用等目的,设立了严密的税收体系。

根据是否对土地单独课税,现今各国(地区)的土地税收可划分为三种类型。

(1) 将土地包含于纳税人的财产之中,对其征收一般财产税,如美国、英国、中国台湾等国家和地区。

美国是一个以所得税为主体的复税制国家。从税权划分上看,联邦、州和地方三级政府的税种各有侧重,联邦政府以所得课税为主,州和地方政府以销售税和财产税为主。在美国的税收体系中,土地税收并不占主导地位,主要是地方税收,分为所得税性质的土地税、财产性质的土地税(主要课税对象为房地产价值税)和财产税性质的土地税(遗产税和赠与税)。其中,财产税的税率和课税办法由各地方政府自行决定,一般为 3%～10%;遗产税和赠与税的税率为 18%～50%,并采用超额累进税率[1];所得税(含经营房地产所得)也采取超额累进税率,个人所得税的税率分别为 15%、28%、33%、38%,公司所得税的税率分别为 15%、25%、34%。在税费征收上设置了免税事项,主要通过改变房地产的价值标准来实现,所有州均对政府、宗教和教育的房地产免税。此外,考虑到个别所有者的境况,一些州对低收入的老年人、残疾人及退伍军人提供部分免税。美国的土地税制具有以下特点:一是土地税收在整个税收体系中并不具有特别重要的地

---

〔1〕 超额累进税率是把征税对象划分为若干等级,对每个等级部分分别规定相应税率,分别计算税额,各级税额之和为应纳税额。其流行算法是:应交所得税＝应税所得×适用税率－速算扣除数应税所得额。

位;二是土地税是典型的地方税种,主要土地税种的课税权、税收立法权以及课税收入均归地方政府,是地方财政收入的主要来源;三是在土地税制结构中,财产税性质的土地税,即不动产价值税(包括土地价值税、土地改良物价值税以及房地产价值税)是主体,而所得税性质的土地税居于非独立的次要地位;四是土地税的重点课税对象是城市房屋和土地;五是土地税的主要目的在于为地方公共服务筹措资金和调整收入分配,而资源配置功能处于相对次要的地位。

英国实行分税制,与土地有关的税收分为中央税和地方税两大类。中央税种包括所得税、增值税、遗产税、印花税,地方税种只有财产税,包括居住用不动产税和经营性不动产税。居住用不动产课税是针对住宅性不动产征收的一种财产保有税,凡在英国居住且拥有房地产的人(包括个人、企业公司和组织等)均为纳税义务人,课税对象为各种土地(除农业用地)、房屋和建筑物,计税依据主要是课税对象的资本价值,该税税收入约占全国总税收的 19.5%;经营性不动产课税作为一种间接税,根据所有在册的经营性土地和房产的租金状况,由地方政府不动产估价局确定其在一定估价日期内的价值,根据全国所有地方政府的支出情况确定统一的征税比率,由地方进行征收,其税收收入约占全国总税收的 12%。英国于1973 年开始征收增值税,纳税义务人为提供应税商品或应税劳务的人,同时也应是按照法令规定办理纳税登记的人。增值税是对资产转移时价值高于资产获得时价值的增加额征收资本增值税[1],税率为 17.5%。

地价税是台湾地区最基本的土地税,是按土地价格征收的一种税,其实质是一种财产税。[48]在台湾地区,有些土地规定有地价,有些土地尚未规定地价,而地价税只对已规定地价的土地征收。为征收地价税,台湾各地有专门的地价评议委员会负责地价评议有关事宜,并制定有《地价评议委员会组织规程》。地价税纳税义务人一般是土地所有权人,土地出典时为典权人,主管部门放领土地的是承领人,以及承垦政府土地的人。若土地所有权属于公有或共有者,则以管理机关或管理人为纳税义务人。若为分别共有者,地价税以共有人各按其应有部分为纳税义务人,特殊情形下由土地使用人代缴。地价税采用累进税率及加征空地税的方

---

〔1〕 转移包括出售、交换、赠与(不包含属遗产税征税范围的继承和赠与)。

法来调整土地分配,促进土地利用。一般累进税率共设七级,未超过累进起点地价时按基本税率千分之十五征税;超过累进起点地价在百分之五百以上者,以每超过百分之五百为一级距,每一级距内各就其超过部分,逐级加征千分之十,以加至最高税率千分之七十为止。对自用住宅用地、工业用地、公共设保留地、公有土地采优惠税率,对超过期限未建筑使用的私用空地加征空地税。[49]

(2) 将土地、房屋和有关建筑物等固定资产综合在一起征收不动产税,如日本、加拿大等国家。

日本土地税以所得税为主体税种,划分为所得税性质的土地税、财产税性质的土地税和其他土地税。其中,所得税性质的土地税包括不动产租金或所得税,以及不动产转让所得税;财产税性质的土地税分为国税和地税,国税又包括地价税和继承税,地税分为都道府县税(以不动产取得或购置税等为主)和市町村土地税(以固定资产税为主体税种)两级。不同的土地税收管理机构相互独立,实行中央、都道府县、市町村三级管理,三级政府的土地税税权相互独立,各自确定相应税种的税率,并进行征收管理。

加拿大于 1873 年开始征收土地税,由于居民在购买房屋的同时也购入了土地,所以计税时将房屋建筑物等不动产包括在内,因此加拿大的土地税为不动产税,该税种是目前加拿大税收体系中的重要组成部分,具有增加财政收入、促进土地有效利用、调节土地级差收入等重要作用。[50]该税分别对土地的保有和转移环节课征,主要包括不动产保有税、不动产转让税和营业性不动产税,征收方式是从价计征。加拿大不动产税属于地方税种,各省征税完全独立,由省市政府征收,收入全部用于地方财政预算支出。通常市级政府负责对市区内的不动产进行征税,省级政府则对市区以外的不动产征税。加拿大没有全国统一的不动产税税率,由各地方政府根据其财政收支状况自行规定,不动产税税率的确定权在省或地方议会。此外,在相应税率的制定中,地方政府往往广泛征求社会各界的意见,力求税赋公平公正。

(3) 单独对土地或者房屋征税,如韩国、奥地利、泰国等国家。

韩国的综合土地税是以纳税人在全国范围内拥有的全部土地的资本价值按累进税率征收的一种财产税,其计税依据分为综合合算计税依据、分别合算计税依据和分离计税依据。综合土地税是合算征税的,其税率体系复杂,不同的征税对象各有区别,计税依据不足 2000 万韩元的为 0.2‰,超过 2000 万韩元的计算方法较为复杂。分别合算对象土地的税率是 1 亿韩元以下的为 0.3‰,超过 500 亿韩元的采用最高税率 2‰。此外,对所有分离征税对象土地适用比例税率,其中对水田、旱田、果木园、牧场用地、林野适用 0.1‰的税率,对高尔夫球场、别墅等其他奢侈目的用地适用 5‰税率,对其他土地适用 0.3‰税率。[51]泰国住房建筑税是泰国对房屋征收的一种地方税,由地方政府负责征收。泰国住房建筑税以房屋所有者为纳税义务人,计税依据是房屋实际或估算的租金,采用差别比例税率,普通住房税率为 12.5%,厂房及附属宿舍为其租金的 1/3。

第三节　土地税费的国际比较与借鉴

通过对各国(地区)土地税收制度的研究分析可以发现,由于国情不同,各国(地区)土地课税的侧重点也不尽相同。从课税范围来看,大多数国家和地区对其所辖范围内的全部土地课税,既包括城市土地,也包括农村土地、森林和山地等;在计税方法上,大多数国家和地区,尤其是发达国家(地区)采用从价课税,少数采用从量课税;大多实行差别的比例税率,多数发展中国家实行累进税率,部分国家甚至实行超额累进税率。国外一般都实行城乡统一的土地税制,基本上将税收分为商品税、所得税和财产税,绝大多数情况下土地税都属于财产税的一部分,在土地的取得、保有和转让等环节发挥着增加地方财政收入、调节收入分配差距、促进土地资源合理利用的作用。从税制设计原则来看,一般都贯彻"宽税基、少税种、低税率"的基本原则。宽税基,即仅对公共、宗教、慈善等机构的不动产实行免税,其余不动产所有者或占有者均为纳税主体;少税种,即有关房地产的税种较少,多数国家仅开征不动产税、所得税、转让税等少数几个税种,一方面可以避免因税种复杂而导致的重复征税,另一方面也可以降低税收征管成本,提高税收效率;低税率,即主体税种的税率一般较低,从而总体的税负水平也较低。因此,税率虽然不高,但由于税基较宽、征收效率较高,依然能为地方财政创造相对充足和稳定的收入来源。此外,从税收分布结构看,国外重视对土地(房地产)保有环节的征税,而对权属转移环节实行轻税政策,这样的税收结构有利于鼓励不动产流动,刺激土地的经济供给,而高额的保有税率也避免了房地产空置或低效率利用,促进了房地产市场交易的繁荣,并推动房地产要素的优化配置。相比早期土地税征收多侧重于财政收入目的,近现代则更加注重其在社会和经济政策方面的调控作用。

表2-4　世界主要发达国家及中国财产税收入占地方收入的比重

国家	澳大利亚	加拿大	日本	美国	德国	中国
财产税占地方收入的比重	60.00%	53.30%	45.30%	29.00%	15.50%	8.00%

通过对上述国家(地区)土地税制的比较,有以下方面值得中国借鉴。

(1)土地税种的设置。西方国家普遍开征的独立土地税种包括地价税、房屋税或房地产价值税、不动产遗产税和赠与税等,可对应于土地的取得、保有和流转环节。如土地取得税类可以设置土地取得税、遗产税和赠与税;土地保有税类可设置土地税、定期土地增值税;土地流转税类可设置所得税、土地转移增值税。从税收的分布结构看,多重视对土地保有阶段的征税,而在权属转让方面设计的税种相对较少,这种结构能够鼓励不动产的正常流转,较好地调控市场供求关系。

(2)土地税率的设计。如果土地税率设计的目标是均分财富或课取财政收入,多采用对土地与土地改良物统一制定的税率,这时土地或土地改良物常被视作同质的财产税课税对象;当希望土地税执行资源配置职能时,土地税率往往采用差别税率制或双层税率制,这时土地与土地改良物被视作非同质课税对象。如对土地课以高税率赋税、对土地改良物(资本)课以低税率赋税或者免税,就会刺激土地改良和土地要素集约利用。

(3)土地税权在各级政府之间的分配情况。从税收归属来看,土地税权在各级政府之间分配,所得税性质的土地税多归于国税,而财产税性质的土地税则多归于地方政府。从量上看,土地(不动产)税主要由地方政府享有,并且成为地方政府的主体税种。从课税管理体制上看,西方国家的中央、州(邦)、地方三级政府均享有对土地的课税管理权,但以地方政府管理为主;各级政府均有独立且有所侧重的土地税种,而且土地税收管理机构彼此独立。

（4）土地税的设置要兼顾效率与公平。税收的核心是税负公平,各国均坚持"宽税基、少税种、低税率"的基本原则。税基设置上,除了免税规定的外,其余的均要征税;税种设置上,土地税收的种类应尽量减少,避免因税种复杂而导致的重复征税,提高税收效率;税率设置上,缴纳税费的额度不应过高,通过较宽的税基提高征收效率。就税收公平而言,土地所得税优于土地收益税,土地收益税优于土地单价税,土地单价税优于土地面积税,也即土地所得税最为公平;就税收效率而言,以单纯土地面积为计税依据征管最为简便易行,确定土地面积和查定单位价值后按单位价值计税则具有较长的持久性,而按所得计税要准确计算收入,还必须斟酌个人情况给予扣除与减免,按收益计税要准确计算收益和扣除费用,故后两项操作较复杂、征管成本较高。相比之下,只有以单位价值为计税依据实行从价定率征收的土地税能将税收公平与效率进行较好的结合。[52]

（5）土地税制的土地制度基础。在土地公有制经济里,只要土地使用权具有价值或土地租金收益归政府以外的主体所有,便具备了课征土地税的条件,课征土地价值税或收益税则不存在产权制度障碍。在中国现行的土地制度上,可借鉴西方国家经验,加快土地产权制度改革,使产权明晰,且权能与其主体的权、责、利一致,建立起符合中国国情的土地税收体系。此外还应不断加强土地法制建设,以法律替代条例,加强税收的权威性。

第三章 土地税费的理论发展

第一节 中国赋税思想史

一、古代赋税思想史

夏、商、周时期的赋税思想处于一个较低的发展阶段,是中国赋税思想蓬勃发展前的发轫和启动时期。春秋战国时期,儒家学派提出"薄赋敛"的政治口号,孔子曾提出"薄赋敛,则民富矣",这种轻徭薄赋的思想具有一定的进步意义,并一直被儒家学派所继承。他们曾提出"民富自中国富"、"生财有大道,生之者重,食之者寡"[1],表达了重视培养财源、发展生产的思想主张,反对竭泽而渔。儒家学派为了维护阶级统治,重视通过税收的作用来处理好国家与民众之间的分配关系,认为"善政得民财",只有好的财政税收制度,才能使财源充裕。

中国最先直接探讨税收与经济关系的是荀况[53],他提出开源节流的思想。荀子认为:"田野县鄙者,财之本也;垣窌仓廪者,财之末也。百姓时和,事业得叙者,货之源也;等赋府库者,货之流也。"他指出农业生产是"财之本",农产品贮藏是"财之末",农民按农时耕作取得农业丰收是"货之源",按等赋税充实府库是"货之流"。"故田野荒而仓廪实,百姓虚而府库满,夫是之谓国蹶。伐其本,竭其源,而并之其末,然而主相不知恶也,则其倾覆灭亡可立而待也。"

---

[1] 程颢,程颐:《大学》。

宋代王安石也认识到税收是依存于经济的，提出"因天下之力，以生天下之财，取天下之财，以供天下之费"[1]。他指出，国家仅靠"俭约"是不能致富的，"其于理财大抵无法，故虽俭约而民不富，虽忧勤而国不强"，进而提出国家财政税收不丰裕的根源在于没有很好地生财。"尝以谓方今之所以穷空，不独费出之无节，又失所以生财之道故也"，所以他主张"富其家者资之国，富其国者资之天下，欲富天下则资之天地"。

明代顾炎武对经济和税收关系的认识则更加明确，他指出"必有生财之方而后赋税可得而收也"，强调"有生财之方"是赋税的基础，即培养税源才能增加国家税收收入。他主张赋税政策既要有利于促进商品交易的发展，也要考虑到经济发展的不平衡性，应因时因地制宜。鉴于当时的社会经济发展状况，顾炎武认为一条鞭法的实行应根据各地经济发展的实际情况来决定。《钱粮论》中又谈及："今若于通都大邑行商麇集之地，虽尽征之以银，而民不告病，至于遐陬僻壤，舟车不至之处，即已什之三征之犹不可得。以此必不可得者病民，而卒至于病国。"[54]因此，无论是实行货币赋税，还是实物赋税，都应根据当时当地的实际情况，而为"权宜变通之法"。[55]

清代魏源对"取之有度"、"薄赋敛"作了形象化的说明，使之更加通俗易懂。他认为赋敛重："使人不暇顾廉耻，则国必衰。使人不敢顾家业，则国必亡。善赋民者，譬植柳乎，薪其枝叶而培其本根。不善赋民者，譬则剪韭乎！日剪一畦，不罄不止。"[2]形象地论述了赋税不可侵及税本的原理。他认为国家赋税均仰给于富民，国家有战争、灾难也仰给于富民。他认为"土无富民则国贫，土无中户则国危，至下户流亡而国非其国矣"。这里所强调的富民主要指工商业者，保护富民实质上是要求保护工商业者，保护工商业的发展。这种希望国家利用赋税手段保护工商业发展的思想，在资本主义萌芽长足发展的时期，仍不乏其现实意义。[56]

二、近代赋税思想史

中国近代赋税思想的产生有其特定的政治、经济、财政和思想背景，特别是在

---

[1]《临川文集》卷三十九《上仁宗皇帝言事书》，《四库全书荟要》。

[2]《林文忠公政书》乙集《两广奏稿》卷四。

思想上,主要以西方财经理论为根据。这一时期,人们对 20 世纪初之前存在的一些旧税,如田赋、盐政、关税、厘金等提出了不少意见,并且有一些人在对西方近代税制稍作了解后提出了引进西方税种的主张。总体而言,由于当时西方财经思想在中国的传播尚处于起步阶段,故清末近代意义上的税制改革思想仅属初开端倪,既不深入,也缺乏系统性与整体性。[57]

进入 20 世纪后,少数先进人士开始以西方财税理论和税费制度为依据来审视中国的田赋问题,并推出一系列解决方案。梁启超曾提出:"各国之地租皆分为耕地、宅地两种,各异其税率。而中国惟田野之耕地有税,而城市之宅地无税……轻重失均,莫此为甚。"这是对中国地税不公平现象的一个重大认识。他建议"仿各国之例,将此二者划而分之",轻征耕地税,重征宅地税,并认为此举"非惟增国库之收入,抑亦为国民经济酌盈剂虚之计应如是也"。他建议改革中国田赋的征课办法,主张田赋以土地纯收益为征课标准,采用比例税率。孙中山受美国经济学家亨利·乔治(Henry George)土地单一税思想的影响,对地价税寄予很高期望,希望它能成为未来社会的唯一税种(至少是主体税种),希望通过运用税收工具实现"平均地权"的经济纲领。

北洋政府时期,西方财税理论在中国的传播又上了一个新台阶,思想界开始自觉运用西方财税科学的系统理论,深入研究中国整个税制改革的"系统工程",对中国传统税制结构的缺陷开展了大量分析和批评,以 19 世纪后期的阿道夫·瓦格纳(Adolf Wagner)[1]为代表的社会政策学派财政理论受到国人的特别关注。晏才杰是民国时期著名的税收学专家,他从理论上分析了当时税制中存在的重复征税和税率不公等问题,并提出了自己的税制整理方案:一是"间接税过重,直接税过轻。间接税难于一时减轻,似应酌量加重,以期税则平均";二是在直接税中,所得税"俾于收益税相辅而行,并俟工商业渐次发达、资本增进之时,先后推行家屋、营业各税以辟财源而均负担";三是"间接税中之关税税品过滥、税率过

---

〔1〕 瓦格纳建立了他著名的四大赋税原则:① 财政政策原则,该原则包含收入充分原则和收入弹性原则;② 国民经济原则,该原则包含税源选择原则和税种选择原则;③ 社会公正原则,该原则包含普遍原则和平等原则;④ 税务行政原则,该原则包含确实原则、便利原则、最少征收费用原则。

轻","盐税虽非良税,不能遽行废止,亟应切实整理,力除积弊",其他杂税杂捐"应及时整理,以恤商艰而兴商业";四是契税"与各国登录税之性质略同,应予统一以免税则分歧,易滋弊混",印花税"各国均视为良好之税源,税率不宜过高,课税种类亦不应过繁"。[58]晏才杰还在与另一位田赋问题专家胡子清合拟的《整理田赋办法》中详陈了自己的清丈方案,建议仿效日本的做法,分三步次第进行,第一时期从事清查,第二时期实行测丈,第三时期改订科则。关于"改订科则",他指出"各国地租制度以地价法为最精密",中国清丈完毕后虽无条件立即采用"地价法","亦应各视其土壤之肥瘠、有无水荒旱荒之虑,并体察该各地方农产物价格若何,妥为规定(等则),庶保持负担之平衡而无畸重畸轻之弊"。他提出"治标之法"系在旧制度的框架内对田赋征收方法和相应技术进行改进;而"治本之法"则是要通过实施清丈,改订科则,实行地价税制度。

国民政府后期,税制改革思想曲折发展,战争一方面使人们的注意力集中于解决战时财政问题,但另一方面也在客观上推动了税制改革的进程。在战后中国税制建设的目标模式上,大多数人为抗战中政府在直接税方面取得的进展感到鼓舞,期望直接税能上升为战后中国税收体系中的主体税种,但也有人明确提出直接税和间接税双主体税制结构的目标模式论。在国、地税划分问题上,国民政府首先考虑的是适应战时需要,取消了省级财政,抗战胜利后又恢复了中央、省、县三级财政制度。这一时期,在税收征管制度建设上最大的成就是公库制度的完善,学术界在各税种(盐税、土地税、所得税、遗产税、关税等)的税制改革方面也有一定的思想成就。总体而言,朝野双方在税制改革问题上越来越显示出重视国情的特点,务实作风日渐增强,国人在税制改革思想上逐渐成熟。

三、建国后税收理论的发展

鸦片战争以后,中国沦为半殖民地半封建社会,国家征税权落入军阀、列强手中,治税思想也因此出现了约100年的"历史断层"。尽管20世纪30—40年代,一些留洋回国的财税学者翻译、引进了一批国外财税名著和教材,但总体而言,其中关于中国赋税问题的观点、思想仍较为肤浅和零散,更未形成符合中国实际的税收理论体系。1949年新中国成立后,税收理论发展翻开了新的一页,呈现出空前的繁荣。1949—1952年国民经济恢复基本完成,此时全国税政得以统一,建立了社会主义新税制。这一时期,社会主义税收理论尚处于起步阶段,研究重点限于国民经济恢复时期的税制建设和税收政策等问题。1952年起,国家开始对资本主义工商业进行社会主义改造。随着私有制改造的完成和计划经济体制的逐步确立,"左"的经济建设指导思想和治税思想开始居于主导地位。"左"的治税思想在理论上具体表现为"非税论"[1],它从所有权的转移立论,认为国营企业交纳的周转税没有收入者所有权的转移问题,不是税,而其他经济成分的企业或个人交纳的税,则是由集体所有或个人所有转移为全民所有,是税;从课征对劳动者收入的影响方面,认为"虽然国家集中的纯收入中的一部分叫做周转税,但按其本性而论,它不是税,也不是对劳动者收入的某种扣除";从社会主义制度来看,从根本上否认了社会主义制度下税收的存在,认为不但周转税不是税,其他各种税也都不是税;从国民收入的分配立论,苏联的德·阿拉赫维尔江在《苏联国民收入与国家预算》中提出,"周转税和利润提成,乃是按计划直接分配社会主义企业纯收入的两种方法。决不能把它们当作是对一部分国民收入进行再分配的财政手段".[59]"非税论"全面贬低税收的地位和作用,扰乱了中国的治税思想,造成税制的一步步简化,税收功能逐步削弱,税收研究队伍遭到撤并,税收理论研究也陷入停滞状态,甚至出现了历史性的倒退。[60]

从1978—1991年,中国税收理论界围绕如何建立与有计划商品经济体制相适应的税制体系这个中心问题,全面反思了"非税论"对税收理论发展的消极影响和对税制建设造成的重大危害,研究了与税收的本质和职能作用以及税制建设的相关重大基础理论问题,确认了社会主义税收存在的客观必然性,探讨了税收的本质特征、税收与经济的关系,以及有关原则等基础内容,在税收理论研究方面取得了许多重要成果:一是全面批判了"左"的"非税论"税收思想,在税收基础理论、治税观念、税制发展战略等重大领域实现了拨乱反正;二是根据马克思主义基本原理,结合中国社会主义初级阶段的基本国情,深刻分析了税收与社会主义公有制经济、商品经济之间的必然联系;三是研究了税收杠杆在鼓励竞争、搞活企业、

---

〔1〕 "非税论"于20世纪50年代初期由苏联传入中国,以否定国有经济税收和社会主义税收必要性为主要内容,是传统计划经济理论的一个组成部分。

调节分配、促进国民经济发展中的重要作用;四是积极借鉴国外税收理论和征税办法,探讨了适应中国有计划商品经济发展需要的治税思路和税制模式;五是初步建立起了社会主义税收理论体系的基本框架,为税制改革作了必要的理论铺垫。[61]受当时主、客观因素的制约,20世纪80年代的税收理论研究也存在一定的缺陷,如研究领域较窄、研究深度不足,在批判"非税论"、"税收无用论"的过程中没有从理论上解决好税收在社会主义有计划商品经济中的合理定位等问题,在引进、吸收西方税收理论和征税办法的过程中出现了脱离国情,甚至"食洋不化"的倾向。

1992年,邓小平南巡并发表谈话,同年召开的党的十四次全国代表大会决定把建立社会主义市场经济体制作为中国经济体制改革的目标。以此为标志,中国税收理论研究进入了一个新的、更加繁荣的阶段。整个20世纪90年代,中国税收学术界进行了广泛、深入、不懈的理论探索,税收理论步入深化阶段,具体表现在以下方面:一是明确了税收在社会主义市场经济体系中的作用,即不仅具有财政功能和社会政策功能,还发挥着市场经济不可或缺的经济调节职能;二是研究了在税制改革、政策设计和征收管理中如何体现公平税负原则的问题;三是探讨了依法治税对社会主义市场经济的重大意义,以及作为依法治税理论基础的税法理论和税法学体系;四是在1994年实行分税制财税体制改革后,系统地研究了社会主义市场经济与分税制财税体制以及地方税体系之间的关系,研究了合理划分中央和地方税权的理论依据、原则和方法,研究了与分税制配套的地方税体系建设问题;五是1995年以后,针对收费项目多且混乱的现实状况,研究市场经济与政府财政行为的关系,政府征税与收费的理论依据,分析造成当时收费规模膨胀的体制原因、制度因素和管理问题,提出了规范税费关系、清理整顿收费、税费分流和实施"费改税"的改革思路;六是研究重心逐渐偏向税收优化理论与中国经济、税收的相关性,逐步将税收优化理论运用于税收政策和税制结构的优化问题。[62]

党的十六届三中全会通过的《关于完善社会主义市场经济体制若干问题的决定》,提出了新一轮税制改革的指导原则和明确部署,"农村税费改革"和增值税扩大抵扣范围试点拉开了新一轮税制改革的序幕,税制改革理论研究也进入了一个新的发展阶段。在对中国税收制度进行客观评价的基础上，就社会经济发展对税收的客观要求、现行税收制度在新形势下显露出的不适应性等问题展开了广泛、深入的研讨，着眼于社会经济发展对税制改革的要求和解决现行税制中存在的突出问题两个方面，提出税制改革的总体构想及完善各项税制要素的具体建议。税收概念、分析框架、知识基础、逻辑结构、研究方法和理论体系逐步与国际接轨，为进一步完善中国社会主义市场经济体制下的税收理论体系提供了充分的条件。

新中国成立 60 多年来，中国初步实现了由计划经济向市场经济的历史性转轨，税收理论初步实现了向社会主义市场经济条件的历史性跨越，其中的成功与曲折、经验与教训，为税收理论的进一步探新和发展指明了前进的路径。

第二节　西方土地税收理论的发展

税收作为国家参与私有者特别是私有商品生产者收入分配的恰当形式，其理论和实践发展与私有制和商品经济的发展密切相关。由于西方国家私有制和商品经济成熟较早，税收理论的发展进程也较快，特别是进入资本主义社会以后，税收被尊为与财产、家庭、秩序和宗教并列的"第五位天神"，对税收问题的理论研究获得了空前的进步，并实现了系统化。

一、前古典期

就土地税收而论，其发展历史可以溯源至 17 世纪的威廉·配第（William Petty）。在西方，他首次较为系统地阐述了若干税收基本理论问题，被称为"税收之父"，其代表作《赋税论》、《政治算术》等被认为是古典税收学说的经典之作。配第的税收理论主要包括三方面内容，即税收原则、税收影响和税种配置。在 1662 年出版的《赋税论》中，配第对房屋税、土地税进行了早期研究，提出了土地税收的基本思想。

配第对土地税收理论的贡献主要有四个方面[63]：第一，指出当时政府课征土地税的主要理论依据是为政府筹措财政收入。这一依据主要是基于土地是财富之母，劳动是财富之父，人民应当从其劳动收入和土地收入中缴纳一部分充作公用,其中出自土地的部分即土地税收。第二,认为土地税收来源于地租及其派生收入,而地租是劳动剩余物,是劳动创造财富后扣除劳动者维持最低生活水平所需费用之余额。配第从本质上揭示了土地税收的最终来源是人类剩余劳动。第三,最早提出地价的实质是地租的资本化,并建议以地价取代地租作为土地税的计税依据。第四,指出房屋具有二重性,即房屋既是支出的媒介,又是一种收益的手段,这等于说房屋既是一种消费品,也是一种资本品,这为正确理解房屋税的二重性提供了理论基础。在配第以后的古典土地税收分析中,虽然也承认房屋税具有资本税特征,但却矛盾地采用了商品税原理分析房屋税的效应及其税负转嫁与归宿。

配第的土地税收思想也不可避免地存在缺陷,其主要缺陷是:第一,地租税转嫁给承租人,进而转嫁给农产品消费者的观点是错误的;第二,土地税可以影响农产品价格的结论基本是错误的,因为如果农产品价格由竞争性市场均衡决定,土地课税对其影响即使存在也微不足道;第三,配第的土地税收思想虽涉及房屋税,但对房屋税的转嫁与归宿问题并没有进行讨论。[64]

二、古典时期

以亚当·斯密(Adam Smith)的《国富论》为标志,土地税收研究进入古典经济学时期。该时期的土地税收研究仍以农地税为主,但城市经济的发展促使经济学家开始关注城市土地税收问题,研究的重点也由过去简单的税种描述转变为对土地税收的转嫁和归宿问题的探讨。其间萨伊(Jean Baptiste Say)、大卫·李嘉图(David Ricardo)、西斯蒙第(Sismondi)、杜能(Von Thünen)等古典经济学家均在其经济学著作中对土地税收进行过大量探讨,研究对象主要是农地税、房屋税等古老的土地税种,研究重点是税负的转嫁与归宿问题。与亚当·斯密相比,这些讨论均未实现质的突破。1890年,马歇尔(Alfred Marshall)的《经济学原理》问世,标志着经济学研究进入新古典时期。马歇尔对古典经济学原理和分析技术的出色综合,使以价格理论为核心的局部均衡分析方法趋于完善,马歇尔运用该方法进行的土地税收分析更是将古典土地税收理论发展到了极致,可谓古典土地税收理论的集大成者。

通过对马歇尔土地税收理论进行分析,可以发现古典土地税收理论具有以下特点:第一,正确地指出了地产价值等于建筑物价值与地基价值之和,即现代意义上的建筑物资本价值与地价之和,这为确定土地税计税依据并正确分析土地税收效应和土地税负归宿奠定了基础。马歇尔认为,若土地交易双方均已知土地课税制度,地基价值税由土地所有者负担;若事先不知课税,则地基价值税由地基承租者负担。第二,关于建筑物价值税的归宿问题。马歇尔区分了全国统一税率和地方差别税率两种情形,分别讨论了建筑物价值税的经济效应及税负转嫁与归宿问题,指出了建筑物价值税可以通过两种方式转嫁,一是通过提高房租的方式前转住房租赁者;二是通过提高经营商品或服务价格的方式将税负旁转给利用建筑物经营的产品或服务的消费者。第三,土地课税的理论依据问题。马歇尔指出,土地税不仅合理,而且适宜于作为独立的税目,究其原因,一是土地供给的永久固定性,因而土地税负不易转嫁;二是人类集体力量对现在地价的巨大贡献,课其一部分归社会所有才可体现公平原则。前者体现了课税中性原则,后者则体现了平均地权思想。综合而论,马歇尔的土地税收研究成果达到了古典经济学的顶峰,在局部均衡分析的框架内,他的土地税收理论基本正确,但仍有继续研究的空间,如土地供给非零弹性和建筑物供给非无限弹性场合下的土地税收效应以及税负转嫁与归宿分析,将土地税收效应的局部均衡分析由静态拓展到动态分析,统一税率与差别税率场合下土地税收效应的一般均衡分析等。在马歇尔以后,土地税收研究渐渐脱离理论经济学并且趋于淡化,这既与公共经济学(或财政学)从理论经济学中分离造成的学科分化有关,也与土地税收在整个税收体系中的地位衰退有关。但在马歇尔之后土地税收研究并未停止,西方学者在新的假设下利用现代经济学分析工具将土地税收研究推进到了一个更高的阶段,即土地税收研究的现代期。

三、现代时期

公共经济学家一般把凯恩斯(John Maynard Keynes)以前的公共经济学称作古典期,其后称作现代期。凯恩斯之后,经济学学科体系中应用经济学独立于理论经济学的趋势日益明显,财政学(即20世纪60年代以后的公共经济学)在政府干预经济的现代经济思想的影响下发展壮大。从马歇尔到凯恩斯,经济学完成了从新古典到现代的转变。这一时期的突出代表是美国公共经济学家马丁·费尔德斯坦(Martin S. Feldstein),他在一般均衡分析框架内利用两期经济增长模型对土地税的转嫁与归宿规律进行了理论实证性研究。[65]在土地税收研究的现代期,土地税收问题已经很少为理论经济学界所关注,而主要在公共经济学领域内进行讨论。西方学者对土地税收问题的研究兴盛期是 20 世纪六七十年代,代表人物除了费尔德斯坦,还有艾伦(Aron H. J.)、拉格本扎(Raghbendra Jha)、米斯科夫斯基(Mieskowski P. M.)、纳泽(Netzer D.)等。

现代公共经济学中土地税收研究的主要特点是将土地税作为要素税,这与古典经济学理论中将土地税视为一般商品税的观点不同。基于这种假设,公共经济学家运用跨期经济增长模型开展了土地税收效应的动态一般均衡分析,重点关注土地税的资源配置效应。尽管都是在跨期经济增长模型中探讨土地税收效应问题,但不同的假设得出的土地税收效应结论截然不同,一种是土地税收不可转嫁论,这种观点主要基于"土地税收会完全资本化"[66]的事前假定;另一种是土地税收转嫁论,主要基于土地税收可以资本化,但并非完全资本化的假设。前者实际上是在一般均衡框架内坚持了"土地税收中性"的古典土地税收效应论,后者则是对土地税收非中性的理论实证。

第三节　土地税费的基础理论

纵观土地税收思想理论的发展史,从其雏形产生到发展完善逐渐成熟,经历了无数学者的不懈探索,对当今世界经济社会发展有着深远的影响。综合而论,土地税费的相关基础理论主要包括市场失灵理论、外部性理论、资源配置理论、公共财政理论和金融效率理论。

一、市场失灵理论

市场失灵也称市场扭曲,是指市场价格既不等于该商品的边际社会收益,也不等于该商品的边际社会成本。[67]在完全竞争条件下,只有通过市场才能够实现资源的有效配置,如果不能满足完全竞争的条件,或者根本就不存在市场,那么市场机制在实现资源配置的效率方面就可能出现运转失灵,即"市场失灵"。[68]

在市场经济中,价格是社会资源的主要配置手段,价格引导消费者挑选彼此可以替代的商品,支配社会资源在不同行业之间的分配。在需求方面,均衡价格反映了消费者对多购买一单位商品所作的估价;在供给方面,它反映了生产者多生产一单位商品所耗费的边际成本。当市场竞争能发挥调节作用时,均衡价格不但使需求量等于供给量,而且使一件商品的边际估价等于边际成本。因此,在正常情况下所有市场的边际成本都等于边际收益,如果某种商品再多生产一些,这种商品的边际成本超过边际估价,经济效益就会减少,在资源和技术既定的条件下,还会使其他产品的产量下降,通过市场价格的自发调节可以实现资源最佳配置。但市场机制本身也存在缺陷,效率和公平是经济发展的两大主题,帕累托效率准则涉及的仅是资源配置的效率,而没有考虑收入分配的公平问题。事实上,单靠市场机制不仅不能实现收入公平分配和经济稳定发展的目标,相反,市场竞争的结果必然导致收入分配的不公平和经济的周期性发展,而收入分配的不公平和经济的周期性发展又会造成效率损失。因此,需要政府部门进行参与和干预。市场失灵主要表现在以下方面[69]:一是产生垄断。完全竞争的市场结构是资源配置的最佳方式,但在现实经济中,完全竞争的市场结构只是一种理论假设,垄断的出现使在完全竞争理论下的价格机制失去作用。由于市场竞争过度,出现人为控制行业和价格,垄断厂商从中获取高额利润,这样的结果必然会阻碍资源的正常流动,使价格机制失去作用,而市场本身又无法克服这一缺陷。二是劳动力使用不足、资源浪费、社会福利受到损失。劳动力作为生产要素之一,在行业之间受价格机制作用进行合理配置,然而与市场相伴随的却往往是失业和社会资源的浪费,即无法实现劳动力的充分就业和资源的充分利用,也伴随着社会福利的损失。三是生态环境的破坏和污染现象严重。商品的生产经营与人类赖以生存的生态环境密切相关,随着市场的形成与发展,人类生存的生态环境日益遭到破坏,环境污染日趋严重。四是市场对公共产品不具备价格调节作用。公共产品是每个消费者所必需的,而私人企业无法实现对公共产品的供给,即公共产品供给市场失灵。公共产品的"非竞争性"和"非排他性"(个人对产品或服务的消费不影响或减少其他任何人的消费,产品的使用价值由全体社会成员而非个别消费者享有)往往会导致"搭便车"现象。五是垄断问题。自由竞争是市场机制有效运行的基础条件,然而很多行业在市场条件下容易形成垄断,也就限制了自由竞争,导致资源无法充分利用、产量不足以及效率低下等问题,从而影响了市场机制的正常运行效率。

为纠正和克服"市场失灵"的发生,就必须借助政府这一市场机制以外的力量。政府通过运用公共财政手段介入经济直接配置资源,与市场互补,实现资源的优化配置。同时"市场失灵"理论也表明政府及其财政职能的发挥应限定在市场机制无法有效配置的领域,以矫正和弥补"市场失灵"为基本职责,提供市场难以分配的公共产品,解决市场机制无法解决的垄断性和外部性问题,处理市场难以达到的经济稳定和社会收入公平等事务。

二、外部性理论

在经济学界,马歇尔、庇古和科斯被认为是外部性理论发展史上的三座里程碑。他们发现在经济活动中,某些厂商或个人的经济行为影响了其他人,却没有为之付出应有的成本代价或获得应有的报酬,这种现象即被称为外部效应。简而言之,外部效应就是未在价格体系中反映出的经济效益或交易成本。1890 年,马歇尔在《经济学原理》中将企业生产规模扩大的原因分为两类:一类是该企业所在产业的普遍发展,称之为"外部经济";另一类则为单个企业自身资源组织和管理效率的提高,称为"内部经济"。[70] 1920 年,庇古(Pigou)在《福利经济学》中提出了"外部不经济"的概念,运用边际分析方法,提出了边际私人净产值和边际社会净产值,从社会资源最优配置出发,正式提出和建立了外部性理论。[71] 1960 年,科斯(Coase)在《社会成本问题》中提出了外部性的相互性,在庇古的基础上试图提出通过市场方式解决外部性问题的方法。至此,静态的、技术的外部性理论框架基本形成。[72]

市场一般均衡理论所研究的人与人之间相互影响和制约的关系均是通过影响供求关系和价格来发挥作用的。在市场经济中,每个人都面对一定的价格选择采取行动,而外部效应则是另一种影响机制,它不需要通过价格就可以直接地影响他人的经济利益和经济环境,如同吸烟者污染空气就迫使其他人间接被动吸烟,从而直接损害了他人的利益,而这种影响并不是通过市场价格或市场供求关系变动才发生的,这种情况在经济学中就被称为"外部性"、"外部效应"、"外部经济"或者"外部性经济效益"。外部性的特点主要有以下方面[73]：第一，外部性是不同经济个体之间的一种非市场联系(或影响)，这种联系往往并非有关方面自愿协商的结果，或者说并非一致同意而产生的一种结果；第二，外部性在经济上体现着经济个体社会收益与私人收益或社会成本与私人成本的差异，当个人行为所引起的个人成本与社会成本不相等或个人利益与社会收益不相等时，就会存在外部效应；第三，既有有益的或正的外部性，也有有害的或负的外部性。根据外部效应影响的好与坏，可将外部效应划分为正的外部效应和负的外部效应，正的外部效应即对他人产生正面的影响，如整治河湖、修建公园等；负的外部效应则是指对他人产生的不利影响，如制造噪音、污染环境等。

对于土地而言，由于土地在空间上的不可分割性、位置的固定性等特点，使得土地扩张与其承载力都受到一定的限制，土地上的一切活动与相邻其他土地及其使用者都存在密切关系，无论土地如何利用，都会存在外部性。农用地是典型的公共资源，是土地利用中外部性最为显著的类型之一。一方面，农用地面积减少或质量退化具有负外部效应，其负面影响降低了其他社会团体或个人的效用水平，引起他人或社会成本的增加。如占用耕地从事非农建设活动，导致耕地面积锐减，可能引起粮食价格甚至物价水平的普遍上涨，从而危及到国家粮食安全，影响社会稳定与区域可持续发展。另一方面，对农用地的保护行为具有正外部效应。农用地保护不仅有利于保障国家粮食安全，还具有重要的社会保障与生态保护功能。中国土地面积的有限性决定了不可能大面积种植树林、绿地和草坪，农用地保护不局限于作物的播种、耕耘与收获等生产意义，也为优化城市空间结构提供必要的绿色空间，因此更加需要农用地出现在城市之间、城镇与城市之间以及乡村与城镇之间。对于与农用地息息相关的农村集体和农民来说，他们要为保护农用地和维持农用地质量承担全部的成本，虽然他们也从农用地保护中受益，但与其所付出的成本并不相当。现实情况表明，保护农用地并不是农民获得最大利益的一种利用方式，相较于其他土地利用方式，农用地的比较经济效益最低，所以也就出现了耕地非农化的冲动。因此，在农用地保护的社会需求和个人需求之间存在外部边际效益，这种外部效应导致市场机制不能自发引导农户有效地进行农地保护，政府需寻找其他有效途径或方法促使农用地的外部效应内部化，例如通过特定激励政策弥补农用地保护的外部效益,给予农户特定的生态补偿以促进农用地利用技术水平的提高,还可以通过对促进农地保护与土地可持续利用的行为给予税收优惠,激励和引导纳税人积极参与到保护农用地、促进农用地永续利用的事业中去。

三、资源配置理论

资源通常是指可供满足人们物质生活和精神生活需要的自然要素与社会要素的总和。在经济学中,资源就是指生产要素。西方经济学家认为,资源是有限的,即资源存在着稀缺性,"人力资源和非人力资源的数量都是有限的"[74],这是进行资源配置的主要原因。

资源配置的系统思想产生于新古典主义经济学,资源配置理论是西方微观经济理论的重要组成部分,起初主要分析微观主体(企业、个人)如何合理地安排生产要素的投入,将有限的资源用到能够获得最大利润的产品和劳务中去,以取得较多的收益。以后随着实践的发展和认识的深入,这一理论逐渐被运用到中观(地区、部门)和宏观领域,要求资源配置从狭小的空间向更广阔的领域扩展,使资源在全社会范围内自由流动、合理配置,并取得最佳效益,最大限度地满足社会的需要。[75]纵观经济发展的历史,发展中国家长期以来一直面临着资源匮乏、经济落后、人力资本不足、科技欠发达的窘境,在此情况下,资源配置对推动经济增长的作用更加显著。

古典经济增长理论学派代表人物亚当·斯密的资源配置理论对现代资源配置理论产生了重要的影响,他提出以"看不见的手"的思想为核心,设想人类在一个物质资源有限的世界,依靠市场配置资源,不断改善自身的命运,在个人自由最大限度的条件下,使人获得利益和满足。[76]李嘉图继承和发展了斯密的经济思想,认为经济发展的动力在于物质资本积累,宣扬经济自由的资本主义制度最有利于生产的发展,指出市场价格变动通过利润变动引起资本的重新配置,并坚信把资本按照各行业所需要的数量分配到各种行业中去这一原理的作用,肯定资本主义竞争的自发调节作用。之后,西方经济学者不断加深关于自由市场经济对资源配置价格决定理论的研究,提出了以均衡价格作为资源优化配置的标准,并进一步论证均衡价格实现的可能性。

"二战"后,发达国家已形成完整的经济体系,而发展中国家则面临着严重的资源配置失当问题。马克思对价值、价格、供求、竞争相互之间关系的分析,揭示了社会化商品经济条件下社会资源配置的调节机制,指出价值规律是实质的、内在的起决定作用的机制。价值、价格、供求、竞争的相互作用构成市场机制,提高资源配置的效率,调节资源配置的流向和均衡。[77]当前,在我国农业生产增长、城乡统筹发展和新农村建设过程中,增加耕地面积、提高耕地质量、改善农业生产条件、发展农村经济、改善农民生活水平和收入水平、保障耕地红线和粮食供给、促进土地的节约和集约利用等重要战略都离不开大规模的资金投入。然而,如何利用有限的资金实现最高的效益,实现投入产出效率的最大化,提高资源的配置效率就显得尤为重要。行政部门通过税收等财政手段,可以引导资源配置同国家的产业政策和生产力布局所要求的方向相适应。因此,可以说财政的资源配置功能包括了三种含义:一是政府对公共经济部门的资源配置;二是通过政府干预和财政渠道,扩大社会有效需求,动员社会的闲置资源;三是通过财政政策手段,引导资源合理配置。[75]

四、公共财政理论

公共财政是指政府按照特定的政治经济准则,将通过税费集中起来的财产分配给相关利益主体(包括政府在内),以满足社会公共需要的一种收支管理行为。从本质上来讲,财政支出是一种公共开支行为,其根本目标为"公共需要"。

亚当·斯密在《国富论》中就明确界定了政府财政的管理范围和职能限定,早期西方公共财政研究的理论框架也由此确立。[78]随后,巴斯塔布尔(Bastable C. F.)的《公共财政学》(1892)的出版,标志着公共财政学作为一门独立完整的学科体系正式产生。[79-81]马歇尔应用比较静态分析法,讨论不同税收和相对价格对个人及企业的产出效应;以林达尔(Erik Robert Lindahl)和维克塞尔(Knut Wicksell)为代表的公共财政学流派,将财政支出与税收收入结合,分析公共部门供求间的均衡,"林达尔均衡"经典理论由此建立。由于政府进一步扩大对经济的干预范围,20世纪30年代起,公共财政的研究视角从局限在履行国家职能引申至对经济稳定增长的调节与管理,以及对市场失灵的矫正,由此推动了现代意义上的公共财政的发展。西方学者从公共物品外部性、市场配置效率以及资源稀缺等方面入手,阐述了公共财政的基本职能,并分析了公共经济存在的必要性。

公共财政的主要职能[82,83]可以界定为以下三个方面:第一是资源配置职能。它是由政府的介入干预所产生的,其特点是通过自身的收支活动为政府提供公共物品并筹集资金,引导资源的流向,弥补市场的缺陷,为市场资源配置难以解决的基础设施建设、科教文卫等社会事业,以及国家机关正常运作等公共需要提供资金保证,最终实现全社会资源配置的最优效率。第二是收入分配职能。政府财政通过自身的收支活动进行全社会范围的再分配,以实现社会分配的相对公平。调节收入分配通常有两种手段,一是税收调节,如征收个人所得税可以调节个人的劳动和非劳动收入,征收资源税可以调整因资源条件差异而形成的级差收入,征收遗产税可以调节个人的财产分布等;二是转移性支出,如社会保障支出、医疗、保险补贴和社会救济支出等。第三是经济稳定职能。由于市场在自发运行中必然产生经济周期波动问题,政府必须推行宏观经济政策以实现宏观经济的相对稳定。通过税收、财政政策等方式干预经济运行,维持社会总供给与总需求的大致均衡,避免经济衰退或过热,使公共财政发挥"内在稳定器"的功能,同时支持基础设施与公共设施等相关产业的发展,保证特定非生产性公共需要,如科教文卫、环境保护等。公共财政理论还认为,公共财政是为弥补市场失效、提供公共产品的政府分配行为,它是与市场经济相适应的财政模式。在市场经济条件下,政府不能是盈利性的市场运营主体,不能参与市场的盈利竞争,因而也就决定了公共财政的非盈利性。公共财政的活动范围只能限定在市场失效的领域内,不能超出这一领域而影响市场机制的正常运转。

公共财政的本质特征在于其"公共性"。国家的财政收入以税收为主要来源,属于全体公民所有;国家的财政支出从一般性生产领域退出,主要用于执行社会公共职能,提供公共产品;在财政管理体制上,由民众选举产生的代议机关通过审议、批准政府财政预算的方式管理财政收支,形成代议机关受托于民众、政府受托于代议机关的"公共的"财政关系。[84]中国于1998年正式提出构建公共财政框架的目标,在2003年召开的十六届三中全会上进一步完善了公共财政体制的战略部署,公共财政的理论研究逐渐受到重视。近年来,中国从财政收入、财政支出、公债、财政体制和政府预算等各项具体制度到财政政策实施等方面着手,已经初步建立起公共财政的基本框架。[85]与之相伴随的是中国经济的迅速发展和财政收入的大幅提高,2003 年中国财政收入突破 2 万亿元,是 20 世纪 80 年代初期的 20 倍;2011 年全国财政收入首次突破 10 万亿元,达到 10.37 万亿元。

五、金融效率理论

金融效率是指金融资源在经济系统、金融系统以及金融系统的内部子系统之间配置的协调程度,也就是指金融资源配置的帕累托效率。它是以尽可能低的成本(机会成本和交易成本),将有限的金融资源(货币和货币资本)进行最优配置以实现其最有效利用。[86]

意大利经济学家帕累托对效率是这样定义的:对于某种经济资源的配置,如果不存在其他生产上可行的配置使得该经济中所有个人至少和他们在初始时情况一样良好,而且至少有一个人的情况比初始时更好,那么这个资源配置就是最优的。[87]虽然没有使用效率的概念,但帕累托所说的最优就是现在所说的效率。从帕累托效率的定义来看,经济效率含有“没有浪费资源”之意。当一个企业在生产中充分利用了资源时,就得到了生产效率;当企业生产的产品适销对路,消费者需求得到了充分的满足时,就得到了分配效率或配置效率,即企业和消费者之间没有浪费资源,使得商品在两者之间得到了分配。

一般情况下,金融资源的帕累托效率配置应当以金融效益为前提和基础。在金融资源交易与配置过程中,无论从总体经济考察,还是从微观经济部门出发,有效率的金融资源配置同时也是有效益的,即金融交易中的投入与产出之比为正;无效益的金融资源分配对金融交易成本的支付必然是一种无效支付,因此,金融效益应包含在金融效率的内涵之中,构成金融效率的前提,反过来则不一定成立。[88]

金融发展理论出现的时间较晚,主要有三种代表性理论:一是罗纳德·麦金农(R. J. Mckinnon)和爱德华·肖(E. S. Show)于 1973 年提出的金融深化论;二是 20 世纪 90 年代赫尔曼(Herrmann)等提出的金融约束论(及内生金融理论);三是 20 世纪 90 年代末由中国学者提出的金融可持续发展理论。前两种理论均未能揭示金融的资源属性,对应着缺失的金融效率观;金融可持续发展理论则通过揭示金融的资源属性,赋予了资源配置和可持续发展的金融效率观,为金融效率研究提供了坚实的理论框架。[89]金融可持续发展理论以金融资源学说为基础,认为金融资源是区别于自然资源,具有战略性、脆弱性、中介性、社会性和层次性的特殊资源,其特殊性主要体现在金融既是资源配置的对象,又是配置其他资源的方式或手段。

在金融资源论的前提下,王振山[90]提出了金融效率的概念。金融效率是金融资源配置的帕累托效率,是指以尽可能低的成本(包括机会成本和交易成本)将有限的金融资源(货币和货币资本)进行最优配置以实现其有效利用。王振山分析了金融效率的实现必须满足的三个条件:一是对所有融资者来说,任何一对融资商品间的边际融资替代率必须相等且等于两种商品价格之比;二是对所有投资者来说,任何两种金融商品的边际替代率必须相等;三是任何一对金融商品的边际融资转换率与投资者的边际替代率相等。与这三个条件相对应,金融资源的帕累托最优配置只有在完全竞争的金融市场条件下才能实现。

市场经济条件下,合理、完善、健全的税收制度和政策有利于形成一个公平和宽松的金融发展环境。由于开放、稳健、安全的金融体系是准公共产品,这就决定了提供公共产品的财政部门与金融业有着密不可分的关系,而税收正是其中的一项重要内容。从财政与金融的关系来分析,可以发现土地税收通过财政环节对金融体系产生重要的影响,税收课征对政府机构的运作有着极为重要的意义,"随着金融自由化和信息技术的发展,金融市场已经成为一股指引经济增长的主要力量"[91]。在金融效率理论指导下形成的税收,对刺激经济发展中的社会投入和居民消费有很大的作用,直接影响着金融业的运行、发展环境及其规模和盈利能力。因此,税收对金融业发展的影响和作用主要体现在帮助确立相关税收制度,进而促进金融业稳健经营。

第四章 中国土地税费构成及农用地
转用征收环节土地税费分析

第一节 土地税的分类

土地税是一个古老的税收种类,在现代社会已经逐步发展成熟。各国政府大多遵循"宽税基、少税种、低税率"的税制设计原则,通过土地税收收入补充财政需要,借助其特殊的调控作用,实现保护土地资源、调节土地使用结构、促进土地合理利用的目标。

土地税制以土地制度为基础,在不同的社会制度下,因土地制度不同,土地税收的性质、征收方式和管理办法也不一样。土地税的本质是财产税、收益税或所得税。所谓财产税,是指凡公民所有的财产,其价值达到某一数额以上,政府就要依法征收其中的一部分作为公用,不论所有人是否从这些财产的利用中获得收益。因此,即使荒芜未被利用的农用地或者是城市内未进行建设的空地,只要法律规定,都要缴纳土地税。土地税的征收往往以土地价值或能反映土地价值大小的其他指标为依据。

由于土地具有位置固定和永续利用的特性,因此土地作为征税客体,税源比较稳定。但是,土地税至今尚没有统一的分类标准,现就其取得形式、土地配置环节、征收依据[92]等分别进行讨论。

一、按取得形式划分

(一)财产税式的土地税

财产税性质的土地税可分为从量征收与从价征收两种形式,其中从量征收的土地税又可进一步划分为按面积征收和按等级征收两类。

1. 从量式土地税

(1)按面积征收。这种土地税不考虑土地肥沃程度差异、产量大小或地租高低等条件,仅是单纯以土地面积作为征税标准的一种原始的农用地征税方法,通常采用单一税率,各地区间的税率可以不一致。应纳税额是纳税人所有土地面积与单一税率的乘积。该方法的优点是实践操作简便,缺点则是缺乏公平性,通常只在土地广博、土地自然条件相似的情况下适用。目前施行按面积征税的国家很少,即使实施也非单纯按面积征税,一般与其他税种配合使用。

(2)按土地等级征收。通常情况下,各个地区的土地肥瘠程度不一,耕种方法也经常变换,而且各地的生产力水平亦有差异,如果按面积征税必定有失公平。因此,在土地税收中除按面积外,往往将土壤质量肥瘠程度、水利灌溉条件、收获量多寡、距离市场远近等作为土地分级的标准,对优等土地课以较高的税率,劣等土地则税率较轻,以此避免税负不公平。目前在约旦、埃塞俄比亚、巴西的巴拉省等地还可以看到这种征税方法。

2. 从价式土地税

从价式土地税是以土地价格作为征税标准,开征这种税的前提是先要确定土地的价格,具体办法有由土地所有者(使用者)申报或由政府指派人员(机构)进行估价两种。前者如中国台湾的地价税,后者按估价方法又可分为两类:一类是由税务人员按照预先确定的土地分类标准及评估程序,将各级土地依平均年收益的资本化值估算;另一类是依据土地买卖价格,或用已定的估价标准加以比较确定。如美国的财产税,日本的固定资产税均为按价征收。

值得注意的是,若从征税对象而言,从价式土地税有土地原价税与土地增值税之分。土地原价税是指依土地原来价格征收;土地增值税则是依土地自然增值部分进行征收。前者如澳大利亚、荷兰、加拿大的土地原价税,后者如我国现行的土地增值税。

（二）收益税式的土地税

收益税式土地税是根据土地收益所征收的土地税，其不仅包括来自土地自身的收益，也包括其他生产因素所创造的收益。据土地收益征收的土地税，可以分为四种方式：

（1）按总收益征税，即以土地总收获量的一定比例为征收标准。最古老的例子就是什一税，现在世界各地仍然有许多宗教团体采用这种方法，是一种流行的被广泛采用的租税制度。

（2）按纯收益征税，就是根据土地总收益中减去土地的负担及利用土地的相关费用后的剩余部分征税。目前，以纯收益为税基的例子较少，法国曾于1789—1917年施行此法，现在阿尔及利亚及印度的马德拉斯省还有一些地方施行此种税法，但纯收益通常是按推算方法估计。

（3）按估定收益征税，即按政府于一定时间估定的收益征税。以前日本曾施行此法，中国台湾地区现行的田赋也属于此类。按照估定收益征收，是按土地的生产能力征税，而非收获期间实际调查的产量。

（4）按租赁价格征税，是以出租人与承租人约定的地租为税基。这与李嘉图的地租学说有密切联系，依据李嘉图的解释，地租是地主将土地出租所获得的报酬。如按地租征税，就是课去受益人本身并未付出任何努力或牺牲而得到的收益，这就全体社会而论是公平的，而且以其契约租额为征税税基，在实践中也较易操作。

（三）所得税式的土地税

所得税式的土地税，是把从土地中获得的纯收益作为一种所得进行课税，主要根据纳税人所得的多少来判断纳税能力。

上述三种税制，优劣互见。从公平的角度来讲，所得税式的土地税优于收益式的土地税，收益式的土地税优于财产式的土地税；从征收的难易程度来讲，所得式的土地税较收益式的土地税稽征困难，收益式的土地税又较财产式的土地税稽征困难；以征收标准的经久性而言，以面积为征税标准更具经久性，以土地价值为标准次之，以收益或所得为标准再次之。然而，就实际而言，土地税如采用所得方式征收，最能符合现代要求，但由于手续繁琐，稽征费用巨大，所以多主张征收地价税。

二、按土地配置环节划分

在西方国家,对土地征税时大致会按照土地取得阶段、土地保有阶段和土地流转阶段这三个阶段分别设置税种。因为各个阶段的政策预期不尽相同,所以不同的税制设置对土地资源配置合理程度的高低有着较大的影响。

(一)土地取得阶段的税收制度

在土地取得阶段主要开征的有遗产税(或是赠与税)、登记许可税、印花税、不动产取得税等税种。

遗产税是对当事人死亡时转移的财产价值或死亡前赠与的财产价值(称之为死亡预谋赠与)征收的一种税,其纳税人为遗嘱执行人、遗产管理人和赠与人。如英国按照40%的单一比例税率征收遗产税,日本遗产税的税率则针对每个法定继承人所继承的应税遗产(纯遗产扣除免征额后)而设定的,采取累进税率的形式,最高税率可达50%。赠与税是对无偿接收财产赠与行为征收的一种税,它是对遗产税的一种补充。

登记许可税是在发生财产权益变更,进行所有权益登记时,按照财产价值征收的一种税,一般以登记时的价格为计税依据。如丹麦财产登记税是财产价值的1%,日本登记许可税采取比例税率[1]。

印花税是对土地和房屋的转让或是租赁书据、股票或股份转让书据,以及人寿保险单据等征收的一种税。印花税的纳税人是做出或领受特殊文件、合同、公证和税法上列举的其他凭证的人。挪威的印花税为房地产市价的2.5%,芬兰对不动产等转让行为以及有关证件征收的印花税税率为1.5%~6%。

不动产原始取得或继承取得,都需要向政府缴纳不动产取得税,计税依据是不动产取得时的评估价格。如日本的不动产购置税,土地房屋的购置者是不动产购置税的纳税义务人,以土地房屋购置时的评估价值为计税依据,按照4%的比例税率进行征收。若购买的房地产用于居住,按3%的税率征收,评估价格低于

---

[1] 不动产的持有登记税率是0.6%;不动产的继承和合并登记税率是0.6%;不动产遗赠或赠与的登记税率是2.5%。

10万日元的土地、23万日元的房屋以及12万日元的其他建筑物免税。

（二）土地保有阶段的税收制度

各国政府都极为重视土地保有阶段的税收设置，多数国家（地区）都开征了土地保有税。在保有环节征税不仅可以为地方政府筹集更多的财政资金，更重要的是可以提高土地的保有成本，影响使用主体的行为决策，引导土地资源的合理配置。土地保有阶段的税收一般都将土地及地上建筑物一起作为纳税对象，其所有人或是承租人为纳税人。在土地保有阶段开征的税种主要有不动产税或差饷[1]、财产税、地价税和特别地价税、固定资产税、营业房屋税等。

不动产税是对土地或房屋所有者，抑或占有者征收的一种税，其计税依据是不动产的评估价值。不动产税又可分为三种类型，第一种是把土地、房屋、相关建筑物和其他固定资产综合在一起课征的不动产税；第二种是只对土地和房屋合并课征的房地产税；第三种是单独对土地或房屋课征的土地税或房屋税。

财产税是将不动产与其他财产捆绑在一起，就纳税人某一时点的所有财产课征的一般财产税。如英国的住房财产税，其征收对象是住房，以住房的评估价值作为计税依据，每五年由国内收入署的房产估价部门重新评估，按照房产的价值分成8个等级，实行差别税率。美国财产税的课税对象是纳税人所拥有的不动产和动产，不动产是主要的税基，实际税率为1%～4%，该税征收的主要目的是增加当地政府的财政收入。

地价税的征收目的是加强国家对土地开发的调控。日本地价税的课税对象主要是土地所有权、土地租赁权和土地使用权等有关权利，以评估价值为计税依据，采用比例税率，税率依经济形势等影响因素的变化而变化。中国台湾

---

〔1〕中国香港地区征收的差饷（又称房地捐）是政府向拥有土地及楼宇的业主征收的一种间接税，业主和住客可以分摊税收。香港境内的土地以及附着于土地上的各种房屋还有相关的可以增加该房屋使用价值的建筑物即为差饷的课征对象，纳税义务人是拥有土地以及楼宇的不动产所有者。差饷的计税依据是物业的租值，是将土地和房屋合成一个整体进行评估。差饷的税率每年由立法局按照香港地区政府财政收支状况决定，实行比例税率。财政收支不平衡时，税率就高一些，反之就低一些，而且差饷的减免被控制在一个相当小的范围内。

地区也采取地价税,实行累进税率,此外台湾地区还征收空地税,在城市规划区内,地上建筑物价格不足地价10％的,由相关主管部门发出利用命令,若到一定期限土地所有者仍未按利用命令建成建筑物,则主管部门宣布该地为空地,并按照地价税的2～5倍加收空地税,或是由主管部门按照市价收回。韩国则将地价税和空地税合并在一起进行征收,按照占用土地面积的大小或是土地面积超过地上附着物面积的倍数确定是否占用了过多的土地,并以此为依据征收土地过多保有税。

特别地价税,又称特别土地保有税,是日本各级政府对应税土地净值征收的一种税,土地的拥有者和土地的购置者为特别地价税的纳税人。特别地价税的课税对象是土地业主,对土地持有者所拥有土地的征税税率是1.4％,对购置土地的征税税率是3％。若拥有某一块土地的时间超过十年则可以免税。

固定资产税是对土地、房屋、建筑物以及商业等有形资产征收的一种税。在日本,固定资产税的课税对象是固定资产,包括土地、房屋和折旧资产,固定资产的所有者即为纳税人。对土地课税是以土地的市场价值为估定价值的,每三年重新估价。固定资产税的标准税率为1.4％,限制税率为2.1％,起征点为30万日元,土地价值低于15万日元的免税。

（三）土地流转阶段的税收制度

在西方国家,对土地流转阶段中流转税的征收力度都比较小,如丹麦对房地产销售征收的销售税税率仅为1％。在日本,土地出售不需要缴纳消费税,但是用于宅地的土地平整工程需要缴纳消费税。在英国,把转让土地房屋所得收益都归入个人或法人的综合收益,合并征收所得税。按照纳税人的不同,所得税税种被分为个人所得税和法人所得税,其中个人所得税的课税对象是来自国内土地和建筑物的收入,法人所得税的课税对象是经营利润、投资收入等,公司所得税的税率是33％。

土地增值税是将土地转让所得进行单独纳税,主要存在于中国台湾地区和意大利。在台湾地区,土地增值税是对土地持有者的土地增值部分征收的税,通常根据土地转让时的价格与上次转让时申报价格的差额来确定土地增值。意大利的定期不动产增值税,针对拥有不动产超过一定期限的产权者而征收。即使不动产未发生转移,只要占有期限超过 10 年,即对其增值部分征收定期不动产增值税,期间,每 10 年都要对不动产进行重新评估。意大利的不动产增值税实行的是累进税率,最高税率为 30%。[93]

三、按征收依据划分

按照土地税的征收对象,可以分为直接土地税和间接土地税。

（一）直接土地税

直接土地税可以按照土地面积(多数发展中国家的农业土地税)和出租价格征收,这种税还包括土地增值税、不动产税、土地转移税、土地开发税。

(1) 不动产税是以土地资产价值为标准的。这种税在美国被列入财产税,一般是地方政府征收的。英国依不动产的年价值确定总税率,农民一般缴纳不动产税额的 30%～50%。

(2) 土地增值税是对由非土地使用者自身劳动而产生的土地价值升高部分征收的税,英国自 1965 年 4 月 6 日开始推行。

(3) 土地转移税包括契税和在转移过程中征收的增值税,这种税同遗产税、资产税的关系依法律的定义不同而不同。

(4) 土地开发税是对将来在一定时间内有可能增长的土地价值征收的税。英国 1976 年颁布的《土地开发税条例》中首次推出该税,自 1979 年起凡年开发价值超过 5 万英镑的都要缴纳土地开发税,为开发荒地、林地工作者所建房屋不构成开发,也不征收土地开发税。

（二）间接土地税

这类税收的征收对象不是土地本身,而是来自于土地的产品,这类税收可以间接地促进土地利用方式的改善,主要包括土地产品税、土地收入税和土地利用税。其中,土地产品税是发展中国家(尤其是热带地区的发展中国家)对出口农产品普遍征收的一种税,有时这种税以降低本国货币对外币兑换率的方式实现,中国也曾有过这类税收[1]。这种税收按照产品量计征,产量越高税额越大,可能会影响农民增加产量的积极性。土地利用税依土地利用类型制定不同税率,但要精确测量土地的利用状况,是一项费时费力的工作,在国际上一般较少采用。

四、中国土地税分类

就中国而言,新中国成立以后税制几经变动,税种由繁到简又由简到繁,土地、房地产税制也同步变更。早期有契税、印花税、城市房地产税、工商业税4种;1973年减为契税、城市房地产税、工商税3种,征收范围也大为缩小;1994年经全面实施工商税制改革,涉及土地、房地产的税种扩展到14种,包括耕地占用税、城镇土地使用税、土地增值税、房产税、城市房地产税、契税、农业税、城市维护建设税、企业所得税、个人所得税、外商投资企业和外国企业所得税、营业税、固定资产投资方向调节税和印花税。[94]

目前,中国征收的税种共计19个,包括增值税、消费税、营业税、企业所得税、个人所得税、资源税、城镇土地使用税、房产税、城市维护建设税、耕地占用税、土地增值税、车辆购置税、车船税、印花税、契税、烟叶税、关税、船舶吨税、固定资产投资方向调节税(从2000年起暂停征收),其中16个税种由税务部门负责征收,关税和船舶吨税由海关征收,进口货物的增值税、消费税由海关部门代征。

在土地税收方面,中国目前已经构建起以土地(房地产)的取得、保有、交易

---

[1] 为了平衡农村各种作物的税收负担,促进农业生产的全面发展,1983年11月12日,国务院发布了《关于对农林特产收入征收农业税的若干规定》,规定园艺收入、林木收入、水产收入和各地省级人民政府认为应当征收农业税的其他农林特产收入均属于农业税(简称农林特产税)的征税范围。

在1994年的税制改革中,为了更好地适应农业、林业、畜牧业、渔业生产发展的实际情况和税制改革、财政体制改革的需要,农林特产税与产品税、工商统一税中的农、林、牧、水产品税目合并,改为征收农业特产税。1994年1月30日,国务院发布了《关于对农业特产收入征收农业税的规定》,规定农业特产税的纳税人为生产和收购应税农业特产品的单位和个人;征税对象为国务院和各地省级人民政府规定的农业特产品,全国统一的税目有烟叶产品、园艺产品、水产品、林木产品、牲畜产品、食用菌、贵重食品等7个,税率从8%至31%不等,其他农业特产税的税率从5%至20%不等;计税依据为应当纳税的农业特产品的收入。从2004年开始,中央决定免征除烟叶税外的农业特产税,同时进行免征农业税改革试点工作。

2004年,农业税占各项税收的比例进一步降至1%。2005年12月29日,十届全国人大常委会第十九次会议通过决定,自2006年1月1日起废止《农业税条例》,取消除烟叶以外的农业特产税、全部免征牧业税。

（转移）为征税点的税收体系，土地税收杠杆在保护土地资源、提高土地利用率、调节土地级差收益、组织财政收入等方面发挥着积极的作用。在中国现行的税收制度中与土地有关的税种有十余种之多，与耕地保护直接相关的包括耕地占用税、城镇土地使用税、土地增值税等。具体而言，在土地占有环节，主要有对占有耕地建房或从事非农建设征收的耕地占用税；在土地保有环节，主要有城镇土地使用税、房产税和城市房地产税；在土地转让环节，主要有转让土地、房屋时应缴纳的土地增值税、契税、印花税、营业税、各类所得税及各种附加（表4-1）。

表4-1　中国现行主要土地税种及税率

征税环节	税种	税率	税种	税率
占有环节	耕地占用税	5～50 元/平方米		
保有环节	城镇土地使用税	0.6～30 元/平方米	企业所得税	33%
	房产税	1.2%或12%	个人所得税	20%
	城市房地产税	1.2%	城市维护建设税	1%或5%或7%
转让环节	土地增值税	30%～60%	企业所得税	33%
	契税	3%～5%	个人所得税	20%
	营业税	5%	城市维护建设税	1%或5%或7%

作为政府调节市场的重要经济杠杆，土地税收制度在促进资源有效配置方面有着行政和法律调控手段难以比拟的优势。除了土地税，中国还有许多具有土地税性质的租和费。有统计表明，政府取自土地的全部收入中，通过税收取得的只占很小部分，更多的是以名目繁多的各种收费形式取得的，如土地出让金、土地收益金、土地开发费、土地使用费、土地增值费、市政配套设施费、征地费、青苗补偿费等[95]，税费设置明显不合理。

第二节　中国土地税费构成解析

建立社会主义市场经济体制改革目标的提出，为进一步发展商品经济、建立社会主义土地市场的运行机制提供了理论基础。要建立市场经济，就必须对现行的土地税收体系进行系统探讨,对相关租税费中存在的问题进行分析和研究。[96]

地租、地税和地费是政府参与土地收益分配的三种形式,各有自己的基本内涵和功能,是不同利益关系的具体反映。这三种土地管理方式都在土地管理过程中发挥着一定的作用,共同组成土地管理体系。理顺租、税、费三者之间的关系,确定各自职能,对于完善土地税收体系是极为必要的。[97]只有协调利用三种方式对土地的使用进行管理,才能促进土地资源的高效利用与合理配置。

从社会发展史的角度看,地租的研究是从农业生产开始的。马克思指出:"不论地租有什么独特的形式,它的一切类型有一个共同特点,即地租的占有是土地所有权借以实现的形式。"[98]只要存在土地所有权的垄断以及土地所有权与使用权的相互分离,就必然会产生地租。因此从本质上说,地租是直接生产者在农业或其他产业中所创造的剩余产品价值被土地所有者占有的部分,它是超额利润的转化。地租既然反映社会生产关系,那么不同性质的土地制度及所有权,也就反映着不同社会制度的地租性质。社会主义以公有制为基础的地租与资本主义以私有制为基础的地租,其性质是有原则区别的。前者从全民利益出发,对土地进行大量投入,直接参与土地开发和有效利用,是为各部门、各经济单位的生产、生活用地提供物质条件,土地所有者与使用者的根本利益是一致的。而后者是依靠对土地所有权的垄断,对土地使用者进行剥削。所以,社会制度不同,地租的形式也不完全一样,地租的形式伴随生产关系的变化而变化。[99]在分配层次上,地租属于国民收入的初次分配。

地税是国家为了满足一定的公共需要,凭借土地所有者的身份和政治权力,按预定标准从土地所有者或土地使用者手中强制地、无偿地占有部分土地收益,以获取财政收入的一种方式。土地税的征收需要以土地的价值为依据,或者以能反映土地价值大小的其他指标为依据。地税具有税收的三个基本特征,即强制性、无偿性和固定性,属于国民收入的再分配。从理论上讲,地税这种社会费用的补偿形式不同于其他税种,其他税收的社会补偿是社会总产品中的剩余产品,而地税是以土地价格为标准的,而非以一定时期内的收入为依据。地税的本质可概括为国家为了满足公共需要、补偿社会费用、优化土地配置、调节经济生产,按法律规定的对象和比例占有、支配土地价值的一种特定的分配关系。地税是建立在土地制度基础上的,在不同的社会制度下,因其土地制度的不同,不仅地税的性质不同,而且征收的方式、方法以及设立的税种、税率也有很大差别。

　　费也是政府参与国民收入分配的方式,是国家的补充性财源。它表现为一种直接对应的经济交换关系,也可以认为是一方对另一方所付劳动或物质的报酬(价格)。地费是国家向土地所有者或土地使用者收取的花费或消耗的补偿,它应是平等的、互利的和有选择性的,即它的收取必须以一定的投入——资金或管理为前提,具有强制性与固定性,却不具备无偿性。因地费在本质上是一种投资与使用管理的补偿,故不属于分配和再分配的范畴。地费一般有两种类型:一是规费,即政府部门对公民个人提供特定服务或者实施特定行政管理而收取的工本费和手续费,如土地过户费等;二是使用费,即政府对公共设施的使用者按一定标准收取的费用,如桥梁通行费。[100]

表4-2　地租、地税、地费的差别[101]

内容	地租	地税	地费
利益相关方	土地所有者与使用者	国家与土地所有者或土地使用者	服务的提供者与享受者
依据	土地所有权	国家政权	服务协议
相互关系	经济关系	权利义务关系	经济关系
性质	垄断但非强制性	强制性	非垄断、非强制性
	动态性	固定性	动态性
	有偿性	无偿性	有偿性
层次	初次分配	再分配	再分配

　　中国现行的土地租税费体系在调节土地收益关系、优化配置土地资源、提高土地使用效率等方面起着重要作用,但该体系尚不完整,依然存在一定的问题,主要表现在以下方面:一是租税费名目繁杂,名不符实。由于历史原因和人们长期对土地租税费本质缺乏认识,导致本质相同的同一类事物有多个名称。如地租性质的租费,就有土地出让金、土地使用费、土地使用金等多种名称。[102]二是税负结构不均衡,在土地取得持有过程中税负较轻,而在土地流转过程中税负水平偏重,契税、印花税、增值税、营业税及所得税等种类多且比重大。在出让转让土地中存

量土地负担较轻而土地转让成本巨大,使得多余土地的用地者不愿转让土地,不合理利用土地的现象一直存在。[103]三是税种体制不健全。在税种设置上,呈现重复与缺位并存、交叉与重叠同在的态势。如对内资企业和个人征收房产税,又对涉外企业和外籍个人征收城市房地产税,征收对象均为房产,明显存在重复。没有对土地开设财产税,对持有财产(包括房地产)者不征税,存在税种缺位。对出租房地产收入既征所得税又征房地产税,属于税种交叉。

因此,理顺我国土地租税费关系,建立合理的租税费体系,不仅有利于促进土地资源的合理配置和土地资产的合理流动,推动土地使用制度改革的顺利进行,也有利于切实保护耕地,实现土地可持续利用。

第三节 农用地转用驱动因素分析

农用地转用是现阶段中国经济发展和城市化进程中的一种必然现象。自1982 年中共中央、国务院明确提出"允许农民进城"后,中国城市化发展迈入了崭新的阶段。据《2012 中国新型城市化报告》,2011 年年末中国城市化率达到51.27％,[104]从各省份情况看,除北京、上海、天津等直辖市外,广东、浙江、江苏等省份的城市化率均超过全国平均水平,随着城市化进程的加快,土地用途转换不可避免。土地资源用途的多样性和土地不同用途的级差收益是土地用途转换的基本条件,由于土地面积的有限性使得土地的自然供给无弹性,土地用途的转换就成了土地经济供给的源泉。

土地用途转换是城市化进程中城市发展的拉力、农用地与未利用地自发产生的推力、农业结构内部调整的压力共同作用的结果,这些因素影响了不同用地类型的微观边际收益,从而导致了土地利用结构的变化。主要因素包括自然因素、经济因素、人口因素、政策因素等,这些因素集中对土地利用方式产生作用,不断促使土地利用向最优方式转变,以期最大限度地发挥土地的最佳经济、生态和社会效益,促进当地社会经济的可持续发展。因此,为了实现城市化进程中的土地资源合理利用,必须制定合理的土地利用政策,以进行土地用途转换宏观动力机制的调整,从而实现在土地利用过程中对土地用途转换的调控,促进城市及整个社会经济的持续、稳定、协调发展。

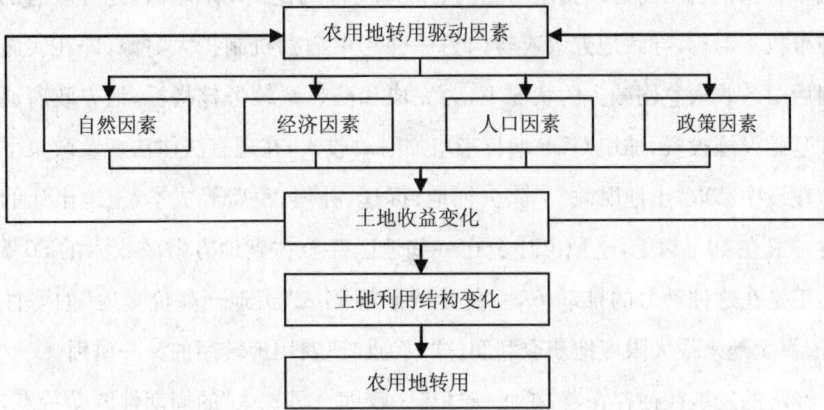

图4-1 农用地转用驱动因素分析示意图

（一）自然因素

自然条件是区域土地利用的基础,对土地利用具有深刻的影响。这些因素主要包括气候、地貌、水文、土壤、植被、矿藏、景观和区位等。自然因素通过自身特性决定了土地的基本条件,并且这些条件很难通过人为活动去改变,可以说土地利用方式在很大程度上取决于自然条件。

（二）经济因素

经济利益的实现及其实现程度决定着人类对土地资源的利用结构和利用方式。农用地转用在很大程度上是由经济利益的分配不均引发的。农用地资源,特别是区位条件好的耕地资源适宜性广,既可用于农耕,也可用于非农建设,如修建工厂、基础设施、住宅、商务及娱乐中心,还可以被开发商、房地产投资商"圈地炒卖"。由于从事农业生产的收入水平较低,耕地的收益率较低,难以调动农民对耕地投入的积极性及形成"惜土如金"的耕地保护意识;而工业、商业及娱乐业等非农用地的收益率相对来说较高,这必然促使耕地发生非农流转。从中国城市土地使用权交易和城郊土地使用权出让可以看出,城市中心地价往往高出城郊几十倍甚至上百倍。城市中心—城郊—农村土地价格的梯度递减规律,是厂商、企业或土地开发者放弃城区优越区位,寻求边缘区农用地的根本原因。此外,由于耕地占用成本低,也造成建设用地主体多占耕地。

1994 年中国实施分税制后,地方政府财政收入占全国财政总收入的比例逐渐减小,财力上移,而财政支出占全国财政总支出的比例不断增大,地方政府的财权与事权不对称,导致地方政府转向另一种约束激励机制扩大财源,即在实施分税制后财政收入急剧减少的状况下,为完成和凸显政绩考核指标,地方政府通过加大基础设施投资、加快 GDP 增长来增加财政收入,在现有法律法规及政策下从城市建设中获取"土地财政"。除去征地、拆迁、补偿、税费等成本,土地出让的净收益一般在 40%以上,土地出让金在一些地区甚至占到地方财政收入的 50%以上。正是在这种动力的推动下,一些地方政府陷入"买地—高价卖地"的恶性循环,依靠卖地来最大限度地获取利润,这成为加速农用地转用的又一诱因。

经济的发展往往存在着"扩张—过热—收缩—再扩张"的周期性波动特点,进而引起城市建设周期性的涨缩,以及非农业活动和农业结构内部调整的周期性变化。受这种周期性规律的影响,土地用途转换也呈现出加速期、减速期和稳定期三种变化状态。当经济处于迅速发展阶段时,由于生产规模扩大,收入及投资增加,城乡建设用地、交通运输用地和生活娱乐用地等迅速增加,土地利用结构变化速度明显加快。而当经济处于停滞或衰退阶段,土地利用结构变化速度明显减慢。经济发展加快,意味着生产规模的扩大和人民生活水平的提高,在农用地向非农建设用地不断转换的过程中,必然要加强对现有农用地的集约化经营,调整农业用地结构,提高土地的利用水平。同时,经济的发展也保证了农用地集约化经营的基本物质条件,为土地用途的转换提供了可能。

(三)人口因素

人口增长是土地需求增加的内在动因。人口的增长必然会导致对粮食及其农副产品的需求,从而增加对农地的引致需求,以及对住房、交通用地、娱乐用地等建设用地的需求。随着经济发展,恩格尔系数降低,人们对各种精神及物质产品需求的增加将促使社会经济发展,使各种产业特别是非农产业有不断发展的趋势,造成各种产业竞相用地。同时实践证明,农村劳动力的文化素质直接决定了劳动力从农业转移到非农产业的成功率和稳定性。一般而言,第一产业的劳动力具有初中文化即可,第二产业以高中文化为佳,而第三产业则对大专以上的人员需求明显增大。

（四）政策因素

城市化进程中的土地开发与利用在很大程度上与国家不同阶段的社会经济政策紧密相关。20 世纪 80 年代以来，中国政治、经济体制发生了根本性变化，加之税收、信贷、土地征用和其他经济上的优惠政策，极大地促进了第二产业和第三产业的发展，也使得土地用途频繁发生转变。

目前，中国的土地征用、耕地保护等制度在一定程度上激化了农用地流转。就土地征用制度而言，城市发展用地、公用事业用地的供给实行行政划拨和出让"双轨制"，为农用地的非农流转提供了制度上的便利。行政划拨的用地配给制，使用地单位或个人很少考虑土地成本，激发了尽量申请用地的热情；而征地费用偏低，不能充分反映土地资源的稀缺性，成为用地单位"低价征用，高价出让"和牟取私利的重要途径。就耕地保护制度来看，在基本农田界定，以及基本农田保护效率与社会公平的处理上，相关配套的政策和法规不多。就公平性来说，由于土地被划入基本农田保护区，相关农民被剥夺了土地向高收益行业转移的权利，相应的机会成本又得不到政府的适当补偿，这也是导致耕地非农化的重要原因。此外，由于土地利用总体规划与城市总体规划的协调性不足，常常出现土地利用的"灰色区域"，各种规划指标不易把握。面临的突出问题包括：土地利用活动的规划引导性不强、计划控制不利；建设用地侵占农田和房屋的现象普遍，生态环境问题突出；土地利用结构紊乱，工业区和居住区混杂，相互影响；土地利用较为粗放，建筑密度低、用地容积率低，土地资源浪费现象严重。

第四节　农用地转用征收环节税费分析

农用地转用征收环节涉及的税费较多，包括耕地占用税、征地补偿费、新增建设用地土地有偿使用费、耕地开垦费、新菜地开发建设基金、征地管理费、土地登记费等。不同税费项目的设税（费）目的、计税（费）依据、征税（费）对象及征收标准均有所不同，在农用地转用征收环节发挥着不同的作用，相辅相成，共同实现抑制农用地占用规模和速度、保护耕地的目标,农用地转用征收环节主要有关税费的基本情况见表4-3。

表4-3　农用地转用征收环节有关税费基本情况

税费名称	计税(费)依据	征税(费)对象	现行标准	主要用途
耕地占用税	实际占用的耕地等农用地的面积	占用农用地建房或者从事非农业建设的单位或者个人	(1) 人均耕地不超过 1 亩的地区:10～50 元/m²;(2) 人均耕地超过 1 亩但不超过 2 亩的地区:8～40 元/m²;(3) 人均耕地超过 2 亩但不超过 3 亩的地区:6～30 元/m²;(4) 人均耕地超过 3 亩的地区:5～25 元/m²	大部分留给地方财政建立农业发展专项资金,对减少耕地进行就地补偿与整治、改良;2008 年税率提高后新增收入全部用于农业
征地补偿费	征用土地面积	由征地所在市、县政府支付给被征地的农村集体经济组织和农民	按照新颁布的征地综合区片地价和统一年产值标准执行,现平均标准在30～130 元/m² 之间	用于补偿失地农民经济损失及社会保障
新增建设用地土地有偿使用费	新增建设用地面积	取得出让等有偿使用方式的新增建设用地的市、县人民政府	按照城市土地分等、基准地价水平、各地耕地总量等情况在全国划分为 15 个等级,征收标准为 10～140 元/m²	专项用于耕地开发
耕地开垦费	占用耕地面积	经批准的非农建设占用耕地的区县政府、农村集体经济组织和建设单位	根据各地区经济发展水平、占用耕地质量及区位确定,平均征收标准范围为:一般耕地,5000～20000 元/亩;基本农田,10000～28000 元/亩	专款用于开垦新的耕地
新菜地开发建设基金	国家建设征用城市郊区菜地面积	占用菜地从事非农建设的单位或个人	(1) 城市人口百万以上的市:7000～10000 元/亩;(2) 城市人口五十万以上,不足百万的市:5000～7000 元/亩;(3) 城市人口不足五十万的市:3000～5000 元/亩	专项用于开发建设新菜地

税费名称	计税(费)依据	征税(费)对象	现行标准	主要用途
征地管理费	征地费用总额	经批准的非农建设占用农用地的单位或个人	根据征地面积按照不超过征地费用总额的 1.5%~4%收取	用于土地管理部门在征地、安置、拆迁过程中的办公、业务培训、宣传等相关费用

在农用地转用征收环节,征收标准较高,对农用地转用征收成本影响较大的税费主要是耕地占用税、耕地开垦费、新增建设用地土地有偿使用费(简称新增费)和征地补偿费,其税费标准设置对于农用地转用征收行为的调节具有重要的意义及作用。本研究选取以上"一税三费"作为主要的研究对象,测算其在农用地转用征收环节的相对比重,研究相关税费构成的合理性及其耕地保护绩效。

一、耕地占用税

耕地占用税是对耕地转为建设用地的行为征收的土地税。1987 年 4 月,国务院发布《中华人民共和国耕地占用税暂行条例》(以下简称"原条例"),明确此税的征税目的在于限制非农业建设占用耕地,建立发展农业专项资金,促进农业生产的全面协调发展。征税范围包括种植农作物耕地(含 3 年前曾用于种植农作物的耕地)、鱼塘、园地、菜地和其他农业用地,如人工种植草场和已开发种植农作物或从事水产养殖的滩涂等。耕地占用税以占用耕地建房和从事非农业建设的单位和个人为纳税人,采取地区差别税率。全国按人均占有耕地多少划分为 4 类地区,并按占用耕地的不同用途确定不同税额。对经济特区、经济技术开发区和经济发达、人均占有耕地特别少的地区,可在规定税额的基础上适当提高,但最高不得高于 50%。具体的适用税额,由各地在规定的税额幅度内自行确定。获准占用的耕地超过两年不使用的,对占用耕地的单位和个人加征两倍以下的税金。耕地占用税由地方税务机关或财政征收机关负责征收管理。

耕地占用税是国家税收的重要组成部分,具有特定性、一次性、限制性和开发性等不同于其他税收的特点。开征耕地占用税是为了合理利用土地资源,加强土地管理,保护耕地,其作用主要表现在:利用经济手段限制乱占滥用耕地,促进农业生产的稳定发展;补偿占用耕地所造成的农业生产力的损失,为大规模农业综合开发提供必要的资金来源。

耕地占用税作为一个出于特定目的、对特定土地资源课征的税种,与其他税种相比,具有鲜明的特点,主要表现如下:一是兼具资源税与特定行为税的性质。耕地占用税以占用耕地建房或从事其他非农用建设的行为为征税对象,以约束纳税人占用耕地的行为、促进土地资源的合理运用为课征目的,除具有资源占用税的属性外,还具有明显的特定行为税的特点。二是采用地区差别税率。耕地占用税根据不同地区的具体情况,分别制定差别税额,以适应中国地域辽阔、各地区之间耕地质量差别较大、人均占有耕地面积相差悬殊的具体情况,具有因地制宜的特点。三是在占用耕地环节一次性课征。耕地占用税在纳税人获准占用耕地的环节征收,除对获准占用耕地后超过两年未使用者须加征耕地占用税外,此后不再征收耕地占用税,具有一次性征收的特点。四是税收收入专项用于耕地开发与改良。耕地占用税收入按规定用于建立农业发展专项基金,主要用于宜耕土地开发和现有耕地改良之用,具有"取之于地、用之于地"的补偿性特点。

原条例实施后,对保护耕地、促进土地资源合理利用起到了积极的作用,各项非农业建设占用耕地呈逐年减少的趋势。有关数据显示,1982—1986年的5年间,全国耕地每年减少40万公顷(600万亩)。1987年全国非农业建设占用耕地267万亩,这一数字仅相当于原条例实施前的一半,1988年减少为16.27万公顷(244万亩),1989年又减少到8.8万公顷(132万亩),耕地占用税的开征有效控制了耕地占用的规模和速度。由于当时国家还没有开征土地出让金,耕地占用税在用地成本中的比例一般在20%左右,调节作用十分显著。但在随后的近20年内,中国经济经历了一个高速发展时期,根据前期社会经济背景确定的税率已明显偏低,耕地占用税在用地成本中所占的比例越来越低,2006年对全国40个重点城市的抽样调查显示,这一比例均不到1%。耕地占用税征收范围偏窄、税负偏轻、税负不公的问题也日益突出,其保护耕地的作用日益弱化,调节职能的发挥也受到了制约。

2006年,中央1号文件明确提出"提高耕地占用税税率"的要求。同年8月,国务院下发的《国务院关于加强土地调控有关问题的通知》(国发〔2006〕31号)提出"要提高耕地占用税征收标准,加强征管,严格控制减免税"。2007年党的十七大报告再次强调要严格保护耕地,并提出了建设资源节约型社会的要求。在贯彻落实党的十七大关于"建立有利于科学发展的财税制度"的重要部署,运用税收政策严格保护耕地、促进资源节约和环境保护的背景下,国务院于2007年12月1日批准了《中华人民共和国耕地占用税暂行条例》(修订案)(以下简称"新条例"),与原条例相比,新条例在内容上主要有八个方面的变化:

(1) 剔除了有关程序法的内容。原条例由国务院在1987年制定,受当时中国税法体制尚不健全的影响,原条例的制定兼有一些属于征管操作程序方面的内容,是一部实体和程序兼备的税收法规。新条例删除了有关征管操作程序方面的内容,扩充了实体法方面的内容,进一步彰显出耕地占用税应有的实体法性质。

(2) 修改了征收机关。原条例第九条规定,耕地占用税由财政机关负责征收。土地管理部门在批准单位和个人占用耕地后,应及时通知所在地同级财政机关。获准征用或者占用耕地的单位和个人,应当持县级以上土地管理部门的批准文件向财政机关申报纳税,土地管理部门凭纳税收据或者征用批准文件划拨用地。新条例第十二条规定,耕地占用税由地方税务机关负责征收。土地管理部门在通知单位或者个人办理占用耕地手续时,应当同时通知耕地所在地同级地方税务机关。获准占用耕地的单位或者个人应当在收到土地管理部门的通知之日起30日内缴纳耕地占用税。土地管理部门凭耕地占用税完税凭证或者免税凭证和其他有关文件发放建设用地批准书。

(3) 扩大了纳税人的范围。为了贯彻实施最严格的耕地保护制度,公平税负,新条例删除了原条例第十四条的"本条例的规定不适用于外商投资企业"的规定,同时新条例第三条规定,占用耕地建房或者从事非农业建设的单位或者个人为耕地占用税的纳税人,应当依照本条例的规定缴纳耕地占用税。前款所称单位,包括国有企业、集体企业、私营企业、股份制企业、外商投资企业、外国企业以及其他企业和事业单位、社会团体、国家机关、部队以及其他单位;所称个人,包括个体工商户以及其他个人。因此,修订与施行新条例也宣告了外商投资企业与外国企业在中国享受超国民待遇的终结。

（4）提高了税额标准。新条例将原条例规定的税额标准的上、下限都提高了4倍左右，各地具体适用税额由省、自治区、直辖市人民政府依照条例的规定根据本地区情况核定，同时，为重点保护基本农田，条例规定占用基本农田的，适用税额还应当在上述适用税额的基础上再提高50%。

（5）调整了减免税内容。新条例调整了减免税内容，从严规定了减免税项目，取消了对铁路线路、飞机场跑道、停机坪等占地免税的规定。原条例和有关政策规定，对铁路线路、公路线路、飞机场跑道、航道等基础交通设施建设占地，有的免税，有的执行规定的低档税额，有的按所在地适用税额征税。同为基础交通设施建设占地，税收负担不同；新条例取消了有关铁路线路、飞机场跑道、停机坪、炸药库占地免税的规定，同时规定：铁路线路、公路线路、飞机场跑道、停机坪、港口、航道占用耕地，按每平方米2元的税额征收耕地占用税。根据实际需要，财政部、税务总局商国务院有关部门并报国务院批准后，可以对上述规定的情形免征或者减征耕地占用税。

（6）明确了耕地占用税的征收管理适用《税收征管法》。新条例删除了原条例与《税收征管法》和其他有关法律、行政法规不一致的征收管理规定，同时新条例第十五条明确规定，耕地占用税的征收管理，依照《中华人民共和国税收征收管理法》和本条例有关规定执行。

（7）增加了临时占用耕地税收管理的条款。新条例第十三条规定，纳税人临时占用耕地，应当依照本条例的规定缴纳耕地占用税。纳税人在批准临时占用耕地的期限内恢复所占用耕地原状的，全额退还已经缴纳的耕地占用税。

（8）调整了其他农用地的征税范围。原条例第十三条规定，占用鱼塘、园地、菜地及其他农业用地建房或者从事其他非农业建设，按照本条例的规定执行。而新条例第十四条规定，占用林地、牧草地、农田水利用地、养殖水面以及渔业水域滩涂等其他农用地建房或者从事非农业建设的，比照本条例的规定征收耕地占用税。建设直接为农业生产服务的生产设施占用前款规定的农用地的，不征收耕地占用税。

二、耕地开垦费

《土地管理法》第三十一条规定：国家保护耕地，严格控制耕地转为非耕地。

实行占用耕地补偿制度,非农业建设经批准占用耕地的,按照"占多少,垦多少"的原则,由占用耕地的单位负责开垦与所占用耕地的数量和质量相当的耕地;没有条件开垦或者开垦的耕地不符合要求的,应当按照省、自治区、直辖市的规定缴纳耕地开垦费,专款用于开垦新的耕地。省、自治区、直辖市人民政府应当制定开垦耕地计划,监督占用耕地的单位按照计划开垦耕地或者按照计划组织开垦耕地,并进行验收。

所谓耕地开垦费,是指在土地利用总体规划确定的城市和村庄、集镇建设用地范围内,为实施城市规划和村庄、集镇规划占用耕地,以及在土地利用总体规划确定的城市建设用地范围外的能源、交通、水利、矿山、军事设施等建设项目占用耕地的,分别由市、县人民政府、农村集体经济组织和建设单位依照《土地管理法》第三十一条的规定负责开垦耕地;没有条件开垦或者开垦的耕地不符合要求的,应当按照省、自治区、直辖市的规定缴纳耕地开垦费。收取耕地开垦费的意义主要是为实现耕地占补平衡目标,保证耕地补偿任务的完成,从而实现耕地总量动态平衡,保障农业生产,进而促进国民经济和社会持续、稳定、快速发展。其次,通过征收耕地开垦费也增加了非农业建设占用耕地的成本,促使建设用地单位和个人尽可能不占或少占耕地,在一定程度上起调控占用耕地的作用。

耕地开垦费是为开垦耕地而向非农业建设单位或者个人收取的包括保护性工程、农业生产配套设施、工程和生物技术、劳动力、生产资料等的投资费用。对占用基本农田收取的耕地开垦费要高于占用一般耕地,一般相当于现有征收的基本农田保护区耕地造地费标准。《基本农田保护条例》修订后,各地的耕地造地费用统一为耕地开垦费。

耕地开垦费内涵的扩展客观上经历了三个阶段。[105]一是数量阶段。《土地管理法》第三十一条规定:"国家实行占用耕地补偿制度。非农业建设经批准占用耕地的,按照'占多少,垦多少'的原则,由占用耕地的单位负责开垦与所占用耕地的数量和质量相当的耕地;没有条件开垦或者开垦的耕地不符合要求的,应当按照省、自治区、直辖市的规定缴纳耕地开垦费,专款用于开垦新的耕地。"第一阶段耕地开垦费仅反映了占多少数量的耕地补充同等数量耕地的数量阶段。二是数量和质量阶段。国土资源部《关于开展补充耕地数量质量实行按等级折算基础工作的通知》(国土资发〔2005〕128 号)中要求:开展补充耕地数量质量实行按等级折算应立足于"占一补一",将补充耕地数量、质量与被占用耕地等级挂钩并进行折算,实现耕地占补数量和质量平衡。从成本角度出发,开垦耕地不仅包含土地整理开发复垦费用,同时应包括新开垦土地的熟化费用,从而提高新增耕地的质量等级。耕地开垦费的内涵不仅包括土地开发复垦等工程建设成本,还应包括开发后土地的熟化投入和后期补助费用,即从耕地质量上达到"占补平衡"。三是价值阶段。《国土资源部关于切实加强耕地占补平衡监督管理的通知》(国土资发〔2010〕6 号)要求,各省(区、市)应对本地区耕地开垦费标准进行分析评价,依据当地耕地后备资源状况和土地整理复垦开发投入水平,合理确定耕地开垦费标准。这一阶段耕地开垦费的标准考虑到当地的耕地后备资源状况,即耕地资源的稀缺状况,客观上要求耕地开垦费应将耕地的稀缺价值纳入。

在国家层面,耕地开垦费并没有统一的数额标准,1999 年以后,按照《土地管理法》的规定,各省份根据自身经济发展水平、人均耕地占有量和耕地质量陆续出台了省级耕地开垦费缴纳办法,区域之间的差异也较大。目前,部分省份已经根据省内耕地后备资源状况和土地整理复垦开发投入水平进行了耕地开垦费的调整工作,河南、江苏、浙江、广西、重庆等地已经颁布了新标准(见表 4-4)。

表 4-4　近期调整省份耕地开垦费收缴标准

省份	调整前收缴标准	调整后收缴标准	调整幅度	调整时间
重庆	一类 20～30 元/m²;二类 15～25 元/m²;三类 10～20 元/m²	耕地开垦费由原 10～15 元/m²调整为 15～20 元/m²(公益性用地耕地开垦费按 15 元/m²收取,其余用地按 20 元/m²收取,占用基本农田的收费标准上浮 80%)	上调 50%左右	从 2009 年 1 月 1 日起开始执行
江苏	苏北地区 5 元/m²、苏中地区 7 元/m²、苏南地区 9 元/m²	调整后的标准苏北地区提高到 9 元/m²、苏中地区提高到 11 元/m²、苏南地区提高到 13 元/m²。对占用基本农田的,加收 40%的耕地开垦费,并要切实征收到位	上调 60%左右	从 2006 年 5 月 1 日起执行

续　表

省份	调整前收缴标准	调整后收缴标准	调整幅度	调整时间
浙江	杭州、宁波、温州等 3 个市的城区、郊区 18 元/m²；嘉兴、湖州、绍兴、金华、台州、舟山等 6 个市的城区、郊区 16 元/m²；衢州、丽水等 2 个市的城区、郊区和萧山、余杭、富阳、鄞县、慈溪、余姚、乐清、苍南、瑞安、桐乡、平湖、海宁、绍兴、上虞、诸暨、义乌、东阳、永康、临海、温岭、Ⅰ环等 21 个县(市)14 元/m²；其他县(市)10 元/m²。占用基本农田的，在上述标准基础上再加 15 元/m²	第一至第四等别的征收标准分别为每平方米 36 元、32 元、28 元和 20 元	上调100%	从 2008 年 6 月 11 日起执行
河南	(1) 占用基本农田的，按省九届人大第十一次会议修订的《河南省实施〈土地管理法〉办法》规定的同类土地补偿费的 1 倍计收；(2) 占用一般耕地的，按省九届人大第十一次会议修订的《河南省实施〈土地管理法〉办法》规定的同类土地补偿费的 0.5 倍计收	调整后的耕地开垦费征收标准为：非农业建设项目占用耕地的，耕地开垦费按 10～14 元/m² 收取。其中，占用望天田的，按 10 元/m² 收取；占用旱地的，按 12 元/m² 收取；占用水浇地、灌溉水田、菜地的，按 14 元/m² 收取。非农业建设项目占用基本农田的，按 20 元/m² 收取；占用旱地的，按 22 元/m² 收取；占用水浇地、灌溉水田、菜地的，按 24 元/m² 收取	上调50%左右	2007年5月
内蒙古自治区	(1) 占用一级基本农田，耕地造地费为该耕地被占前 5 年平均亩产值的 10～15 倍；(2) 占用二级基本农田，耕地造地费为该耕地被占前 5 年平均亩产值的 8～10 倍；(3) 占用一般耕地，耕地造地费为该耕地被占前 5 年平均亩产值的 5～7 倍	占用外环线以内地区耕地的，耕地开垦费 20 元/m²；占用外环线以外地区耕地的，耕地开垦费 10 元/m²；占用基本农田的，耕地开垦费 20 元/m²	上调55%左右	2008 年 10 月 1 日

省份	调整前收缴标准	调整后收缴标准	调整幅度	调整时间
广西壮族自治区	(1) 水田菜地 30 元/m²、旱地 20 元/m²；(2) 属基础设施重大项目建设用地、自治区重点乡(镇)按桂政发〔2000〕39 号文执行，即：水田菜地 12.75 元/m²、旱地 7.5 元/m²	占用基本农田进行非农业建设的征收标准为：水田 30 元/m²，旱地 20 元/m²；占用一般耕地进行非农业建设的征收标准为：水田 20 元/m²，旱地 12 元/m²	上调 60％左右	2009 年 10 月 15 日

三、征地补偿费

征地补偿费是指国家建设征用土地时，按照被征用土地的原用途给予被征地单位补偿的各项费用。根据《土地管理法》第四十七条之规定，征地补偿费用包括土地补偿费、安置补助费、地上附着物和青苗补偿费及其他有关费用。此外，《物权法》还规定，除要依法足额支付上述费用外，还应当安排被征地农民的社会保障费用，保障被征地农民的生活，维护被征地农民的合法权益。

(1) 土地补偿费。因国家征收土地对土地所有者土地上的投入和收益造成损失的补偿。按照国家政策的有关规定，土地补偿费由被征地单位用于恢复和发展生产，土地补偿费的补偿对象是土地所有权人。土地补偿费是征地费的主要部分，其标准为：征收耕地的补偿费，为该耕地被征收前 3 年平均年产值的6～10倍；征收其他土地的补偿费标准由省、自治区、直辖市参照征收耕地的补偿费标准规定。

(2) 安置补助费。因国家建设征收农民集体土地后，为解决以土地为主要生产资料并取得生活来源的农业人口因失去土地造成的生活困难而给予的补助费用。安置补助费按照需要安置的农业人口数计算，每一个需要安置的农业人口的安置补助费标准为该耕地被征收前 3 年平均年产值的 4～6 倍，即人均耕地平均年产值的 4～6 倍。但每公顷被征收耕地的安置补助费，最高不得超过被征收前 3 年平均年产值的 15 倍。征收其他土地的安置补助费标准，由省、自治区、直辖市参照征收耕地的安置补助费标准规定。在人均耕地特别少的地区，按前述标准支付的土地补偿费和安置补助费，尚不能使需要安置的农民保持原有生活水平的，经省级人民政府批准，可以增加安置补助费。但土地补偿费和安置补助费之和不得超过该土地被征收前 3 年平均年产值的 30 倍。《国务院关于深化改革严格土地管理的决定》（国发〔2004〕28 号）规定依照现行法律规定支付土地补偿费和安置补助费,尚不能使被征地农民保持原有生活水平的,不足以支付因征地而导致无地农民社会保障费用的,省、自治区、直辖市人民政府应当批准增加安置补助费。土地补偿费和安置补助费的总和达到法定上限,尚不足以使被征地农民保持原有生活水平的,当地人民政府可以用国有土地有偿使用收入予以补贴。省、自治区、直辖市人民政府要制定并公布各市县征地的统一年产值标准或区片综合地价,征地补偿做到同地同价,国家重点建设项目必须将征地费用足额列入概算。对有稳定收益的项目,农民可以经依法批准的建设用地土地使用权入股。

（3）地上附着物和青苗补偿费。地上附着物补偿是对被征收土地上的各种地上建筑物、构筑物,如房屋、水井、道路、管线、水渠等拆迁和恢复费用以及被征收土地上林木的补偿或者砍伐费等;青苗补偿是指征收土地时,对被征收土地上生长的农作物,如小麦、玉米、蔬菜等造成损失所给予的一次性经济补偿费用。被征收土地上的附着物和青苗的补偿标准由省、自治区、直辖市规定。其中,地上附着物是指依附于土地上的各类地上、地下建筑物和构筑物,如房屋、水井、地上（下）管线等;青苗是指被征收土地上正处于生长阶段的农作物。城市郊区的菜地[1]采取"征用"方式:征用城市郊区的菜地,按照国家有关规定缴纳新菜地开发建设资金。

（4）临时用地补偿。临时用地采取"征用"方式。征用临时用地应当与农村集体经济组织签订临时用地协议,并按该土地被征收前 3 年平均年产值逐年给予补偿。但临时用地逐年累计的补偿费最高不得超过按征收该土地标准计算的土地补偿费和安置补助费的总和。

为了解决征地工作中存在的补偿标准偏低、同地不同价、随意性较大等突出问题,2005 年国土资源部下发《关于开展制订征地统一年产值标准和征地区片综合地价工作的通知》（国土资发〔2005〕144 号）,提出将统一年产值和区片综合地价作为征地补偿的新标准。统一年产值是指考虑被征收耕地的类型、质量、农民

---

〔1〕　城市郊区菜地,是指连续 3 年以上常年种菜或养殖鱼、虾的商品菜地和精养鱼塘。

对土地的投入、农产品价格及农用地等级等因素,在一定区域范围内(以县域范围为主),在主导性农用地类别和耕作制度条件下,以前 3 年主要农产品平均产量、价格及相关附加收益为主要依据制定征地统一年产值标准。以统一年产值标准为基数,同时综合考虑当地经济发展水平、居民生活水平、被征地农民社会保障需要等其他条件,确定补偿倍数,计算征地补偿费用。征地区片综合地价是指在城镇行政区土地利用总体规划确定的建设用地范围内或根据需要设定的区片范围内,依据地类、产值、土地区位、农用地等级、人均耕地数量、土地供求关系、当地经济发展水平和城镇居民最低生活保障水平等因素,划分征地片区,并采用规定的方法测算的区片综合补偿标准。征地区片综合地价及统一年产值标准的实行,在一定程度上提高了征地补偿费标准,提高了失地农民的生活保障。

由于征地行为自身的性质,以及国家对征地补偿标准的明确规定和限制,征地补偿费用是一种不完全的市场价格。各地方在确定征地补偿费标准时,对被征地的区位等条件也进行了考虑和修正。例如,将城市规划区内的经营性项目和城市规划区外的经营性项目区别对待,确定不同的征地补偿费;或者在确定征地费用时,将同一区位不同农村经济组织的征地补偿费用尽可能相衔接,将同一区位不同地类的征地补偿费用最大限度相衔接等。

四、新增建设用地土地有偿使用费

新增建设用地土地有偿使用费是指国务院或省级人民政府在批准农用地转用、征收土地时,向取得出让等有偿使用方式的新增建设用地的县、市人民政府收取的平均土地纯收益。新增建设用地土地有偿使用费的征收范围是:土地利用总体规划确定的城市(含建制镇)建设用地范围内的新增建设用地(含村庄和集镇新增建设用地);在土地利用总体规划确定的城市(含建制镇)、村庄和集镇建设用地范围外单独选址、依法以出让等有偿使用方式取得的新增建设用地;在水利水电工程建设中,移民迁建用地占用城市(含建制镇)土地利用总体规划确定的经批准超出原建设用地面积的新增建设用地。因违法批地、占用而实际发生的新增建设用地,应按照国土资源部认定的实际新增建设用地面积、相应等别和征收标准缴纳新增建设用地土地有偿使用费。

新增费的缴纳标准由国务院土地行政主管部门按照全国城市土地分等和城

镇土地级别、基准地价水平、各地区耕地总量和人均耕地状况、社会经济发展水平等情况制定,由国务院财政部门和土地行政主管部门联合发布,并定期调整公布。《土地管理法》第五十五条规定,新增费的30%上缴中央财政,70%留给有关地方人民政府,专项用于耕地开发。上缴中央财政的土地有偿使用费由中央财政专项安排用于中央确定的耕地开发重点项目、经中央批准的耕地开发整理示范项目、对地方耕地开发整理项目的补助、耕地信息系统与监督系统建设。上缴省级财政的土地有偿使用费也必须用于耕地开发和土地整理,不得挪作他用。

1998年8月4日,财政部、国土资源部发布《新增建设用地土地有偿使用费收缴使用管理办法》(财综字〔1997〕117号),对新增建设用地土地有偿使用费的收缴程序、征收标准及适用范围作出了明确的规定,该办法于1999年1月1日起实行。为保护耕地、促进节约集约用地,加强土地调控管理,控制固定资产投资过快增长,根据《国务院关于深化改革严格土地管理的决定》(国发〔2004〕28号)和《国务院关于加强土地调控有关问题的通知》(国发〔2006〕31号)的有关规定,2006年11月财政部、国土资源部、中国人民银行联合印发了《关于调整新增建设用地土地有偿使用费政策等问题的通知》(财综〔2006〕48号),对新增建设用地土地有偿使用费有关政策作出了重大调整。自2007年1月1日起,新增建设用地土地有偿使用费征收等别划分不变,各等别征收标准在原有基础上提高一倍。对于因违法批地、占用而实际发生的新增建设用地,一律按实际新增建设用地面积征收土地有偿使用费。此外,新增建设用地土地有偿使用费征收标准提高后,其收入仍全部用于土地。其中,中央分成部分由财政部会同国土资源部主要参照各地基本农田面积和国家确定的土地开发整理重点任务分配给各省、自治区、直辖市、计划单列市,并向中西部地区和粮食生产区倾斜,专项用于基本农田建设和保护、土地整理、耕地开发等开支。

随着时间的推移,新增费的征收管理也出现了一些新的问题,突出表现在:一是现行新增费使用范围难以满足当前土地整治和耕地保护工作的实际需要;二是由于财政预算安排采取"压年使用"的管理方式,导致资金结余较多;三是中央分成和地方留用新增费统筹使用力度不够,部分省份也采取因素法将新增费分配到市县,导致资金过于分散,不利于提高资金使用效益。为加强和规范新增费使用管理,促进资金的科学、合理、有效使用,2012 年 4 月财政部、国土资源部联合下发《新增建设用地土地有偿使用费资金使用管理办法》(财建〔2012〕151 号),明确了各级财政、国土资源管理部门负责对新增费项目实施情况和资金使用情况的监督检查,确保新增费专款专用,切实提高新增费使用管理效率,进一步规范了新增费的支出范围。

五、农用地转用征收环节土地税费构成分析

(一)耕地占用税在农用地转用征收环节税费成本中的比重分析

就农用地转用征收环节各项税费的设立依据及其作用发挥情况而言,耕地占用税、耕地开垦费、新增费及征地补偿费(以下简称为"一税三费")是征收时间较长、影响范围较广、征收标准相对较高的几种税费,共同构成了调节农用地转用行为、抑制新增建设用地规模及速度的重要经济杠杆。本研究以"一税三费"为研究对象,将其作为农用地转用征收环节相关税费成本[1],计算全国重点省份耕地占用税占农用地转用征收过程中税费成本的比重,见图 4-2。

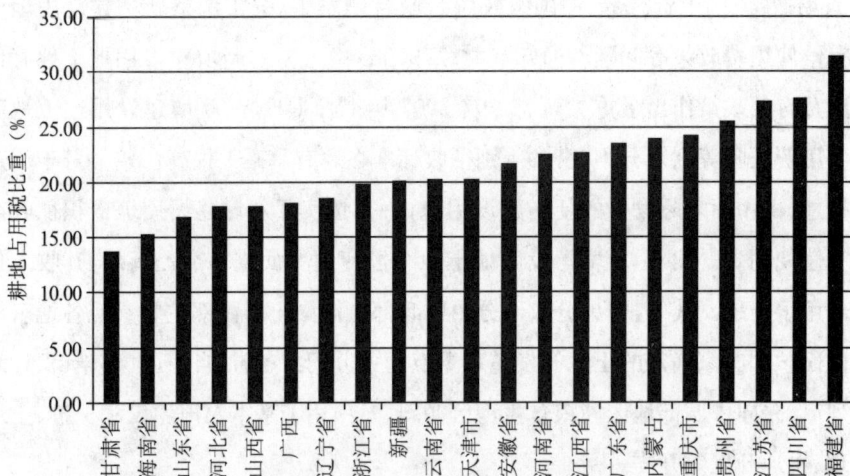

图 4-2 耕地占用税在农用地转用征收环节成本比重示意图

根据图 4-2,耕地占用税税额标准与其在农用地转用征收成本中的比重存在

---

[1] 研究数据为收集到的 21 个省(市、区)的数据。各地"一税三费"平均数据由县级数据面积加权得到。

较为明显的正相关关系,一般耕地占用税税额标准高的省份,耕地占用税所占比重也相对较高。但也存在例外,如内蒙古和四川,尽管其耕地占用税税额标准相对较低,但由于其他费用标准也相对较低,导致耕地占用税在农用地转用征收总成本中的比重处于较高水平。

整体来看,耕地占用税在农用地转用征收成本中的比重在 13.7%～31.5% 之间,其中福建最高,达到 31.5%;甘肃最低,为 13.7%。耕地占用税在农用地转用征收成本中的比重超过 20% 的省份有 13 个,超过 25% 的省份有 4 个,具体为福建(31.5%)、四川(27.6%)、江苏(27.4%)及贵州(25.48%);河北、辽宁、浙江等农用地占用大省的比重均在 20% 以下,说明耕地占用税对这几个省份的经济调节作用贡献率较小。

选取以上典型省份中的重点城市,分析耕地占用税在农用地转用征收环节的比重,计算结果如图 4-3 所示。从市级层面来看,东部发达城市因其耕地占用税税额标准较高,其所占比重也相对偏高,其中福州市比重最高,达到 33.64%。除福州外,比重较高的城市主要集中于长三角地区,如宁波(24.55%)、杭州(20.66%),且普遍高于珠三角地区。耕地占用税比重较低的地区以中部城市居多,如大同(21.38%)、南昌(12.05%),主要原因是中西部地区耕地占用税税额标准相对东部地区较低。

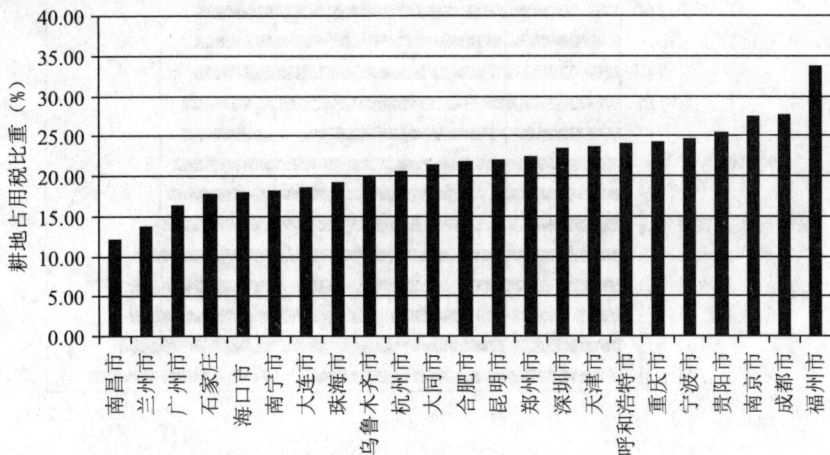

图 4-3　典型城市耕地占用税在农用地转用征收环节成本比重示意图

就县级层面而言,以耕地占用税占农用地转用征收成本比重最低及最高的典型省份海南和福建为例,分析典型县耕地占用税占农用地转用征收成本的比重。海南省耕地占用税在农用地转用征收环节税费的比重相对较低,各县(区)的比重在16%~24%之间,其中最低的是海口市秀英区,为16.6%,最高的是乐东黎族自治县,为23.18%(图4-4)。福建省各县(区)的比重在25%~40%之间波动,其中三明市明溪县达到44%,是福建省内最高值,石狮市最低,为25.84%(图4-5)。在研究分析的57个县(区)中,有7个县的比重不足30%,其余的50个县(区)均在30%以上,有5个县更达到40%,分别是明溪县、长汀县、寿宁县、周宁县和柘荣县。福建是21个省份中耕地占用税占农用地转用征收环节税费比重最高的省份,主要原因是福建耕地占用税税额在全国处于较高水平(仅次于北京市和天津市,位列全国第三位),且其他相关税费水平处于正常偏低,由此突出显化了耕地占用税的作用。

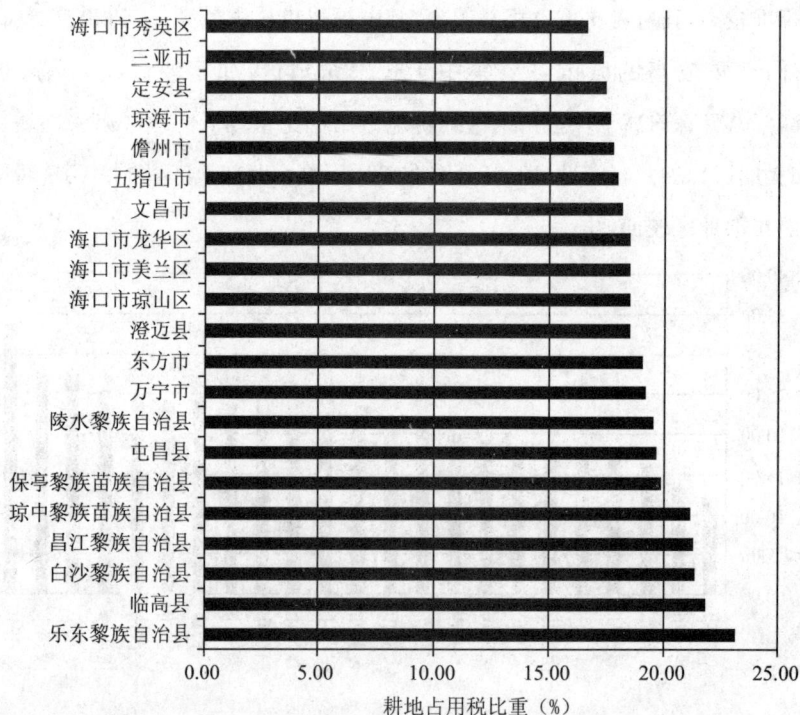

图4-4　海南省耕地占用税税额在农用地转用征收环节成本比重示意图

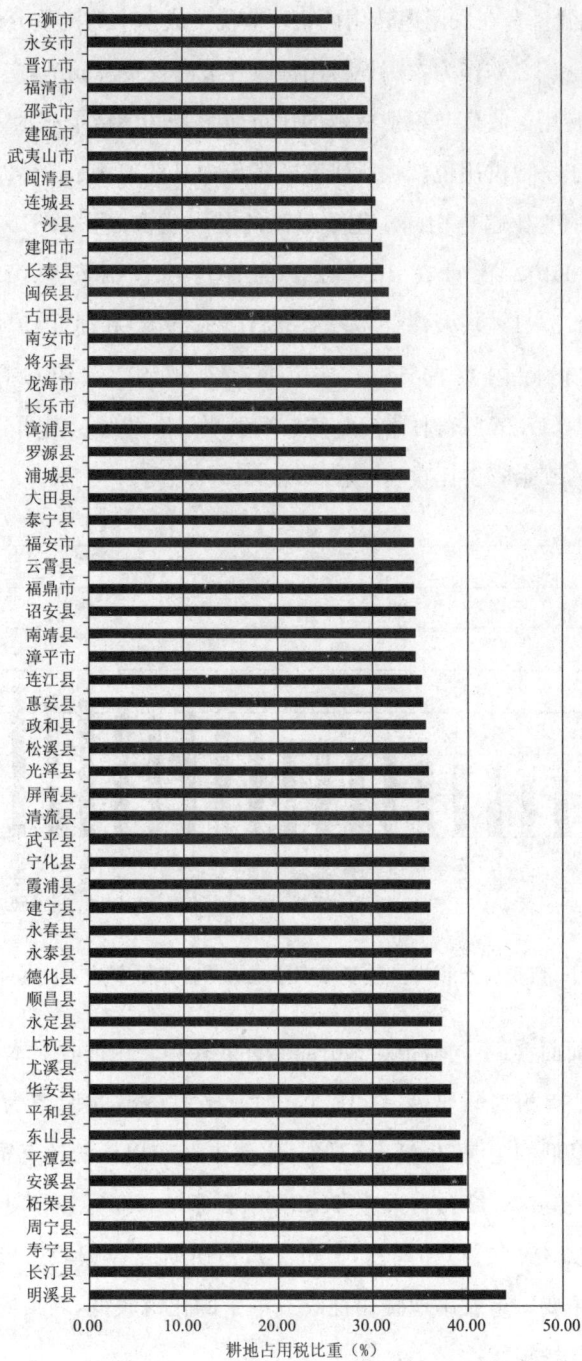

图 4-5 福建省耕地占用税税额在农用地转用征收环节成本比重示意图

（二）耕地开垦费在农用地转用征收环节税费成本中的比重分析

以"一税三费"之和作为农用地转用征收环节的税费总成本，主要省份耕地开垦费占农用地转用征收环节税费成本的比重如图4-6。结果显示，耕地开垦费所占比重普遍低于耕地占用税。在所研究的省份中其数值为6%~29%，并且与耕地开垦费标准的变化趋势相同。比重最高的是内蒙古，达28.81%；比重最低的是海南，为6.86%。比重在10%以下的省份还包括安徽（7.25%）、辽宁（7.42%）、新疆（8.41%）、天津（8.72%）、浙江（9.29%）和河北（9.88%）；比重在15%以上的省份除内蒙古外，还有广西（22.67%）、重庆（21.59%）、四川（18.41%）、江西（17.04%）、甘肃（16.40%）、贵州（16.00%）、山西（15.30%）以及河南（15.15%），其余省份比重均处在10%~15%之间。

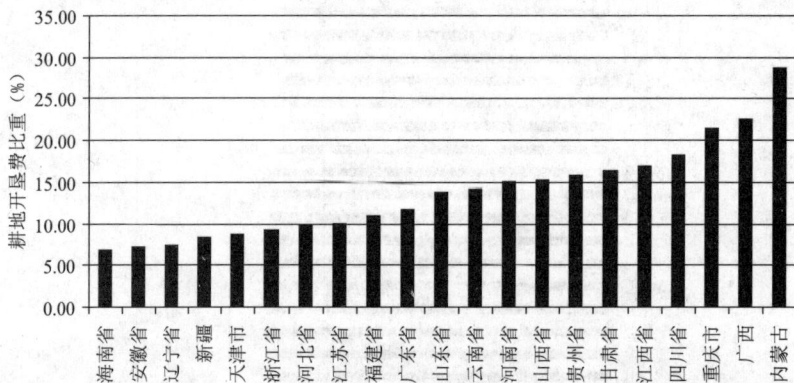

图4-6　典型省份耕地开垦费在农用地转用征收环节成本比重示意图

就市级层面而言，不同城市耕地开垦费在农用地转用征收成本中的比重差异较大，且整体保持相对较低水平（图4-7）。比重最高的城市为呼和浩特，达28.81%；比重最低的为海口，仅4.63%。比重在10%以下的还有杭州（5.10%）、合肥（7.25%）、宁波（7.35%）、大连（7.42%）、石家庄（7.55%）、广州（8.16%）、天津（9.34%）、珠海（9.54%）和南昌（9.69%），占所研究典型城市数的1/2以上。耕地开垦费在主要城市农用地转用征收成本中的比重较低，城市间分布不均，未呈现出明显的地域规律性。

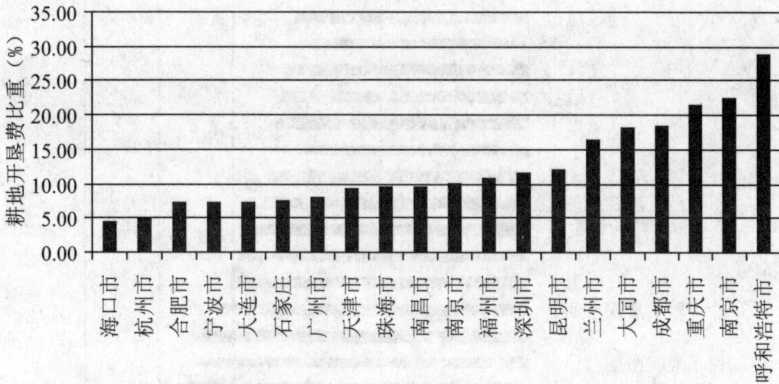

图4-7　典型城市耕地开垦费在农用地转用征收环节成本比重示意图

　　"一税三费"的执行层面主要在市、县一级,以耕地开垦费在农用地转用征收成本中比重较高的江西省及比重较低的海南省为例,计算相应省份典型县(区)耕地开垦费在农用地转用征收成本中的比重(图4-8、图4-9),分析县域层次耕地开垦费标准在"一税三费"中的相对水平。

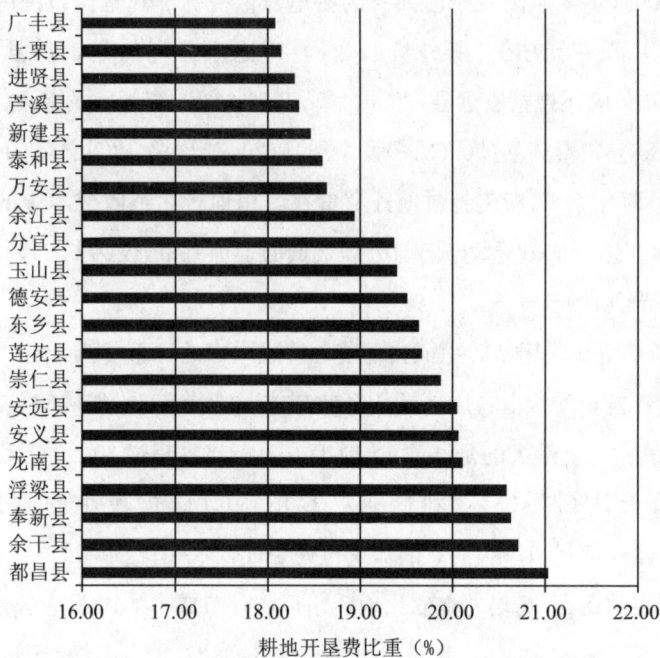

图4-8　江西省典型县耕地开垦费在农用地转用征收环节成本比重示意图

琼海市
儋州市
文昌市
澄迈县
东方市
万宁市
陵水黎族自治县
昌江黎族自治县
定安县
临高县
五指山市
乐东黎族自治县
屯昌县
保亭黎族苗族自治县
琼中黎族苗族自治县
白沙黎族自治县

耕地开垦费比重（%）

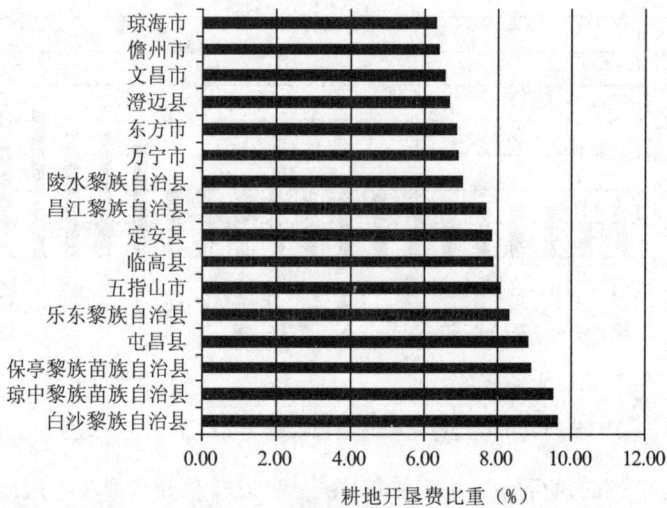

图4-9　海南省典型县（市）耕地开垦费在农用地转用征收环节成本比重示意图

江西省内典型县的耕地开垦费在农用地转用征收成本中的比重普遍较高，介于18％～20％，主要原因在于江西省的耕地开垦费标准在全国范围内处于较高水平，平均为 16.9 元/m²。所分析的数据中，比重最高的是都昌县，达到 21.03％，超过 20％的还包括安远县（20.04％）、安义县（20.07％）、龙南县（20.11％）、浮梁县（20.58％）、奉新县（20.63％）及余干县（20.72％）。比重最低的是广丰县，为18.08％。对比之下，海南省耕地开垦费在农用地转用征收成本中的比重普遍较低，所研究的县（市）比重均低于10％，最低的是琼海市，仅为 6.34％；最高的是白沙黎族自治县，为9.64％。

（三）新增费在农用地转用征收环节税费成本中的比重分析

从典型省份新增费占农用地转用征收成本的比重来看，省域间差距较大，介于15％～38％，比重最大的是江苏，达到37.83％，比重超过30％的省份还有新疆（36.56％）、天津（32.93％）和广东（31.87％）。比重最小的省份是云南（15.11％），此外贵州、甘肃、河北的比重也处于较低水平。

就市级层面而言，新增费在农用地转用征收环节成本的比重基本与省级趋势相同，介于15％～38％之间。比重最高的南京市为37.83％，比重超过 30％的还有珠海市（35.97％）、广州市（34.38％）和深圳市（31.87％）。比重较低的是昆明市和兰州市,分别为15.63%和18.33%。与耕地开垦费相比,新增费所占比重普遍较高。

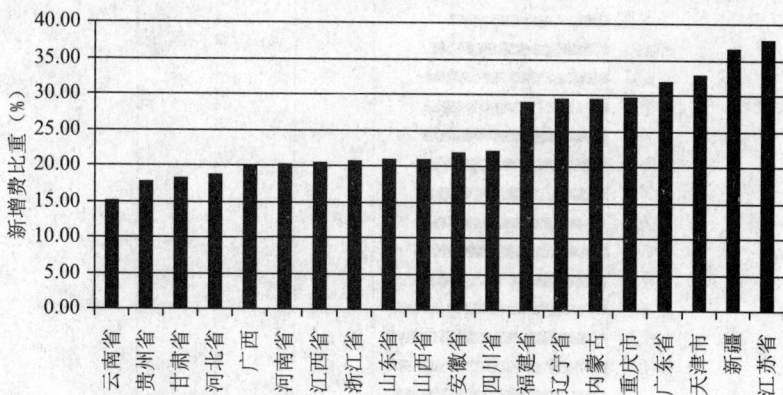

图4-10 典型省份新增费在农用地转用征收环节成本比重示意图

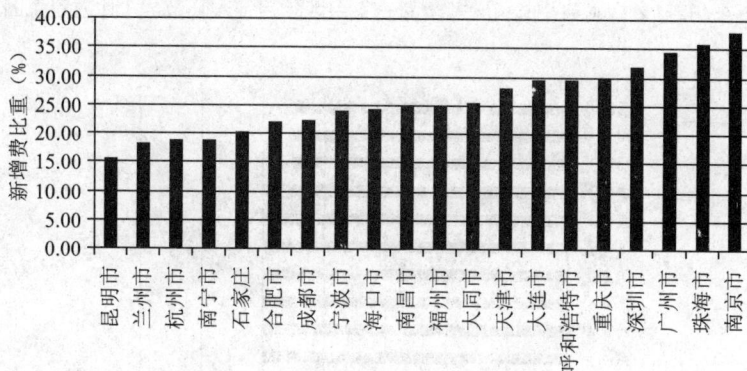

图4-11 典型城市新增费在农用地转用征收环节成本比重示意图

以新增费征收标准相对较低的云南省和相对较高的广东省为例,计算县域水平内新增费占农用地转用征收成本比重(图4-12、图4-13),结果显示,云南普遍低于广东。其中,云南省比重最高的安宁市为24.24%,比重最低的泸水县仅为7.64%;比重在10%以下的还有澄江县(9.32%)、永胜县(9.29%)和福贡县(9.03%)。

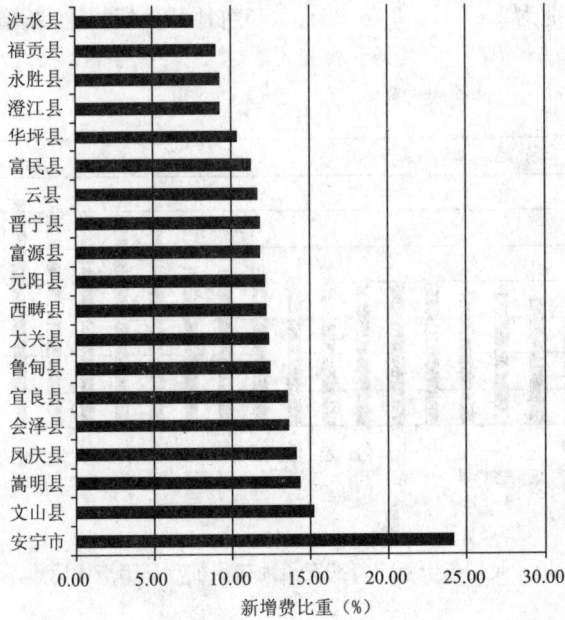

图 4-12　云南省典型县(市)新增费在农用地转用征收环节成本比重示意图

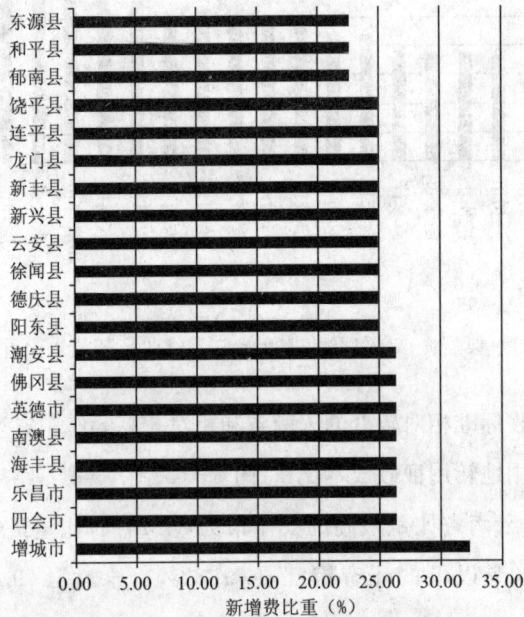

图 4-13　广东省典型县(市)新增费在农用地转用征收环节成本比重示意图

与云南省典型县(市)对比,广东省县域水平的新增费占农用地转用征收成本的比重相对较高,均超过20%,省内比重最高的城市是增城市,达到32.33%;比重最低的是东源县、和平县和郁南县,均为22.63%。

(四)征地补偿费在农用地转用征收环节税费成本中的比重分析

以各省份最新公布的征地区片综合价和统一年产值作为征地补偿费标准,计算典型省份征地补偿费在农用地转用征收成本中的比重(图4-14),结果显示,除个别省份外,征地补偿费是"一税三费"中比重最高的。在研究样本中,征地补偿费比重最高的省份是海南,达到57.41%,比重超过50%的省份还有河北(53.96%)、甘肃(51.60%)、云南(50.53%)和浙江(50.08%);比重超过45%的省份包括安徽(49.07%)、山东(48.29%)和山西(45.80%)。

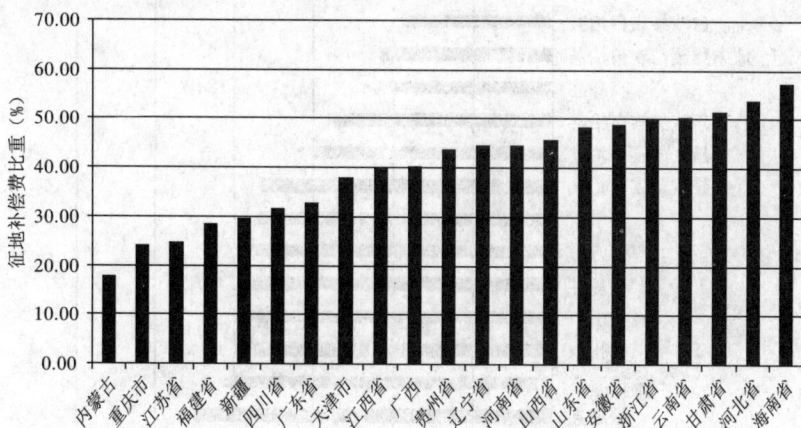

图4-14　典型省份征地补偿费在农用地转用征收环节成本比重示意图

就典型城市而言,征地补偿费在农用地转用征收成本中的比重显示出与省级层面相同的趋势,各主要城市的征地补偿费在"一税三费"中的比重最高,比重最高的杭州市达59.60%,比重超过50%的城市还有昆明市(50.04%)、兰州市(51.60%)、海口市(52.92%)和南昌市(53.38%);比重最低的为呼和浩特市,仅为17.58%。

以海南省和福建省为例,分析省内典型县域征地补偿费在农用地转用征收成本中的比重,其中海南省的比重均在50%以上,县域间差异不大,多在50%~

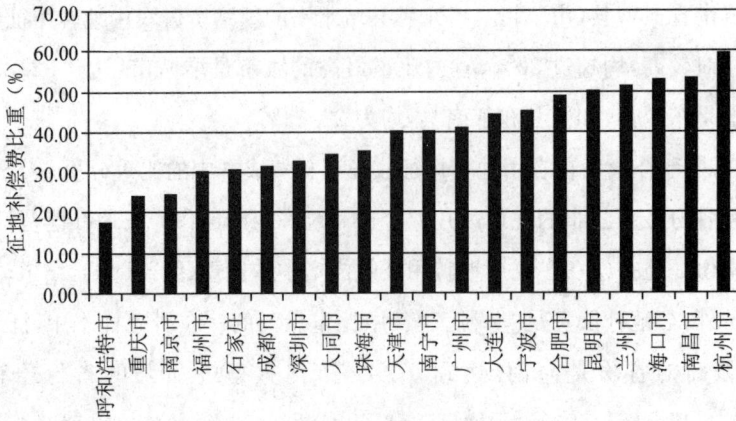

图4-15 典型城市征地补偿费在农用地转用征收环节成本比重示意图

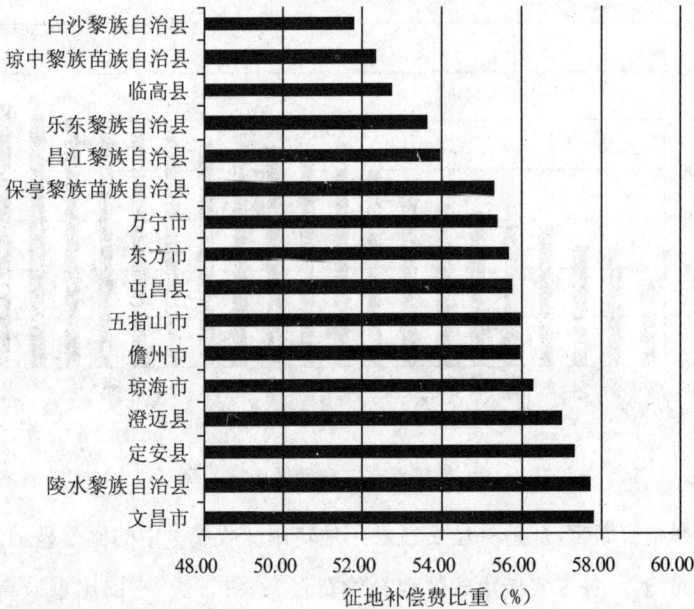

图4-16 海南省典型县(市)征地补偿费在农用地转用征收环节成本比重示意图

58%间波动,比重最高的文昌市为57.79%,比重最低的白沙黎族自治县为51.80%。

　　与海南省相比,县域水平下福建省的征地补偿费相对较低,所研究典型县的征地补偿费比重均在40%以下,比重最高的石狮市为35.40%,比重最低的连城县仅为 24.37%。征地补偿费是"一税三费"中唯一针对失地农民的补偿,直接决定了失地农民的生活状况和社会保障,征地补偿费偏低会直接导致农用地转用征收主体间的利益分配不公平,引发各种社会问题。

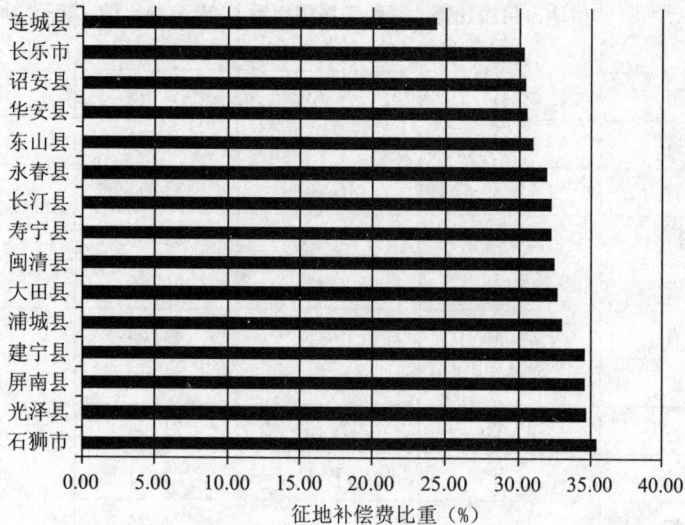

图 4-17　福建省典型县征地补偿费在农用地转用征收环节成本比重示意图

（五）"一税三费"在农用地转用征收环节税费成本中的比重对比分析

从典型省份"一税三费"在农用地转用征收成本中的比重分析结果来看,现行税费体系基本满足了对农用地转用征收环节进行调节的需求,其税费设置兼顾了农用地转用环节的相关利益主体,分别从地方政府、土地使用者及失地农民三个角度出发,通过对各主体间经济利益的调节,实现调节农用地占用行为和保护耕地的目的。随着中国经济水平的不断发展,国家对土地宏观调控的加强,农用地转用征收环节的税费标准也应随着经济水平和国家宏观调控政策变化而不断调整。

将典型省份"一税三费"在农用地转用征收环节成本的比重进行对比分析（表4-5、图 4-18）,可得出以下主要结论:

（1）征地补偿费为农用地转用征收成本中最大的费用,其比重接近 50%。征地补偿费是补偿给失地农民和农村集体经济组织的费用,其效益发挥直接影响着失地农民的生活水平、长远生计和社会稳定,是体现社会公平和公正的主要手段。

表4-5 "一税三费"在农用地转用征收环节成本比重对比示意表

省 份	耕地占用税比重(%)	耕地开垦费比重(%)	新增费比重(%)	征地补偿费比重(%)
天津市	20.34	8.72	32.93	38.01
河北省	17.78	9.88	18.38	53.96
山西省	17.85	15.30	21.04	45.80
内蒙古自治区	24.00	28.81	29.61	17.58
辽宁省	18.54	7.42	29.50	44.54
江苏省	27.43	10.06	37.83	24.69
浙江省	19.90	9.29	20.73	50.08
安徽省	21.75	7.25	21.94	49.07
福建省	31.48	11.02	29.11	28.40
江西省	22.69	17.04	20.29	39.98
山东省	16.90	13.90	20.90	48.29
河南省	20.06	15.15	20.03	44.76
广东省	23.50	11.75	31.87	32.89
广西壮族自治区	18.14	22.67	18.85	40.34
海南省	15.25	6.86	20.48	57.41
重庆市	24.30	21.59	29.81	24.30
四川省	27.62	18.41	22.30	31.67
贵州省	22.46	16.00	17.76	43.77
云南省	20.22	14.14	15.11	50.53
甘肃省	13.67	16.40	18.33	51.60
新疆维吾尔自治区	25.48	8.41	36.56	29.55

(2)新增费占农用地转用成本的比重相对较高,一般超过耕地占用税与耕地开垦费。所研究的典型省份中,新增费在农用地转用征收中的比重介于20%～30%。新增费是农用地转用征收环节以地方政府为课费对象的政府规费,在一定

程度上通过经济手段调节地方政府行为,对抑制占用耕地的速度,控制新增建设用地规模发挥积极的作用。

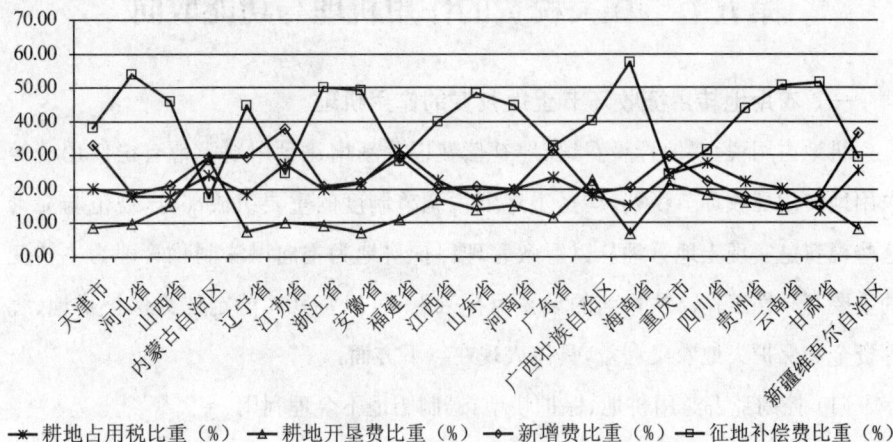

图4-18 "一税三费"在农用地转用征收环节成本比重对比示意图

(3)耕地占用税作用弱化,效益发挥不明显。作为农用地转用征收环节唯一的土地税,耕地占用税所占比重不大,低于新增费与征地补偿费,使其在农用地转用征收环节的调节作用相对弱化,相应的税费设置存在不合理之处。个别省份(如福建)的耕地占用税比重较高,而大部分省份耕地占用税的比重较低,耕地占用税的既有作用没有得到有效发挥,相关政策有待进一步完善。

(4)耕地开垦费比重最小,在"一税三费"中的地位最低。耕地开垦费是农用地转用征收成本中比重最低的费用,与耕地占用税一样,耕地开垦费也是以用地单位为征收对象的,专款用于开垦新耕地的资金。耕地开垦费标准过低,将会影响新开垦耕地的数量与质量。

虽然现阶段农用地转用征收环节的土地税费体系构成基本合理,但就具体税费标准设置和土地税费间的相互关系而言,尚存在待完善之处。耕地占用税作为农用地转用征收环节唯一的土地税,其发挥的作用相对较弱,在农用地转用征收成本中的比重低于新增费和征地补偿费。按照"明税少费"的原则,我国耕地占用税的作用与征收标准有待进一步提高,以强化其在农用地转用征收环节中的作用和地位,促进土地资源保护和土地节约集约利用。

第五节　相关税费的作用机理与功能取向

一、农用地转用征收环节土地税费的作用机理

耕地占用税、耕地开垦费、征地补偿费以及新增建设用地土地有偿使用费等农用地转用征收环节税费，均是土地财税调节制度的重要组成部分，规范与完善这些税费是实现土地管理从以行政管理保护耕地为主向以法制化管理为主转变的重要基础性工作。从目前的设置目标来看，可以将其功能定位为保护耕地、统筹资金和保护失地农民利益，具体表现在以下方面：

（1）控制乱占滥用耕地、保护耕地，遏制土地不合理利用

随着中国现代化建设的持续推进、人口迅速增长和人民生活水平的不断提高，日益增长的农副产品需求、必要的非生产建设占用耕地与有限土地资源之间的矛盾越来越突出。因此，耕地资源不足已经成为中国社会经济发展，特别是农业发展的一个重要制约因素。《中华人民共和国土地管理法》第三十一条规定国家实行占用耕地补偿制度，在《中华人民共和国土地管理法实施条例》第十六条中明确了耕地占补平衡的责任，2010 年《关于切实加强耕地占补平衡监督管理的通知》又进一步强调了耕地占补平衡的重要性。耕地属于公共物品，不仅具有粮食生产功能，也发挥着巨大的社会保障功能和生态保育作用，而目前耕地占用成本远低于其真实价值，耕地保护外部效益明显，占用耕地产生的超额利润较大，农户和基层政府耕地保护积极性较低。通过税收手段合理调节相关主体间的利益关系，逐渐加深对耕地价值的全面认识，有利于提高土地资源配置效率，维护长期的社会公平。

农用地转用征收环节各项土地税费的设立，均在于通过经济利益调节达到耕地保护目的，都以抑制耕地占用行为为基本导向。地方政府是建设用地扩张的主导者和决策者，其占用耕地的根源在于土地利益驱动，要真正控制建设用地规模和遏制建设用地扩张，需通过经济杠杆减少地方政府耕地占用收益，使差额利润降到较低的范围，改变地方政府依赖土地财政的根本局面。通过相关税费的收

取,增加耕地占用成本,使农地转用的差额利润控制在与其他行业相当的范围内,避免决策主体在单纯经济利益驱使下盲目占用耕地,降低地方政府对"土地财政"的依赖,促进耕地保护,从耕地占用源头上进行经济利益调节,实现其税费的基本功能取向。相关税费的收取,还应强制性地要求用地单位为占用耕地承担起相应的责任,并缴纳相关费用作为专款用于开发整理新的符合标准要求的耕地,不仅在数量上,更为在质量上保证建设占用耕地实现有效的占补平衡,维持耕地资源储备量的稳定。

（2）建立专项基金,统筹土地再开发利用,完善市场价格体系

农用地转用征收过程中收取的土地税费均属国家财政收入,可在一定程度上为国家筹集资金,补偿因农用地转用造成的损失,用于失地农民基本生活保障、耕地占补平衡计划、土地整治等多个方面。它是国家为了对耕地占用行为进行限制,募集耕地整治资金所征收的费用,其费用应全部用于土地。

在市场机制条件下,耕地保护的市场失灵是造成耕地减少的原因之一。在市场经济条件下,市场是耕地资源配置的主要手段,从耕地的内部利用来看,通过市场机制的协调,可以提高耕地资源的利用效率。市场通过价格机制的作用,反映土地资源的稀缺程度,使资源流向使用效率最高的土地使用者手中,提高土地资源的配置效率。农用地转用征收环节土地税费的引入在一定程度上抑制着人们对耕地的需求量,缓解耕地保护的压力,同时市场机制的介入可以使耕地资源的价值得到真实体现,有助于改善耕地被过度侵占的趋势。通过利用耕地占用税、征地补偿费等农用地转用征收税费,建立征地补偿专用基金,实现"专款专用",以弥补公益性建设项目征地补偿的资金不足及财政负担等问题。征地补偿专用基金的设立既可以提高被征地农民的补偿标准,也可以减轻国家的财政负担,缓解经济发展与失地农民之间的矛盾,还能促进中国土地市场经济的发展。

（3）提高农民满意程度,保护失地农民利益

土地是农民谋生致富不可缺少且最有价值的资本,对农民来说是一种社会保障。在现有条件下,被征地农民普遍反映征地补偿标准低、相关税费分配操作缺乏规范、征地后缺乏生活保障、非农经营和发展机会有限,这些都成为农民反对农用地转用的重要影响因素。以征地补偿费为例,该费包括了土地补偿费、安置补

助费、地上附着物和青苗补偿费,其中,土地补偿费针对被征土地,地上附着物和青苗补偿费针对被征土地上的附着物,安置补助费针对失地农民,因此征地补偿费的一个重要功能就是保证被征地农民的生活水平不因征地而降低,使被征地单位农民的生活水平达到甚至超过征地前的生活水平,稳定农村生产生活。其他税费的最终落脚点亦应如此。

从结构与功能的关系可知,结构决定功能,功能是结构合理与否的直接反映。从土地利用角度来看,农用地转用为建设用地后,原有的土地利用结构必然会遭到破坏,而由于征用制度的机理与约束功能的失调,导致不少地区"征而不开"、"开而不发",大量耕地闲置撂荒,城市建设被延误。另一方面,农民利益遭受了严重破坏,引发不少社会问题。同时由于大量耕地被征用,农业生产无法正常进行,城市和农村两方面的利益都没有得到协调和充分体现,结构的不合理造成整体效益没有得到应有的提高。农用地转用征收环节土地税费的设置从资金角度限制对土地资源的过多占用,更应该在保护农民既得利益的同时,促进土地利用结构的合理化,确保其效益的发挥。

二、农用地转用征收环节土地税费功能取向

(一) 耕地占用税作用机理

由于农用地特别是耕地具有显著的外部性,单靠市场机制调节占用农用地的行为必然会导致市场失灵,因而需要政府采取行政、法律或经济手段进行干预。作为土地税费中的重要内容之一,耕地占用税是政府行政调节的重要手段。

(1) 农用地转用机制

农用地转用实质是土地在农业利用和建设利用之间的竞争配置结果。[106]假设某地区土地数量固定为 Q_L,土地可以在上述两种用途之间自由转移,且土地所有者追求经济收益最大化。那么,在单纯的市场机制作用下,农用地转用过程可以通过图 4 - 19 来描述。

最初,农用地的边际收益线 M_A 与建设用地边际收益线 M_C 相交于 E 点,此时达到最佳土地配置,Q_C 为建设用地数量,$Q_L - Q_C$ 为农业利用。但随着人口增加、城市化进程的加快,建设用地需求迅速增加,集约利用程度提高,使得建设用地的边际收益增加,边际收益线向上移动至 M_{C_1},则平衡点将不再是 E 点。由于此过

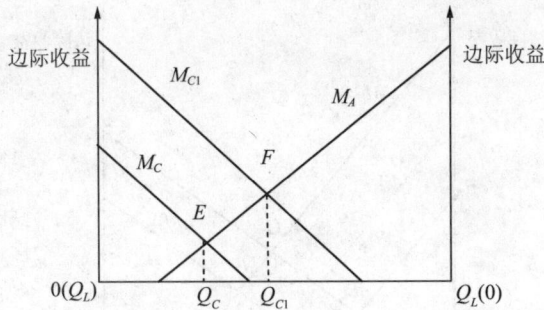

图 4 - 19　农用地转用机制

程中农用地的边际收益增加与建设用地相比幅度太小,假设农用地的边际收益没有增加,即边际收益线 M_A 没有上移,此时市场自发形成的新平衡点将是农用地的边际收益线 M_A 与建设用地的边际收益 M_{C1} 的交点 F,要达到新平衡点,就要有 $Q_{C1} - Q_C$ 数量的农用地被占用才能达到帕累托最优。

(2) 耕地占用税外部性校正过程

图 4 - 19 表示的农用地转用机制没有考虑农用地的外部性,实际上农用地尤其是耕地具有显著外部性。农用地的外部性不仅是农业稳定生产的基础,在保障农民长远生计、促进农业可持续发展、实现社会和谐稳定等方面也都具有重要作用。20 世纪初,经济学家庇古首次从福利经济学角度系统地研究了外部性问题[107],运用边际分析方法,提出了边际社会净产值和边际私人净产值。[108]占用耕地的外部性实际上就是取得耕地的边际私人成本与边际社会成本、占用耕地的边际私人收益与边际社会收益的偏离,个人耕地占用行为的收益或成本被其他社会成员分享或承担。用地单位给农民或社会造成不需付出代价的损失,导致农民失去耕地提供的社会保障功能、降低粮食自给率、威胁国家粮食安全等外部不经济结果。[109-111]考虑外部性后,如图 4 - 20 所示,农用地的实际边际收益线由 M_A 上升到 M_{A1}。因为建设用地没有显著外部性,边际收益线不发生改变,则最佳配置点为 G 点。

如果单纯依靠市场来调节农用地占用过程,不考虑农用地的外部性,实际平衡点仍为 F 点,最佳配置点 G 点难以实现,这时有 $Q_{C1} - Q_C$ 的农用地被占用,农用地数量为 $Q_L - Q_{C1}$。在考虑农用地转用外部性的情况下,$Q_{C2} - Q_C$ 的农用地被占

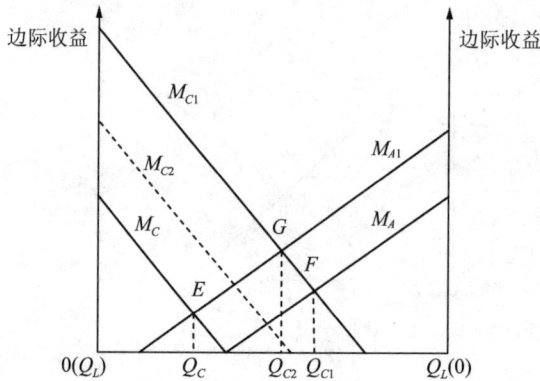

图 4-20　耕地占用税对农用地转用行为的调控过程

用,$Q_{C2}-Q_{C1}$ 的数量即为过量的农用地转用量,依靠市场是无法解决这种损害的,即存在市场失灵,需要政府进行干预。征收耕地占用税可使得土地资源配置趋于最佳配置点 G。耕地占用税可以调节农用地转用过程中的土地收益分配,增加农用地取得成本,降低建设用地收益。图 4-20 中建设用地边际收益曲线由 M_{C1} 下降至 M_{C2},此时通过市场配置,建设用地的数量处于 Q_{C2} 与 Q_C 之间,部分消除了过量占用农用地的损害,将经济主体的外部性活动内在化,增加了社会福利。

（二）耕地开垦费作用机理

耕地保护具有显著的外部性。耕地资源具有多元价值,依据经济合作与发展组织(OECD)及英国经济学家皮尔斯(Pearce)等对自然资源经济价值及其分类系统的研究,自然资源的价值分为两个部分,即使用价值和非使用价值。前者包括直接使用价值、间接使用价值和选择价值,后者包括选择价值、遗赠价值和存在价值,选择价值介于使用价值和非使用价值之间。耕地资源的总价值也包括直接使用价值和间接使用价值。直接使用价值是指土地提供产品和形成资本的功能,耕地的直接使用价值可以根据其农产品价值衡量,建设用地的直接使用价值可以根据市场分析法计算得到;间接使用价值是指提供产品的同时,间接为人类带来的环境保护、保健修养、提供绿色资源等功能;选择价值是指将资源利用但不加以保护而造成未来无法利用的机会成本;遗赠价值是指将资源作为礼物送给他人,作为继承物留给后代的功能,这些资源遗赠给他人后同样具备直接使用价值、间接使用价值、选择价值功能;存在价值与资源内在价值有关,只要资源存在就有其潜在价值。由于耕地的稀缺性和土地用途不可逆性,耕地资源具有很大的间接使用价值、选择价值、遗赠价值和存在价值。而耕地资源一旦转变为建设用地后,以上功能中的大部分将消失。因而从自然资源价值角度看,耕地保护具有极其重要的意义。

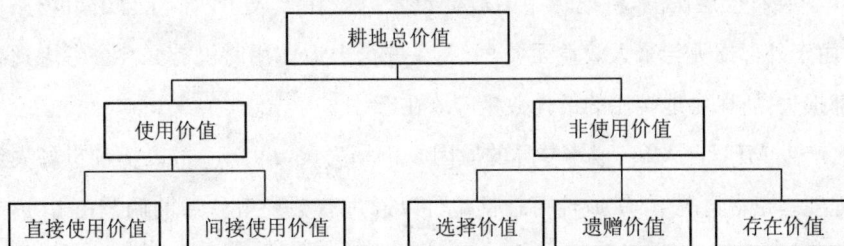

图 4-21　耕地价值的构成

　　耕地占用过程中的市场失灵主要是由于现行的市场体系难以对耕地价值进行全面评价。长期以来,传统经济学对耕地价值的研究仅停留在狭义的经济价值即农产品价值的基础上,忽视了耕地所拥有的生态景观功能、粮食安全与世代公平等社会价值和生态价值。由于这些价值及其产生的效益在市场体系下是"外部性"效益,一般的土地使用者往往局限于眼前利益而忽略"外部性"效益,从而导致市场失灵。可以说,传统的市场体系低估了耕地占用的边际成本,使得最终确定的耕地占用数量大于社会最优量,造成耕地资源的浪费和过度消耗。

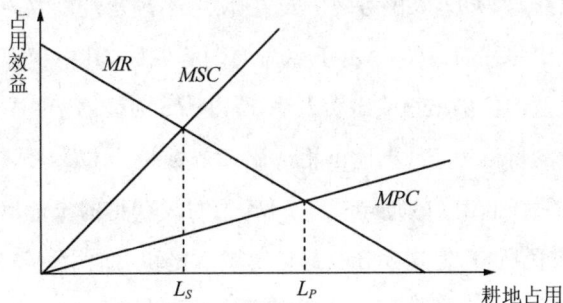

图 4-22　耕地开垦费作用机理示意图

　　图 4-22 中,MR 表示边际私人效益,主要包括耕地转化为建设用地所获得的经济收益,如地价、房屋租金等;MPC 表示边际私人成本,主要是耕地被转用前的

农业用途收入。在私人层次上,耕地转用总收益的最大点在 L_P 处,其原因在于社会成本中考虑的因素必须是全方面的,除了农业用途的直接经济收益外,还必须考虑包括局部生物多样性损失、粮食安全损失、选择价值损失、存在价值损失、自然景观损失等土地转用造成的外部利益消耗,所以社会成本 MSC 大于私人成本 MPC。在社会层次上,耕地转用的最佳数量应该在 L_S 处,然而在自由市场条件下,由于外部损失与个人效益无关,个人在进行土地转用时没有必要去考虑这些外部损失,所以耕地转用的最佳数量应该在 L_P 处。

产生 MPC 和 MSC 成本差异的原因是市场失灵,$L_P - L_S$ 可以衡量市场失灵的程度。正常情况下,耕地转用总收益可以通过有关税费体系的调节由 L_p 逐渐向 L_s 移动,这是因为不能仅考虑耕地非农化带来的经济效益,更要考虑社会效益和生态效益,并追求三者之间的均衡发展。耕地开垦费是以保护耕地使用价值和非使用价值为目标的,使得农用地转用过程中的耕地价值能够得以凸显,相关用地单位必须为耕地的经济价值、社会价值和生态价值付出相应的代价。因此从社会最优的角度考虑,必须使土地利用的外部性成本内部化,促进土地利用的社会经济效益最大化,而在这一过程中耕地资源也得到了保护。

（三）征地补偿费作用机理

如图 4-23 所示,根据埃文斯(Evens)模型,假定随着城市化的发展,城市边缘有 OQ 数量的农地可转为市地,农地的平均收益曲线为 AA,市地需求曲线(或开发商的需求曲线)为 DD,农民考虑了安置补偿、不确定性以及未来地价变动趋势之后的土地供给曲线为 SHS。由于生命周期等原因,其中少部分农民愿意以低于农地平均收益的价格出租或出卖土地,所以 HS 曲线高于 AA。市场均衡时,土地出租或出卖的价格为 P_1,土地出租或出卖的数量为 OL。显然,农用地转为市地后,土地收益增加,由 OA 增至 OP_1,AP_1 为农民获得的土地增值。根据产权理论,AP_1 应为农民所得,但这部分收益是由城市化和土地用途转变造成的,政府要通过税收来调节土地收益分配。若政府征收 100% 的土地增值税,农民愿意出租或出售的土地数量仅为 OC,此时土地价格为 OP_3。显然,其他农民没有任何土地增值收益,所以农民就缺乏将农用地转为市地的激励,不愿意将农用地转为市地;若政府征收 50% 的土地增值税,则农民只能获得土地增值收益 AP_1 的一半,这时农民失地的损失也得不到补偿。因此,若政府征收 50% 的土地增值税,为了能够补偿农民的损失,土地供给曲线变为 SHS',土地出租或出卖的价格为 OP_2,土地出租或出卖的数量由 OL 减少为 OB,由此提高了土地集约利用水平。当前存在的问题是土地收益补偿不仅没有按照农民愿意提供的土地供给曲线 SHS 来进行补偿,致使失地农民无法维持正常的生活,而且也没有通过税收来调节农用地转为市地的规模和速度,从而也不利于土地集约利用。

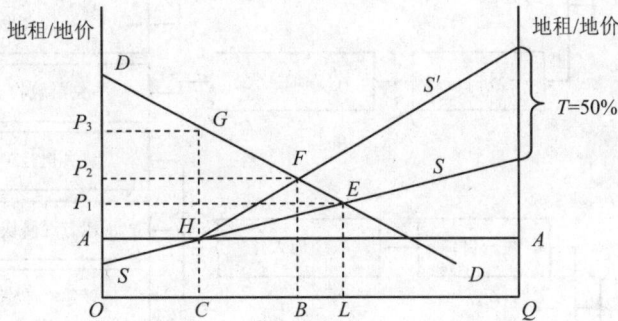

图 4-23 征地补偿费作用机理示意图

征地补偿费弥补了农民因为失去土地而造成的部分损失,使得农民愿意提供土地供给,使土地供给曲线由 SHS 向 SHS' 靠拢,土地供给数量逐渐由 OC 增加到 OB。当土地供给为 OB 时,农民获得的收益为 AP_2,农民、政府、用地单位之间的利益达到一个相对稳定的平衡点。

(四)新增费作用机理

农用地转用与保护不仅对农民和用地单位具有外部效应,对地方政府也不例外。农用地转用在很大程度上增加了地方政府的财政收入,促进了地方经济的快速增长,但其转用造成了耕地价值的流失,降低了区域社会效益和生态效益,却并未因此付出相应的代价,负外部性明显,而产生这些问题的主要原因在于中央政府与地方政府在农用地保护的目标上存在偏离,引起其在农用地保护中的决策差异,具体表现如下:首先,经济目标不一致。中央政府所追求的经济增长是整个国民经济系统的长期稳定增长,既关注增长速度,也关注质量提高。而地方政府所追求的经济增长是在任期内该地方的经济增长速度,关注的是短期经济增长速度。其次,政治目标不一致。维持社会稳定、保障公民的合法权益是中央政府的政治目标,而地方政府在追求短期经济快速增长的驱使下,可能不惜损害部分公众的利益,兴建一些"政绩工程",追求地方财政收入的最大化(图4-24)。

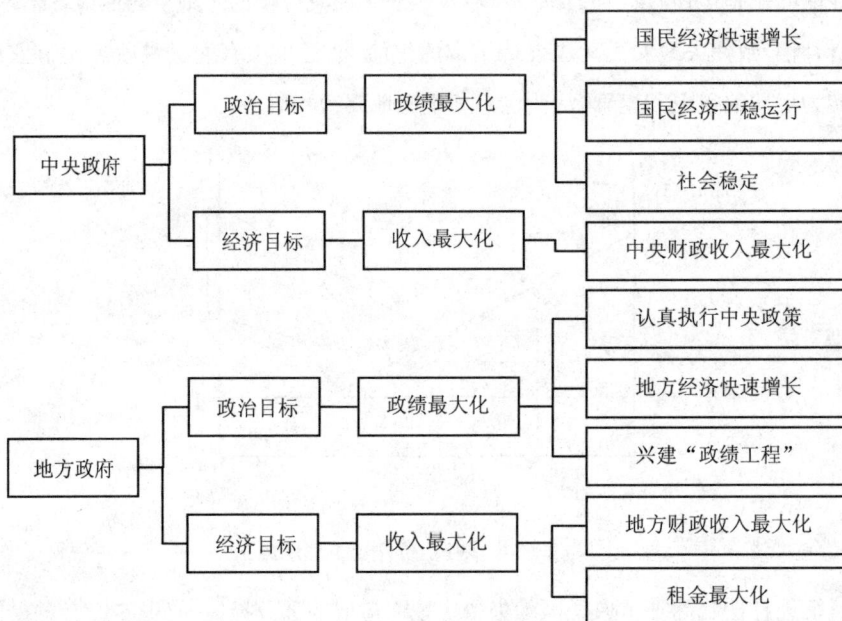

图4-24　中央政府与地方政府在农用地转用过程中的目标分异

图4-25可以说明地方政府与中央政府在农用地保护决策上的差异。假设地方政府土地财政收入与农用地转用面积呈正相关关系,但受制于一定时期内经济社会发展容量与中央政策的压力,农用地转用行为不可能无限扩大,存在一个约束上限。以横坐标表示农用地转用数量Q,纵坐标表示农用地转用行为的收

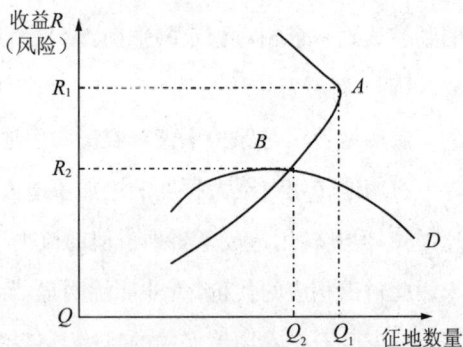

图4-25　新增费作用机理分析(1)

益(风险)R。随着农用地转用数量的增大,地方政府所取得的土地收益会不断提

高,但农用地转用风险也相应增大,政策规避成本不断升高。在中央政府土地宏观调控的背景下,地方政府存在一个农用地转用数量的极限,也即图4-25中的A点,此时获得的土地转用预期收益为R_1,当预期收益小于R_1时,地方政府在短期经济利益的驱使下会不断增大农用地转用的数量,直到预期收益最大化。在预期收益大于R_1的情况下,因为征地风险提高,地方政府农用地转用的数量反而下降,农用地转用行为的供给曲线出现回逆走向,说明在征地成本高或为了规避政策风险时,地方政府会减少农用地转用数量。鉴于农用地转用所获得的土地收益由中央与地方分成,中央政府也可在征地中获得一定的收益,地方政府转用农用地越多,中央政府所获得的分成收益越大。但中央政府与地方政府的目标存在差异,中央政府的某些目标是地方政府所忽视的,如国家粮食安全、社会经济稳定、生态环境保护等,对地方政府而言这些都是具有外部效应的,地方政府无法从中获利,也不会因耕地保护行为而得到补偿。但对中央政府来说这些都是不可或缺的,因而当地方政府过度转用农用地时,中央政府就会产生宏观政策监管需求,在图4-25中,中央政府农用地转用行为的需求曲线为D,在该区域中央政府也即整个社会的最佳利益点为B,即在农用地转用面积为B时,整个社会的生态、经济、社会效益才能实现最优,此时农用地转用的数量小于地方政府的需求,中央政府希望与地方政府形成合作博弈,并达到帕累托最优状态。然而对地方政府而言,在无土地税费调节的情况下,其需求曲线在A点前不可能达到平衡,因为负外部效应的存在,地方政策对农用地转用的行为并未付出相应的代价,导致政府征地收益依然大于其成本,农用地转用数量只会有增无减,也就是说,地方政府农用地转用行为的外部效应将会导致(Q_1-Q_2)单位的农用地存在过度非农化的倾向,对农用地的合理利用和保护产生负面影响。

新增费的设置正是以纠正地方政府农用地转用行为的外部效应为目标,使得在农用地转用过程中不仅用地单位需承担农用地转用的外部效应,地方政府也需为粮食安全价值、社会效益及生态效益的损失付出代价,如图4-26所示。对地方政府征收新增费从本质上提高了地方政府的农用地转用成本,降低了其所取得的土地收益,此时,地方政府出让城市已有建设用地所付出的成本可能会更小,因此地方政府农用地转用的供给曲线将向下平移。在相同条件下,由于新增费的征收,地方政府所能取得的土地收益将小于不实行新增费政策的情况,农用地转用面积的平衡点也会前移,由 Q_1 向 Q_2 趋近,而在新增费征收标准适当时,地方政府的最佳利益点 A 将与中央政府的农用地转用平衡点 B 重合,此时,中央政府与地方政府在农用地转用中的外部效应被完全纠正,达到了帕累托最优,也即通过征收新增费,地方政府最佳利益点同中央政府及整个社会群体的利益平衡点趋于重合。虽在农用地转用行为中,地方政府与中央政府仍有不同的考虑和出发点,但其利益平衡点相同,最终会选择对整个社会最有利的农用地转用面积,达到经济、社会、生态效益相统一,维护社会稳定,保障粮食安全的目的。

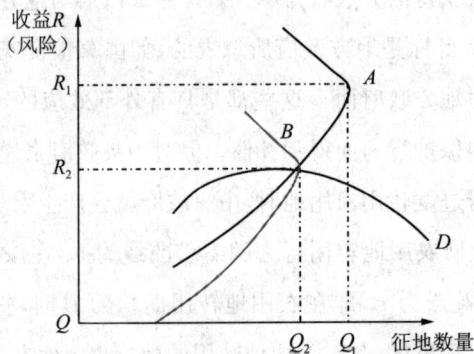

图 4-26 新增费作用机理分析(2)

第五章　农用地转用征收环节有关税费与
　　　　土地出让成本关系分析

第一节　国有建设用地出让形式与政策要求

国有建设用地供应计划是国民经济和社会发展规划中土地利用计划的组成部分,是有效控制土地供应总量,客观、准确地了解实际用地需求,科学安排国有建设用地供应,提高供地的科学性、针对性及合理性,促进土地供应的规范化、制度化、科学化以及经济和社会平稳可持续发展的重要措施。

1990 年 5 月 19 日,国务院颁布《中华人民共和国城镇国有土地使用权出让和转让暂行条例》(国务院令第 55 号),规定国有土地使用权出让可以采取拍卖、招标或协议三种方式;1995 年 6 月 28 日,国家土地管理局发布《协议出让国有土地使用权最低价确定办法》,规定了国有土地使用权协议出让最低价的确定办法;2002 年 7 月 1 日,国土资源部出台《招标拍卖挂牌出让国有土地使用权规定》(国土资源部令第 11 号),增加了国有土地使用权出让的挂牌出让方式,同时规定商业、旅游、娱乐和商品住宅用地必须采取拍卖、招标或者挂牌方式出让;2003 年 8 月 1 日,国土资源部出台《协议出让国有土地使用权规定》(国土资源部令第 21 号),明确了协议出让国有土地使用权的范围以及协议出让最低价的确定标准,原《协议出让国有土地使用权最低价确定办法》同时废止;2007 年 9 月 28 日,国土资源部出台《招标拍卖挂牌出让国有建设用地使用权规定》(国土资源部令第 39 号),将"国有土地使用权"的表述一律修改为"国有建设用地使用权",并将工业用地纳入招标、拍卖、挂牌出让的范围,明确此款规定的工业用地包括仓储用地,但不包括采矿用地,同时明确了国有建设用地使用权可以采取招标、拍卖或者挂牌出让的方式在土地的地表、地上或者地下设立。至此,国有建设用地出让方式主要有协议出让和公开交易(招标、拍卖、挂牌)两种。我国国有建设用地出让转让相关政策及相关具体条例见表 5-1。

表 5-1　中国国有土地出让转让相关政策

政策法规	具体规定	施行时间
《中华人民共和国城镇国有土地使用权出让和转让暂行条例》(国务院令第 55 号)	第十三条　土地使用权出让可以采取下列方式:(一)协议;(二)招标;(三)拍卖。	自 1990 年 5 月 19 日起施行
《招标拍卖挂牌出让国有土地使用权规定》(国土资源部令第 11 号)	第四条　商业、旅游、娱乐和商品住宅等各类经营性用地,必须以招标、拍卖或者挂牌方式出让。	自 2002 年 7 月 1 日起施行
《协议出让国有土地使用权规定》(国土资源部令第 21 号)	第三条　出让国有土地使用权,除依照法律、法规和规章的规定应当采用招标、拍卖或者挂牌方式外,方可采取协议方式。 第五条　协议出让最低价不得低于新增建设用地的土地有偿使用费、征地(拆迁)补偿费用以及按照国家规定应当缴纳的有关税费之和;有基准地价的地区,协议出让最低价不得低于出让地块所在级别基准地价的 70%。 第九条　规定商业、旅游、娱乐和商品住宅等经营性用地,不得以协议方式出让;同一块地有两个或两个以上意向用地者的,也不得以协议方式出让。	自 2003 年 8 月 1 日起施行
《招标拍卖挂牌出让国有建设用地使用权规定》(国土资源部令第 39 号)	第二条　在中华人民共和国境内以招标、拍卖或者挂牌出让方式在土地的地表、地上或者地下设立国有建设用地使用权的,适用本规定。 第四条　工业、商业、旅游、娱乐和商品住宅等经营性用地以及同一宗地有 2 个以上意向用地者的,应当以招标、拍卖或者挂牌方式出让。前款规定的工业用地包括仓储用地,但不包括采矿用地。	自 2007 年 11 月 1 日起施行

第二节　国有建设用地出让情况

一、国有建设用地出让面积

1. 按出让方式分类

2010 年,全国建设用地供应总量 42.82 万公顷[1],其中出让土地面积 29.15 万公顷,占土地供应总量的 68.1%;划拨土地 13.61 万公顷,占总量的 31.8%。出让土地中,招拍挂出让土地 25.73 万公顷,占出让土地总面积的 88.3%。2005—2010 年,招拍挂面积、招拍挂出让比重均逐年递增,具体情况见图 5-1。

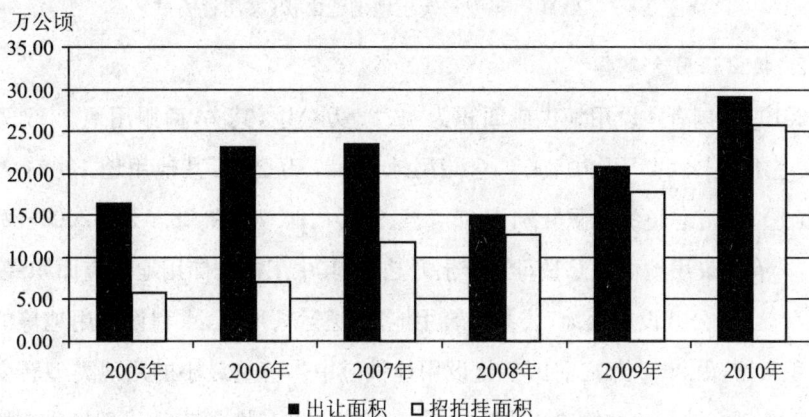

图 5-1　2005—2010 年全国建设用地出让情况

以西部的新疆、甘肃、陕西,东部的江苏、辽宁、福建和中部的河南、湖南、内蒙古 9 个典型省份为例,2008 年全国公开交易的地块在出让方式上以挂牌出让为主,拍卖出让次之,招标出让最少。从分区域情况来看,东部招拍挂出让面积最大,中部次之,西部最少[2]。2008 年典型省(区)土地出让面积(按出让方式)

〔1〕 国土资源统计快速年报,2010。
〔2〕 国土资源统计快速年报,2008。

见图 5-2。

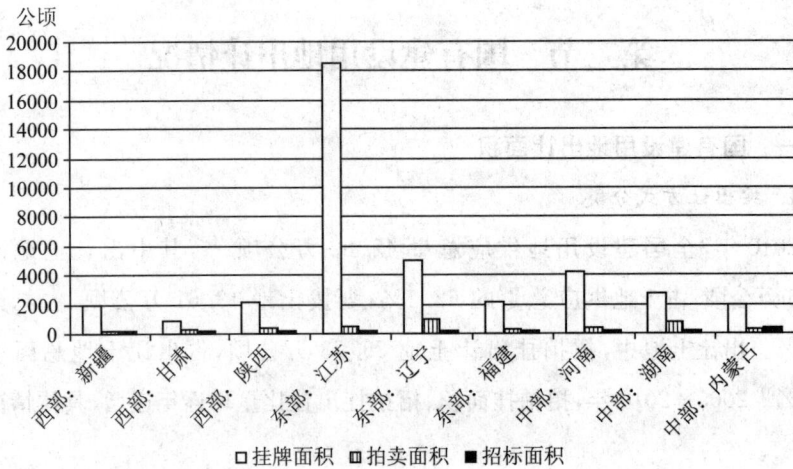

图 5-2　2008 年典型省份土地出让面积（按出让方式）

2. 按出让用途分类

2010 年，国有建设用地供应面积为 42.82 万公顷，其中，商服用地 3.87 万公顷，住宅用地 11.44 万公顷，工矿仓储用地 15.27 万公顷，其他用地 12.24 万公顷，占土地供应总量的比重分别为 35.7%、9.0%、26.7% 和 28.6%。2005—2010 年间，国有建设用地供应总量呈逐年上升趋势，其中工矿仓储用地供应面积最多，2008 年之后，公共设施用地、公共建筑用地、交通运输用地、水利设施用地等的供应面积激增，由 2008 年之前国有建设用地供应中供应量最小的用地类型转变为仅次于工矿仓储用地的第二大类用地[1]。2005—2010 年国有建设用地供应情况见图 5-3。

---

　　[1] 分析 2008 年之后中国国有建设用地供应中公共设施用地、公共建筑用地、交通运输用地、水利设施用地、特殊用地等其他用地类型供应面积剧增的原因，除人口规模的增长、经济发展水平的提升外，重大事件的影响也是重要的原因。2008 年的世界金融危机，中国政府为刺激内需，投资 4 万亿元到基础设施的建设中，初步估算未来两年落实 4 万亿投资项目需要 120 万亩建设用地；同时，2008 年的奥运会、2010 年的世博会和亚运会的举办使主办城市的振兴得以迅速推进，场馆、配套设施、交通基础设施等的建设均引起了建设用地规模的巨大变动。

万公顷

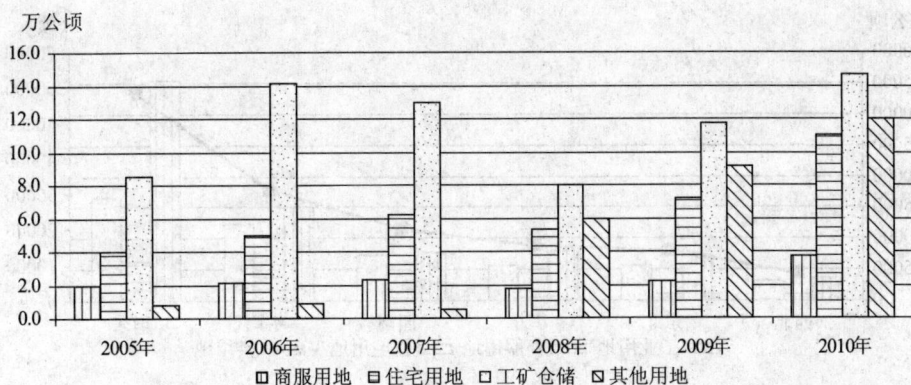

图 5-3　2005—2010 年国有建设用地供应情况

　　国有建设用地按出让用途主要分为商服用地、住宅用地和工业用地三种类型。2008 年全国建设用地共出让 151018.4 公顷,全国按出让面积可以分为 4 个梯度,其中华东地区出让面积最大,为 58387.14 公顷,占全国总出让面积的 38.66%,为第一梯度;中南地区次之,列为第二梯度;西南、华北和东北地区为第三梯度;西北地区出让面积最小,为 7835.85 公顷,仅占全国总出让面积的 5.19%,为第四梯度。各区域分用途出让面积中,工业用地出让面积均为最大,住宅用地次之,商服用地最小。2008 年全国分区域土地出让面积情况(按出让用途)见表5-2、图 5-4。

表 5-2　2008 年全国分区域土地出让面积情况(按出让用途)　　单位:公顷

区域	三类用地 总出让面积	工业用地 出让面积	商服用地 出让面积	住宅用地 出让面积
华北	15470.04	8027.40	1685.66	5756.98
东北	14045.67	7342.02	1086.08	5617.57
华东	58387.14	35464.72	6273.97	16648.45
中南	31330.43	15123.14	3747.54	12459.75
西南	20039.36	7848.83	4807.10	7383.43
西北	7835.85	3624.80	1102.68	3108.37

注:华北地区缺少山西省数据。

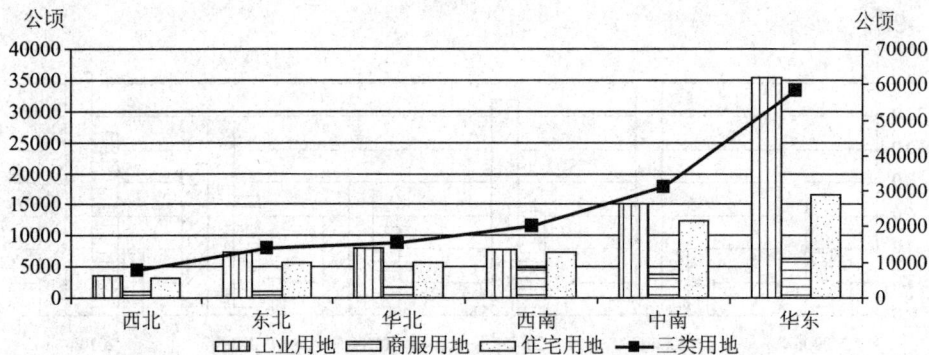

图 5-4 2008 年全国分区域土地出让面积情况(按出让用途)

综上所述,2005—2010 年,我国招拍挂出让土地面积及其占土地出让总面积的比重均逐年递增。2008 年全国公开交易地块以挂牌出让为主,拍卖出让次之,招标出让最少。从分区域情况来看,东部招拍挂出让土地面积最大,中部次之,西部最小。各区域分用途出让面积中均以工业用地出让面积最大,住宅用地次之,商服用地最小。

二、国有建设用地出让价款

1. 按出让方式分类

2010 年,全国建设用地总出让价款为 2.71 万亿元,其中,招拍挂出让价款 2.60 万亿元,占总出让价款的 96%。2005—2010 年,招拍挂价款及招拍挂价款占总出让价款的比重均逐年递增,具体见图 5-5。

以西部的新疆、甘肃、陕西,东部的浙江、辽宁、福建和中部的河南、湖南、内蒙古 9 个典型省份为例,2008 年全国公开交易地块挂牌出让价款最高,拍卖出让价款次之,招标出让价款最低。从分区域情况来看,东部招拍挂出让价款最高,中部次之,西部最低。2008 年典型省份土地出让价款(按出让方式)见图 5-6。

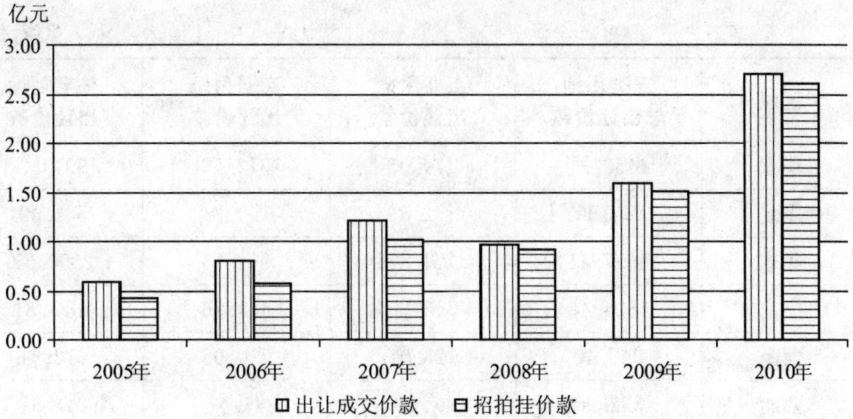

亿元

图 5-5　2005—2010 年全国建设用地出让价款情况

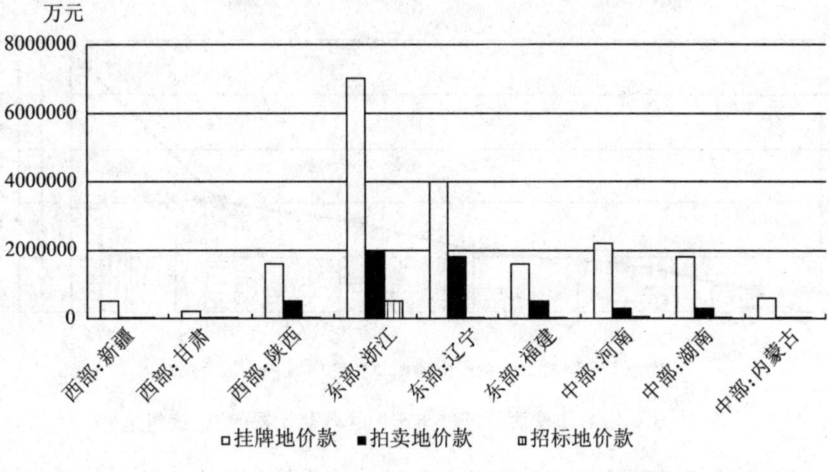

□ 出让成交价款　　▥ 招拍挂价款

万元

□ 挂牌地价款　　■ 拍卖地价款　　▥ 招标地价款

图 5-6　2008 年典型省份土地出让价款(按出让方式)

2. 按出让用途分类

2008 年全国建设用地出让地价款共 9739.2 亿元,按商服、住宅、工业三类用地分为三个梯度,其中华东地区出让地价款最高,为 4097.41 亿元,占全国总地价款的 18.53%,为第一梯度;中南和华北地区次之,为第二梯度;西南、东北和西北地区最低,为第三梯度。各区域出让地价款中均以住宅用地出让价款最高,商服用地出让价款次之,工业用地出让价款最低。2008 年全国分区域土地出让收益状况(按出让用途)见表5-3、图5-7。

表5-3　2008年全国分区域土地出让收益状况(按出让用途)　　单位:亿元

区域	三类用地 总出让价款	工业用地 出让价款	商服用地 出让价款	住宅用地 出让价款
华北	1482.97	179.05	312.57	991.35
东北	814.11	152.85	100.24	561.02
华东	4097.41	774.87	961.96	2360.58
中南	1804.46	313.89	461.76	1028.81
西南	948.40	126.01	210.08	612.31
西北	333.90	44.12	45.47	244.31

注:华北地区缺少山西省数据。

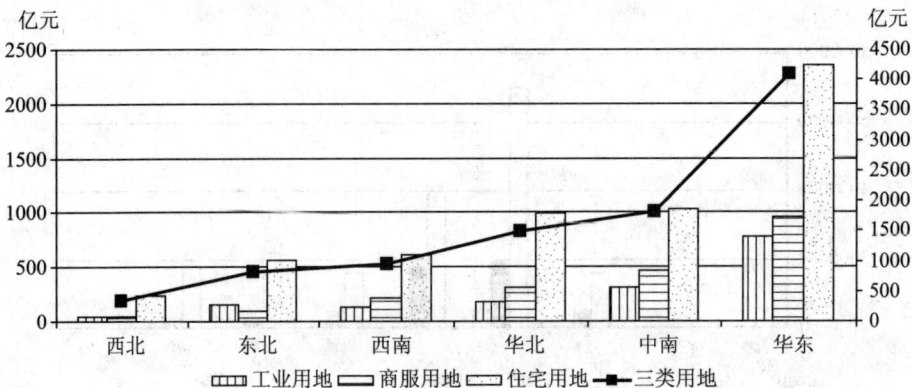

图5-7　2008年全国分区域土地出让收益状况(按出让用途)

综上所述,2005—2010年,土地出让招拍挂价款及其占土地出让总价款的比重逐年递增。2008年全国公开交易地块挂牌出让价款最高,拍卖出让次之,招标出让最低。从分区域情况来看,东部土地招拍挂出让价款最高,中部次之,西部最低。各区域出让地价款中均以住宅用地最高,商服用地次之,工业用地最低。

第三节　耕地占用税占土地出让价格的比重分析

随着近年来中国经济快速发展以及物价、地价水平的上涨，土地出让价格不断升高，2005 年以来，全国土地出让价款以平均每年 2506.6 亿元的速度增加，2009 年全国土地出让价款达 1.59 万亿元。而我国的耕地占用税仍然采用定额标准征收，并没有随经济发展进行相应调整，导致其在用地成本中的比重呈逐年下降的趋势。1987 年耕地占用税开始征收时，其在用地成本中的比重一般为 20% 左右，到 2005 年时已下降到不足 4%，2006 年全国 40 个重点城市的这一比重更是均低于 1%。

为了控制建设用地总量增长过快，工业用地低成本扩张，抑制违法违规用地、滥占滥用耕地，严把土地闸门，《国务院关于加强土地调控有关问题的通知》（国发〔2006〕31 号）要求提高城镇土地使用税和耕地占用税标准。2007 年 12 月 1 日，国务院发布《中华人民共和国耕地占用税暂行条例》（国务院令第 511 号），从 2008 年 1 月 1 日起施行，大幅度提高耕地占用税标准，在原有基础上提高了四倍，也因此提高了耕地占用税在土地出让价格中的比重。

以东部辽宁等 8 个省份、中部河南等 6 个省份以及西部甘肃等 5 个省份为例，2007 年，除海南、河南、新疆和云南外，其余省份耕地占用税在平均地价[1]中的比重均低于 1%[2]；2008 年，除浙江、天津、重庆、山西、辽宁外，其余省份耕地占用税在平均地价中的比重均高于 3%。从各省平均地价水平来看，2008 年超过一半省份的地价水平低于 2007 年；从 2007—2008 年各省份耕地占用税占平均地价比重的增加幅度来看，19 个省份平均增加了 512%，福建由于地价降幅较大，耕地占用税在平均地价中的比重增幅超过 1800%。2007—2008 年部分省份耕地占用税在平均地价中的比重见表 5-4、图 5-8。

---

〔1〕 平均地价＝总招拍挂价款/总招拍挂面积。
〔2〕 中国国土资源年鉴，2008。

表 5-4 2007—2008 年部分省份耕地占用税占平均地价的比重

区域	省份	平均地价 （元/m²）		耕地占用税标准 （元/ m²）		比重 （%）	
		2007 年	2008 年	1987 年	2008 年	2007 年	2008 年
东部	天津市	2547.66	1385.37	7	35	0.27	2.53
	辽宁省	947.24	841.30	5	25	0.53	2.97
	浙江省	1357.12	1158.05	6	30	0.44	2.59
	福建省	2583.69	649.35	6	30	0.23	4.62
	山东省	711.12	576.24	4.5	22.5	0.63	3.90
	广东省	1507.44	979.81	6	30	0.40	3.06
	海南省	320.31	627.55	6	20	1.87	3.19
中部	山西省	453.15	609.99	3.5	17.5	0.77	2.87
	内蒙古自治区	261.12	234.65	2.5	12.5	0.96	5.33
	安徽省	583.56	451.12	4.5	22.5	0.77	4.99
	河南省	429.36	527.09	4.5	22.5	1.05	4.27
	湖北省	681.50	591.63	5	25	0.73	4.23
	湖南省	512.81	556.33	5	25	0.98	4.49
	广西壮族自治区	488.26	392.05	4	20	0.82	5.10
西部	重庆市	994.42	1354.45	4.5	22.5	0.45	1.66
	云南省	201.65	353.61	4	20	1.98	5.66
	陕西省	994.45	644.97	4	20	0.40	3.10
	甘肃省	313.24	316.16	2.5	12.5	0.80	3.95
	新疆维吾尔自治区	178.99	197.60	2.5	12.5	1.40	6.33

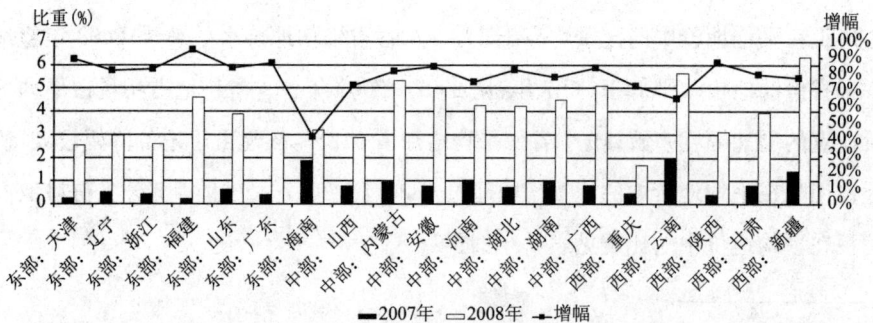

图 5-8 2007—2008 年部分省份耕地占用税在平均地价中的比重

一、按出让方式

通过引入市场竞争机制,采用招标、拍卖、挂牌方式出让土地,充分体现了市场经济公正、公开、公平交易的基本原则,提高了土地配置的透明度,进而规范了土地市场。同时,通过市场竞争机制显化了土地的价值,也在一定程度上体现为地价的上涨。

通常情况下,耕地占用税在某种出让方式的地价中所占比重越高,说明该出让方式的地价受耕地占用税的影响越显著,反之亦然。因此,通过 2007—2008 年新旧耕地占用税标准与不同出让方式地价的相关性分析,可以判断出耕地占用税对招标、拍卖、挂牌出让地价的不同影响程度。根据 Pearson 的相关分析结果,1987 年的耕地占用税标准与 2007 年招标、拍卖、挂牌地价均达到中度相关 $(0.5<$ 相关系数 $<0.8)$,且耕地占用税对挂牌地价影响最显著,招标地价次之,拍卖地价最低。2008 年执行新的耕地占用税标准后,耕地占用税对当年挂牌地价的影响最为显著,相关系数达 0.820,为高度相关(相关系数 >0.8);拍卖地价次之,影响程度与 2007 年差距不大;与招标地价相关系数最低,且低于 2007 年。综上,新的耕地占用税标准对地价的影响程度较 2007 年有所上升,在挂牌地价的变化上体现得最为明显。2007—2008 年耕地占用税标准与招拍挂地价的相关系数见表 5-5。

表 5-5 耕地占用税标准与招拍挂地价相关系数

耕地占用税标准	招标地价		拍卖地价		挂牌地价	
	2007 年	2008 年	2007 年	2008 年	2007 年	2008 年
1987 年	0.675**		0.557**		0.718**	
2008 年		0.542**		0.553**		0.820**

注:** $p<0.001$。

从耕地占用税在不同出让方式地价中的比重来看,2008 年东部的海南、山东和天津的耕地占用税占招标地价的比重较 2007 年有较大提高;东部的海南、福建以及西部的云南的耕地占用税占拍卖地价的比重较 2007 年有较大提高;东部的天津、福建的耕地占用税占挂牌地价的比重较 2007 年有较大提高。2007—2008 年部分省份耕地占用税在招拍挂地价中的比重见表 5-6,耕地占用税在招拍挂地价中的比重提高幅度见图 5-9。

表 5-6　2007—2008 年部分省份耕地占用税在招拍挂地价中的比重　单位：%

区域	省份	招标地价		拍卖地价		挂牌地价	
		2007 年	2008 年	2007 年	2008 年	2007 年	2008 年
东部	天津市	0.37	3.90	0.50	2.02	0.26	2.51
	辽宁省	2.29	6.52	0.26	1.66	0.80	3.36
	浙江省	0.20	0.49	0.18	1.28	0.58	3.11
	福建省	0.14	0.40	0.12	1.72	0.30	5.23
	山东省	0.79	9.70	0.44	2.83	0.67	4.11
	广东省	0.35	1.33	0.21	1.35	0.45	3.25
	海南省	0.41	8.22	0.29	3.11	3.29	3.02
中部	内蒙古自治区	2.52	15.36	0.66	2.80	0.94	4.99
	安徽省	0.42	3.58	0.33	2.71	0.98	6.36
	山西省	0.58	2.66	0.49	1.12	0.83	3.35
	河南省	0.68	1.74	0.77	3.75	1.10	4.43
	湖北省	0.98	2.06	0.67	3.33	0.72	4.42
	湖南省	0.58	2.38	0.81	3.03	1.00	4.82
	广西壮族自治区	0.33	11.17	0.39	4.04	0.99	4.83
西部	重庆市	0.61	3.15	0.14	0.70	0.63	2.32
	云南省	0.97	4.72	0.44	0.18	2.30	4.27
	陕西省	0.50	1.09	0.22	1.36	0.43	3.64
	甘肃省	0.54	1.92	0.20	1.73	1.45	4.92
	新疆维吾尔自治区	1.95	8.40	0.53	4.16	1.46	6.45

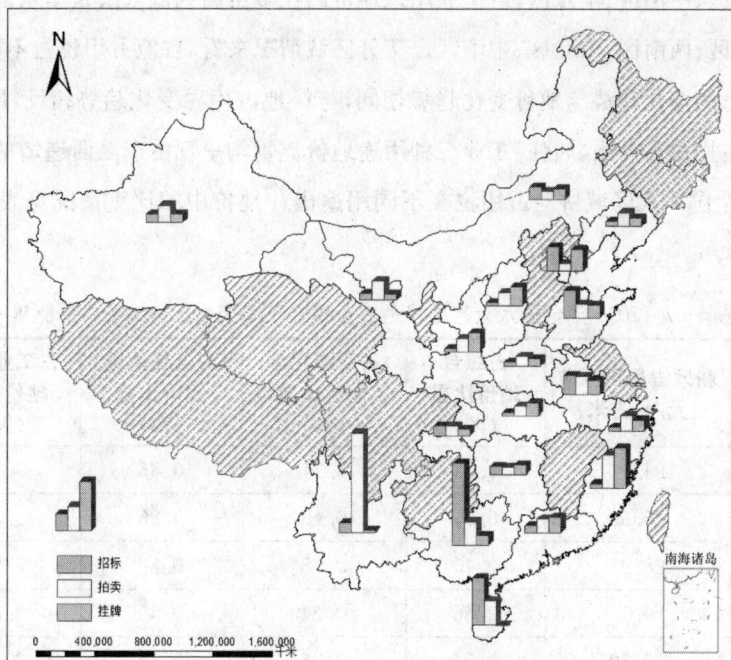

图 5-9　2007—2008 年部分省份耕地占用税在招拍挂地价中的比重提高幅度

从土地不同出让方式来看,2007—2008 年新旧耕地占用税在不同出让方式地价中的比重均以挂牌地价最高,招标地价和拍卖地价次之,且对挂牌地价与招标、拍卖地价的影响差距随新耕地占用税税额标准的提高而拉大。

二、按出让用途

在商服、住宅、工业三类用地出让类型中,工业用地的出让地价普遍低于商服用地和住宅用地的出让地价,因此耕地占用税占三种用途类型地价的比重有较大差异。以 2008 年各省份不同用途出让地价为例,耕地占用税与商服用地、住宅用地和工业用地地价的相关性分别为 0.706**、0.743** 和 0.901**。由此可见,耕地占用税对工业用地地价的影响最为显著,住宅用地地价和商服用地地价次之。

从 2010 年全国各区域耕地占用税占不同用途出让地价的比重来看,在全国范围内耕地占用税占各用途地价的比重仍处于较低水平,仅有西北区超过 1%。耕地占用税占商服用地地价比重由高到低依次是西北区、华北区、东北区、西南区、中南区、华东区;占居住用地地价比重由高到低依次是西北区、东北区、华北区、西南区、中南区、华东区;占工业用地地价的比重由高到低依次是华东区、西北区、华北区、西南区、东北区、中南区。从分区域情况来看,耕地占用税占不同用途地价比重的变化趋势与地价变化趋势相同,与耕地占用税变化趋势相反,即 2010年耕地占用税占商服、居住、工业三种用途地价比重均呈现由东至西递增的趋势。2010 年全国六大区域耕地占用税在不同用途出让地价中的比重情况见表 5-7、图 5-10。

表 5-7 2010 年全国六大区域耕地占用税在不同用途出让地价中的比重

各区域	耕地占用税标准 (元/平方米)	占综合 地价比重 (%)	占商服用地 地价比重 (%)	占居住用地 地价比重 (%)	占工业用地 地价比重 (%)
华北区	24.50	0.73	0.71	0.46	3.17
东北区	20.00	0.95	0.48	0.86	2.32
华东区	28.93	0.40	0.18	0.28	5.55
中南区	20.75	0.55	0.24	0.35	2.07
西南区	19.50	0.54	0.26	0.43	2.48
西北区	24.00	1.49	0.88	1.22	4.29

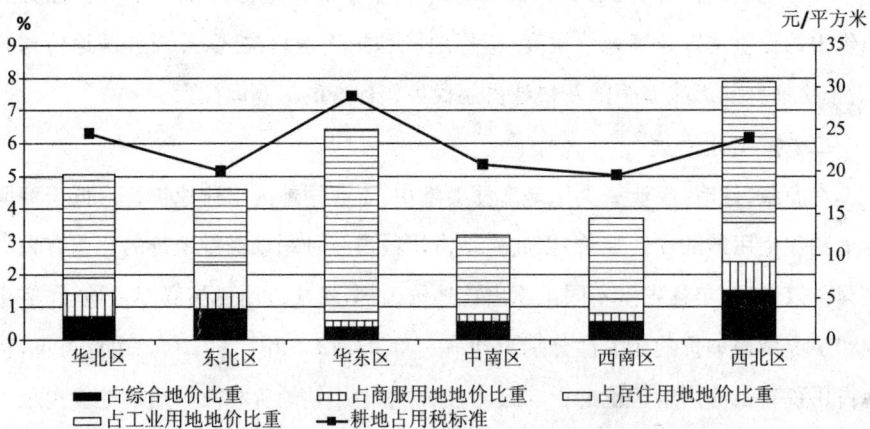

图 5-10 2010 年全国六大区域耕地占用税在不同用途出让地价中的比重

就省级层面而言,2008 年各省份耕地占用税占不同用途出让地价的比重,除北京、上海和辽宁外,占工业用地出让地价的比重均大于 10%;除宁夏外,耕地占用税占商服用地和住宅用地地价的比例均小于5%。从分区域情况来看,耕地占用税占不同用途地价比重的变化趋势与地价高低变化趋势相同,与耕地占用税税额标准的高低变化趋势相反,即2008年耕地占用税占商服、住宅、工业三种用途出让地价的比重均呈由东至西递增的趋势。2008年各省份耕地占用税在不同用途出让地价中的比重见图5-11、表5-8。

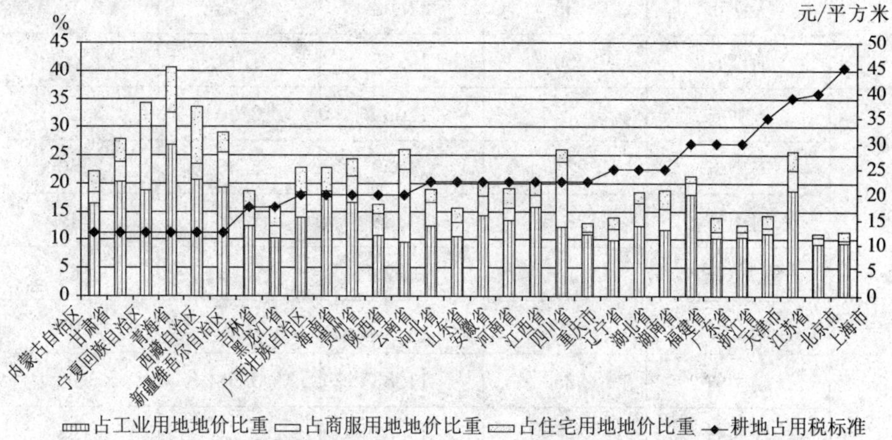

图5-11　2008年各省份耕地占用税在不同用途出让地价中的比重

表5-8　2008年各省份耕地占用税在不同用途出让地价中的比重

区域	省份	耕地占用税标准（元/平方米）	占工业用地地价比重（%）	占商服用地地价比重（%）	占住宅用地地价比重（%）
东部	北京市	40	9.28	1.20	0.57
	河北省	22.5	12.38	4.21	2.36
	福建省	30	17.91	2.22	1.12
	广东省	30	10.25	1.21	2.43
东部	广西壮族自治区	20	13.92	4.62	4.30
	海南省	20	17.60	1.05	4.12
	江苏省	39	18.57	3.82	3.24
	辽宁省	25	9.87	2.09	1.90

续　表

区域	省份	耕地占用税标准 （元/平方米）	占工业用地 地价比重 （%）	占商服用地 地价比重 （%）	占住宅用地 地价比重 （%）
东部	山东省	22.5	10.56	2.60	2.49
	上海市	45	9.36	0.58	1.41
	天津市	35	11.08	1.03	2.16
	浙江省	30	10.35	1.14	1.02
中部	吉林省	17.5	12.50	2.90	3.23
	安徽省	22.5	14.30	3.58	2.50
	河南省	22.5	13.35	2.25	3.49
	黑龙江省	17.5	10.28	2.07	3.63
	湖北省	25	12.45	4.00	2.03
	湖南省	25	11.83	3.68	3.25
	江西省	22.5	15.84	2.21	2.28
	内蒙古自治区	12.5	16.53	1.96	3.72
西部	甘肃省	12.5	20.40	3.52	4.01
	贵州省	20	16.66	4.64	3.04
	宁夏回族自治区	12.5	18.87	11.16	4.16
	青海省	12.5	26.87	5.77	8.01
	陕西省	20	10.70	3.85	1.72
	四川省	22.5	12.27	11.63	2.05
	西藏自治区	12.5	20.60	2.85	10.15
	新疆维吾尔自治区	12.5	19.24	6.32	3.52
	云南省	20	9.57	12.91	3.57
	重庆市	22.5	10.96	0.46	1.58

注：缺少山西省数据。

第四节　耕地占用税占工业用地出让最低价标准的比重分析

近年来,随着中国工业化、城市化进程的不断推进,一些地方在招商引资过程中竞相压低地价,甚至以零地价或负地价出让工业用地,助长了大量低水平重复建设,破坏了公开、公平、竞争有序的市场环境,造成了国有资产的大量流失,损害了农民的土地财产权益。为加强对工业用地的调控和管理,保障土地所有者的合法权益,促进土地节约集约利用,国土资源部于 2006 年 12 月 20 日公布了《全国工业用地出让最低价标准》,将全国工业用地划分为 15 等,最低价在 60～840 元/m²之间,明确规定工业用地必须采用招标拍卖挂牌方式出让,其出让底价和成交价格均不得低于所在地土地等别相对应的最低价标准。全国工业用地出让最低价标准分级图见图 5-12。

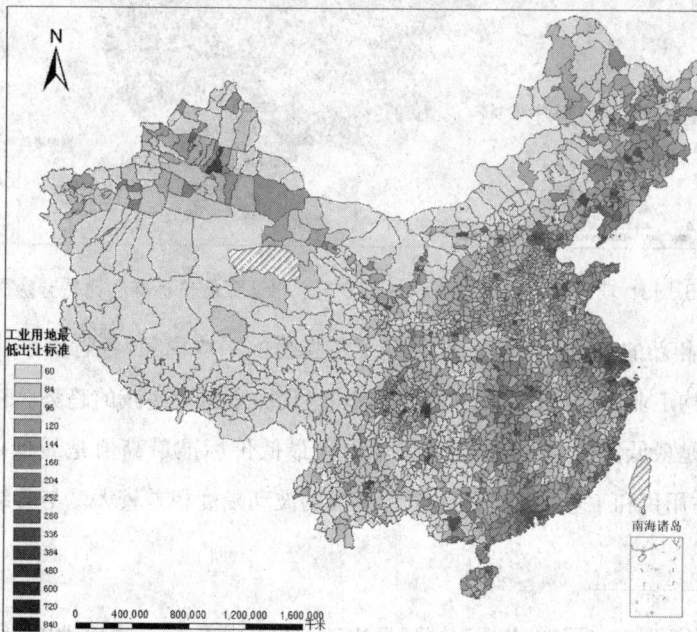

图 5-12　全国工业用地出让最低价标准分级图

在商服用地、住宅用地、工业用地三种出让类型中，工业用地的出让面积最大，出让地价最低。因此，耕地占用税占工业用地出让最低价标准的比重是各类出让地价比重中的最大值。以 2008 年新的耕地占用税税额标准计算，可将全国分为小于 20%、20%～40% 和 40%～80% 三个等级。本书所统计的 23 个省份中，大部分地区处于第二等级，即 20%～40%。典型区域耕地占用税占工业用地出让最低价标准的比重分级见图 5-13。

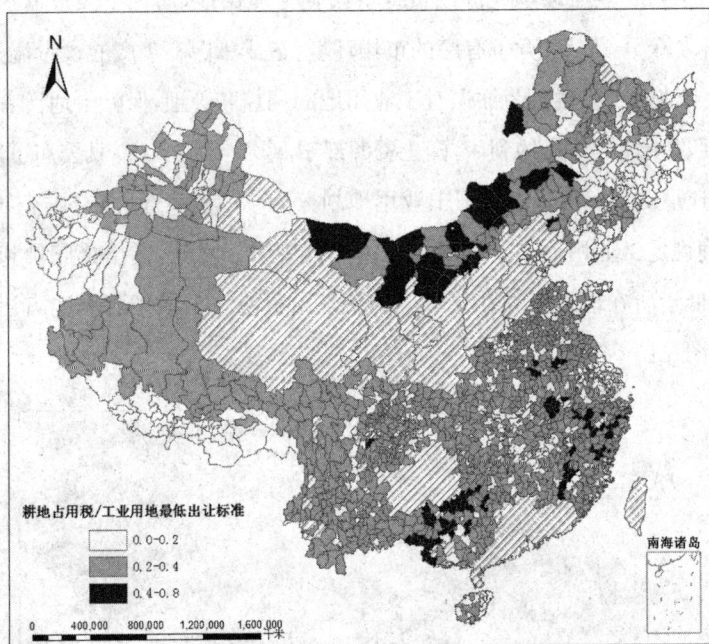

图 5-13 典型区域耕地占用税占工业用地出让最低价标准的比重分级图

2008 年新的耕地占用税标准明确了各省份的平均税额，各省份平均耕地占用税与平均工业用地出让最低价标准[1]均呈现由东至西递减的趋势。耕地占用税最高值是最低值的 3.6 倍，工业用地出让最低价标准最高值是最低值的 5.6 倍，耕地占用税和工业用地出让最低价标准的波动幅度相差较大。与县级耕地占

---

〔1〕省级平均工业用地出让最低价标准根据各省（区、市）所辖县（区、市）工业用地出让最低价标准以面积加权法求得。

用税占工业用地出让最低价标准比重不同,在省级层次上该比重的差异性较小,分布在12.77%~28.48%之间。虽然各省份耕地占用税波动幅度较小,但耕地占用税占工业用地出让最低价标准的比重并没有与工业用地出让最低价标准呈现剪刀差趋势,各省份平均耕地占用税与工业用地出让最低价标准见表5-9、图5-14。

表5-9　各省份平均耕地占用税与工业用地出让最低价标准

区域	省份	耕地占用税税额标准(A) (元/平方米)	工业用地出让最低价标准(B) (元/平方米)	A/B (%)
东部	北京市	40	308	12.99
	天津市	35	248	14.11
	河北省	22.5	103	21.84
	辽宁省	25	150	16.67
	上海市	45	334	13.47
	浙江省	30	143	20.98
	江苏省	30	172	17.44
	福建省	30	116	25.86
	山东省	22.5	135	16.67
	广东省	30	186	16.13
	广西壮族自治区	20	102	19.61
	海南省	20	144	13.89
中部	山西省	17.5	101	17.33
	内蒙古自治区	12.5	72	17.36
	黑龙江省	17.5	100	17.50
	吉林省	17.5	137	12.77
	江西省	22.5	99	22.73
	安徽省	22.5	113	19.91
	河南省	22.5	99	22.73
	湖北省	25	122	20.49
	湖南省	25	118	21.19

续　表

区域	省份	耕地占用税税额标准（A） （元/平方米）	工业用地出让最低价标准（B） （元/平方米）	A/B （%）
西部	云南省	20	78	25.64
	重庆市	22.5	100	22.50
	贵州省	20	74	27.03
	四川省	22.5	79	28.48
	宁夏回族自治区	12.5	91	13.74
	青海省	12.5	67	18.66
	陕西省	20	92	21.74
	甘肃省	12.5	91	13.74
	西藏自治区	12.5	60	20.83
	新疆维吾尔自治区	12.5	79	15.82

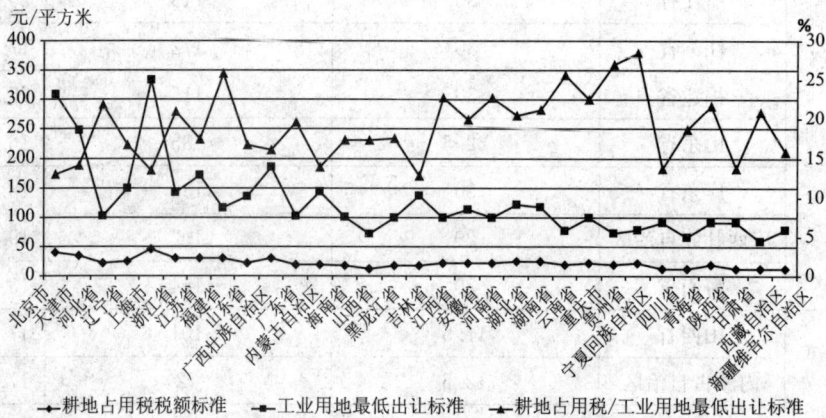

图 5-14　各省份平均耕地占用税与工业用地出让最低价标准

　　因此,从不同出让用途来看,2008 年耕地占用税对工业用地出让地价的影响最为显著,且在全国范围内耕地占用税占不同用途出让地价的比重呈现由东至西递增的趋势。

第六章　农用地转用征收环节土地税费 与城市地价关系分析

　　土地作为一种自然资源,是资源资产的重要组成部分。农用地向非农建设用地转换意味着土地所有权和使用权的让渡,必须支付合理的价格。我国农用地转用价格演进大体可划分为三个阶段:新中国成立后到农村公社化之前——价格客观存在时期;农村公社化到 20 世纪 90 年代《土地管理法》实施前——价格不存在时期;《土地管理法》实施至今——显化集体土地资产,合理确定集体土地价格呼声日涨时期。[112]

　　我国农用地转用长期以来实行的都是计划经济体制下的管理模式,征地补偿价格也是行政定价,市场没有在其中发挥应有的作用。《国务院关于深化改革严格土地管理的决定》(国发〔2004〕28 号)要求各省份"制订并公布各市县征地的统一年产值标准或区片综合地价"。《农用地估价规程》(GB/T28406 - 2012)规定:农用地征用区片综合地价由农用地质量价格和社会保障价格构成。这与按农业产值定价的征地补偿价格相比有了一定的改进,但仍未走出原有的制度框架,依旧停留在行政定价的基础上,还属于价格计划形成机制。当前的区片综合地价是以行政定价方式对微观层面瞬息万变的农用地转用市场价格进行规定的,在我国垄断土地供应一级市场的情况下,其存在尚具合理性,但仍属过渡性质。

　　城市是人类社会长期发展的结果,城市土地是人类生活和社会经济活动的主要载体。在市场经济条件下,城市土地作为重要的生产要素,价格机制对其合理配置和有效利用起着十分重要的作用。[113]作为土地市场运作的重要信息和价值判断标准，城市地价受城市经济、政治、人口等众多因素的综合作用，在现实经济生活中居于核心地位，在调节城市土地利用、优化土地资源配置等方面的杠杆作用日趋明显。因此，研究我国城市土地价格差异的影响因素及其作用机制对政府的土地管理和企业的房地产投资决策都具有重要意义。

第一节　农地价格与市地价格关系及增值收益分配

目前，中国正处于城市化快速发展时期，土地利用方式也正经历着前所未有的变化：城市不断扩张加速了农用地转变为城市用地的进程，城市景观逐渐替代了农业、自然用地为主的景观。这一转变在推动经济社会发展、加快城市化进程的同时也引发了不少问题，如耕地数量减少、生态环境破坏、农民与征地单位矛盾加剧等，形成了市地扩张与粗放利用、农地减少与低效利用并存的现象。为了有效降低城市扩张的不良影响，有必要理顺农地价格与市地价格之间的关系。

我国城乡土地市场呈现二元分割特征，城乡土地在产权、用途、价格、规划、管理等方面都表现出截然不同的特征。城镇国有土地市场经过土地有偿使用制度改革，基本建立起较为完善的地价体系，而农村土地市场尽管存在大量的市场交易行为，但是在政策和制度上并没有得到认可，相应的价格体系也不完善。

目前，绝大部分城市用地是由农用地转用而来的，而农用地与城市土地价格之间也存在直接的因果联系，只是二元分割的土地市场割裂了这种关系。当前我国正处于城市化加速期，每年有大量的农用地转变为城市用地，农用地转用过程中的土地增值收益绝大部分被地方政府和土地开发商攫取，土地增值收益分配关系混乱，作为农用地所有者的农民集体基本上被剥夺了参与收益分配的机会，相应的既有利益没有得到有效保障。[114,115]

一、农地价格体系

农地价格是农用地未来收益的资本化，目前我国农用地的收益存在三种状态：现实收益、纠正了农用地收益扭曲因素后的真实收益和考虑农用地利用外部收益的完整收益。与之相应，农地也存在三种价格水平：现实的农用地收益价格、真实的农用地收益价格和完整的农用地收益价格。其中,现实的农用地收益是利用农用地从事农业生产时实际获得的净收益,即农业总收益扣除农业生产费用后的余额;真实的农用地收益则是纠正了农用地收益扭曲失真因素后的农用地收益。

　　我国农业生产存在许多导致农用地收益扭曲失真的因素。首先,农用地具有多宜性,农业生产的投入与管理存在巨大差异,通常农用地的实际收益远低于潜在收益,也不一定符合农用地最佳利用方式与强度下的最佳潜在收益,而且农业产业结构优化升级潜力也可能带来更高的收益;其次,长期存在的工农产品价格剪刀差也扭曲了农用地的真实收益,有研究表明剪刀差修正前的农用地收益价格仅占修正后农用地收益价格的 40%;再次,农业生产费用应涵盖农业生产的全部直接和间接费用,但在农业生产社会化程度不高的情况下,直接成本中的人工成本被忽略,不少间接费用也被遗漏(如农村各类生产生活建筑物折旧及维修费),为消除农用地利用负外部性而采取的农用地生态损害治理费用等也没有纳入计算,收益和成本中的扭曲导致现实的农用地收益不准确。

　　除了上述问题,农用地收益中还存在一些难以用价值衡量,但是对农民而言属于实际收益的因素,如农用地的生存保障、养老、就业、继承、资产增值等效用。在我国覆盖城乡的社会保障制度没有完整建立起来之前,土地对于农民依然有很高的生存保障价值。因此,真实的农用地收益就应该是修正了各类导致农用地收益扭曲因素后的农用地收益。只有把农用地的外部收益也纳入农用地价格,才是完整的农用地收益价格。根据外部经济理论,农用地利用具有极强的正外部性特征,如果农用地被转用,那么外溢的社会和生态效益将丧失,如净化空气、美化环境、维护生态平衡、维护生物多样性等生态价值,保障粮食安全、保障就业、维护社会稳定等社会价值,以及农用地对人类社会的精神价值等。完整的农用地收益就是在真实农用地收益的基础上将农用地的外部效益纳入考虑范围,因此完整的农用地价格将大大超过现实的农用地价格。这些由外部效益形成的土地价格如果能够得到承认,用作农业用途的收益价值可能会远高于转用后的非农用途的收益价值,这将有利于对农用地的保护。

二、市地价格体系[116]

在现行政府主导型征地模式下的农用地转化过程中,依次会经过土地规划、土地征收和土地开发等若干环节,农地在转变为市地的过程中,依据时间先后关系存在三种价格,分别是征地补偿价格、土地出让价格和土地市场价格。

我国现行的征地补偿价格包含土地补偿、安置补助、青苗和地上附着物补偿,主要采取农用地产值倍数方法(即以农用地前三年平均年产值为基础)确定。为了降低征地补偿谈判成本,提高征地效率,同时也保障被征地农民的利益,全国各地先后开展了实施征地统一年产值标准和征地区片综合地价的改革。对征地制度改革的主流思想是严格限制土地征收的公益目的范围,提高征地补偿安置水平,但在实施过程中仅能略微提高征地补偿标准,政府通过"先征后让"攫取了农用地转用的高额增值收益,工业化、城市化快速发展的成果没有惠及广大农民。而且在现有征地制度下,已经形成了强大的既得利益团体,占统治地位的集团竭力维护现有制度,并反对各种企图通过制度路径替代的其他利益集团的活动,非绩效的制度变迁可能陷入"锁定"状态而长期存在。这种改良式的征地制度改革难以根除征地制度固有的弊端。

土地出让价格是在土地一级市场上,政府部门通过协议、招标、拍卖和挂牌交易等形式,将一定年限内、一定使用条件的建设用地使用权有偿出让给用地者的价格。土地收购储备制度使得各级地方政府垄断一级土地供应市场的能力显著增强,城镇国有土地价格市场化程度越来越高。但国有土地出让一直存在信息公开不充分、操作不规范、公开程度不足等问题,市场机制也没有在土地出让价格形成过程中充分发挥作用。

土地市场价格是以土地的市场收益为基准的价格水平,是完全市场化的价格水平。合理的出让价格应该是以土地市场价格为基础,扣除土地开发成本、投资资本利息以及合理利润(社会平均利润率)的价格。目前出让价格和土地市场价格相差悬殊,说明土地市场的地价中包含了相当比例的土地增值收益,而这种土地增值本应属于地租性质,应为土地所有者所享有,但现在却在房地产开发体制下被开发商所攫取。

把三种农用地转用后的土地价格连接起来看,农用地由农业用途转化为非农业用途后发生了显著的价值增值。在征地补偿价格和土地市场价格之间存在巨大的增值空间,但是这个增值部分目前主要被地方政府和开发商所占据,增值收益明显分配不均。土地收益分配制度改革应在农民、各级政府、土地开发商和房地产投资业主之间建立起合理的土地增值收益分享关系。农地价格与市地价格体系关系如图 6-1 所示。

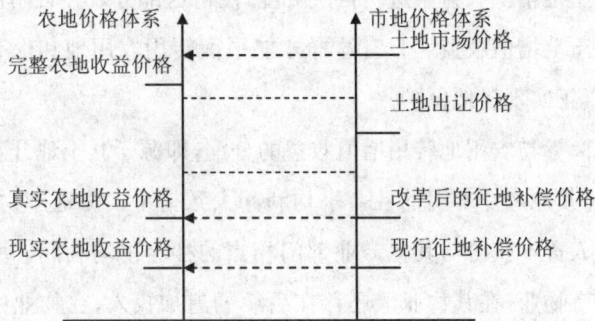

图 6-1　农地与市地价格体系和增值收益分配关系示意图[115]

三、农地转用后土地增值收益分配关系

依照地价的动力学模型,农用地转变为城市土地的过程中,由农地地价到市地地价存在差价的原因主要是区位因素、转换投资和发展溢价。农用地转用增值收益应由参与转用的各主体根据增值原因进行增值收益分配。农用地转用过程中的参与主体包括:土地所有者、农村农民集体经济组织、用地者(包括土地开发商和房地产投资业主)、各级政府机构(包括地方政府和中央政府)等。农村农民集体经济组织作为土地所有者,应该获得农用地转用过程中农用地地租形成的农用地地价部分,以及部分土地转用增值溢价。现行征地补偿制度中,对被征收农用地的补偿标准是根据现状用途现实收益的一定倍数来确定,这种补偿标准与农户从农用地利用中得到的真实收益有相当的差距,因此农民在土地征收中普遍感觉土地权益受损,由此引发了一定的农民反抗行为[1]。征地制度改革需要提高征地补偿标准,而在补偿标准方面也应明确为"以农民来自土地的全部直接收益

---

〔1〕　中国社科院农村发展研究所、中国人民大学农业与农村发展学院、《瞭望》新闻周刊等调查显示,征地矛盾和冲突占农村社会冲突的 50% 以上。

与间接收益为基础折算的土地价值"。另外，土地转用后建设用地的直接利用价值远超过农用地的直接利用价值，这种增值溢价是土地发展权价值的体现，农民也应有权部分获取。我国实行严格的耕地保护制度，因而在农用地转用时必须保有一定数量的优质农用地资源，这部分保有农用地的农民集体会因此失去本该得到的土地转用增值收益的机会，而他们保有农用地存在显著的正外部收益，因而应该从转用的土地增值收益中进行再次分配，使得这部分放弃转用机会的农用地也能参与分享土地增值收益。只有这样才能平衡转用农用地和保有农用地的巨大利益差异，真正实现耕地保护。

土地开发商参与农用地转用增值收益的分配，即源于其土地开发投入资本的正常利润，应与其他产业部门的社会平均利润大致持平。房地产物业投资者，也应该按照其投入资本获得与其他产业部门相当的社会平均利润。由于房地产物业业主长期持有物业，在其物业上还存在后续的追加投入，在物业区位的改善中发挥了积极的作用，因而可以参与分享区位地租形成的部分地价。

在农用地转用过程中，政府主要扮演社会管制者的角色，因而其参与农用地转用增值收益分配应主要通过税收和行政规费等方式来实现。行政规费，包括行政性收费和事业性收费，是行政机关在提供准公共产品或服务、国有资源类产品，实施行政管理的过程中，依据成本补偿原则、受益原则和效率原则，针对受益人或行政被管理者收取的与服务成本或管理成本相当的费用，其性质属于政府的非税收入。农地转用过程中，需要政府提供规划管理、产权产籍管理、耕地保护、生态环境保护等准公共产品或服务，因而根据成本补偿原则，政府可以设置相关的行政规费，向参与转用的直接交易方收取规费。针对农用地转用，可在对现行规费进行细致梳理的基础上确定合理的收费项目和收费标准。

土地税收既是政府参与土地收益分配的形式，也是具有经济调控功能的杠杆。在我国城镇国有土地有偿使用制度改革过程中，国有土地税制在理论和实践上都有较为显著的成就。但在农用地领域，相关税收制度主要针对农地农用部分，而对农用地转用以及转用过程中的相关收益分配基本没有涉及，税收杠杆对调节农用地转用行为及其收益分配没有起到应有的作用。为了规范政府对农用地转用收益的分配，调节农用地转用过程中的巨额土地增值收益，以及转用过程中可能出现的外部不经济,有必要进一步进行税制改革,调整农用地转用行为的税收手段。

第二节　农用地转用征收环节土地税费与城市地价关系分析

目前,国内外对城市地价影响因素的研究主要集中于影响因素的判别与量化,研究方法与研究模型改进等方面。有学者从供给与需求、宏观与微观等角度对地价影响因素进行了分类,综合各类影响因素选择指标,通过模型参数检验分析确定影响研究区域地价水平的主要因素[117—120];也有学者侧重于研究某一种或某一类地价影响因素对地价水平的作用程度和作用机制。[121—124]在研究方法和研究模型选择方面,应用较为广泛的包括基于截面数据的特征价格模型(Hedonic Price Model)以及基于面板数据(Pooled Time Series and Cross-sectional Data)的时间序列—截面模型(Panel Data Model)等。总结目前地价影响因素的研究,虽然研究方法和研究模型众多,在影响因素上也进行了宏观和微观的划分,但普遍忽略了不同尺度、不同层次主体间的相互影响作用,在实证研究中多将各类因素归为同一影响层面进行处理,最终得到的结果往往是多尺度、多层次的综合作用。这种忽略不同层次影响因素相互作用的研究方法,容易导致研究结果隐藏部分真实差异[125],特别是在对个体进行重复测量的模型中,规定所有时点都具有相同的方差更是会使研究结果出现重大偏差。[126]本研究通过对全国105个土地市场发育较好城市2008—2010年的分季度地价数据建立城市地价差异影响因素的多层线性模型,研究省域和市域层次的影响因素对城市地价水平及地价变化趋势的影响机制,并分析各影响因素的贡献度。

一、研究方法

1. 多层线性模型

许多社会科学研究都涉及具有嵌套结构的数据,对于这类数据,传统的回归分析方法采用"集中"和"分解"两种方式将问题进行简化,其结果往往忽略了个体效应或组织效应。[127]多层线性模型(HLM, Hierarchical Linear Models)是用于分析具有嵌套结构特点数据的一种统计分析技术,它的出现有效地解决了组织效应(或背景效应)的求解问题。[128]多层线性模型通过对不同层次数据分别建立回归模型,分离了不同空间尺度与管理层次的解释变量对因变量的影响,进而分析不同层次解释变量之间的相互作用及其对因变量的作用程度。

与传统线性回归模型相比,多层线性模型在参数估计方法与算法、模型假设以及数据要求上都更具有优势。第一,传统线性回归模型采用普通最小二乘法(OLS)进行参数估计;多层线性模型采用期望最大化(EM)[129,130]、费舍尔得分法[131]、迭代一般最小二乘法(IGLS)[132]等算法进行参数估计,使得到的参数估计值更加稳定和精确。第二,传统线性回归分析取得有效估计和准确假设检验的条件是随机误差必须服从正态分布、独立且具有方差齐性;多层线性模型不要求满足后两项假设,事实上,由于分层数据结构的存在,不同组织随机误差的方差一定不相同,又由于同组织中的个体受到相同组织特征的影响,个体层次的误差方差一定相关。第三,传统线性回归模型要求数据必须为完全平衡的数据,即每组数据都具有相同的观测数,当数据不平衡时,就无法对方差和协方差进行估计;多层线性模型由于采用迭代算法进行参数估计,当数据不平衡时也可以对方差和协方差进行估计。

2. 个体发展模型

个体发展模型就是应用对相同个体多个时点上的有效测量,研究个体发展结构和个体预测变量之间关系的模型,是一种纵向研究模型。在地价的个体发展模型中,某一时点的地价水平值和一段时期内的地价变化趋势要通过对每个样本城市的多次追踪观测来确定,这些追踪观测值构成了模型的第一层数据;城市之间在地价水平值和地价增长率上的差异构成了模型的第二层数据。多层线性模型应用于个体发展研究中,将对相同观测对象的多次重复测量数据看作嵌套结构数据,分析组织中的个体随时间发展趋势的差异及产生差异的原因。[133]个体发展模型具体形式如下:

第一层

$$Y_{ij} = \pi_{0j} + \pi_{1j}a_{ij} + e_{ij}$$

第二层

$$\pi_{0j} = \beta_{00j} + \beta_{01j}X_j + r_{0j}$$

$$\pi_{1j} = \beta_{10j} + \beta_{11j}X_j + r_{1j}$$

其中，a_{ij} 为编码后的时间变量，π_{1j} 表示样本城市 j 在数据收集过程中的地价增长率，截距 π_{0j} 表示样本城市 j 在 $a_{ij} = 0$ 时的平均地价值，因此，π_{0j} 的具体意义有赖于时间变量 a_{ij} 的计量方式，本研究中 π_{0j} 表示 2008 年各城市地价水平值。X_j 为第二层解释变量，即市级层次影响地价水平值和地价增长率的指标因子，e_{ij}、γ_{0j}、γ_{1j} 为随机效应。

3. 组织研究中的个体发展模型

组织研究模型就是应用对相同个体不同空间尺度或管理层次预测变量的有效测量，研究个体成绩与不同层次预测变量关系的模型，是一种横向研究模型。建立地价组织研究模型的目的是为了探索省级影响因素对地价的影响及其与市级影响因素的交互作用。组织研究中的个体发展模型就是在个体发展模型中添加第三层省份之间在平均地价水平值、平均地价增长率以及地价水平值和地价增长率差别效应 β_{0ij} 和 β_{1ij} 上的差异。多层线性模型在组织研究中的应用从建立零模型入手，即不包含任何解释变量的最简模型。在零模型中，方差成分被分解为市级随机效应方差估计值 σ^2 和省级随机效应方差估计值 τ_{00} 两部分，分别代表组内方差和组间方差，据此可以计算组内变异指数：

$$\rho = \frac{\sigma^2}{\sigma^2 + \tau_{00}}$$

根据经验判断，当组内变异指数小于 94.1%，即因变量的变异中超过 5.9% 来自高一层次时，就需要在统计建模处理中考虑如何处理组织效应。零模型建立后，通过在模型中逐一引入省级解释变量来构建完整模型。组织研究中个体发展完整模型的基本形式如下：

第一层

$$Y_{tij} = \pi_{0ij} + \pi_{1ij}a_{tij} + e_{tij}$$

第二层

$$\pi_{0ij} = \beta_{00j} + \beta_{01j}X_{ij} + r_{0ij}$$

$$\pi_{1ij} = \beta_{10j} + \beta_{11j} X_{ij} + r_{1ij}$$

第三层

$$\beta_{00j} = \gamma_{000} + \gamma_{001} W_j + \mu_{00j}$$

$$\beta_{01j} = \gamma_{010} + \gamma_{011} W_j + \mu_{01j}$$

$$\beta_{10j} = \gamma_{100} + \gamma_{101} W_j + \mu_{10j}$$

$$\beta_{11j} = \gamma_{110} + \gamma_{111} W_j + \mu_{11j}$$

其中,截距 γ_{000} 代表总体平均地价水平值,γ_{100} 代表总体平均地价增长率,斜率 γ_{001} 代表省级地价影响因素对总体平均地价值和地价增长率的作用大小,斜率 γ_{111} 表示省级地价影响因素与市级地价影响因素的交互作用。每一层的解释变量对该层因变量的作用都是通过影响上一层解释变量对其因变量的回归方程中的截距和斜率来实现的。

二、城市地价差异的影响因素

城市土地作为人类社会生存发展的基础和重要的生产要素,其影响因素众多且相互间作用关系复杂。按照对土地价格的影响范围来区分,驱动地价变化的因素主要有三方面:宏观经济和政策因素、区位因素、个别因素。[134]三类因素中,宏观经济及政策因素是影响城市整体地价水平变化的主导因素,区位因素和个别因素则分别对地块和宗地的地价变化具有显著的影响。[135]由于研究是以城市整体地价水平为研究对象,故应选取在宏观上对区域整体地价水平产生影响的全局性因子。

传统的城市地价影响因素多从供给和需求两个角度选取指标,但随着近年来我国土地资源配置市场化改革的深入,体制性和政策性因素已逐渐成为影响城市地价水平的重要因素。一方面,土地招标拍卖挂牌出让机制的引入以及相关国有土地出让政策的出台,为我国建立公开、公正、公平的土地市场环境创造了条件,使土地资源在竞争中得到优化配置,也影响着城市政府的土地供给行为;[136]另一方面,各种宏观调控政策和税收机制在省级行政层次的差异形成了影响城市地价水平的背景效应,土地市场内部由供需关系形成的价格演化过程和方向需要外界政策环境的不断调整和规范。因此,各种政策法规和税收机制对城市地价水平的管理和激励也是宏观上影响地价变化的一个主要方面。

综上所述,可以从城市土地需求、城市土地供给和法规政策管理三个角度选取城市地价的宏观影响因素指标。具体来说,需求层面包括房地产投资额、人口密度、城镇居民人均可支配收入三个反映社会经济发展状况和居民生活水平的指标;供给层面包括建成区面积、新增用地出让面积、招拍挂出让面积三个反映城市土地供给条件和供给方式差异的指标;法规政策管理层面,基于研究耕地保护政策对城市地价差异影响的考虑,选取了目前我国农用地转用征收环节征收数额较大,影响范围较广的耕地占用税、最低耕地开垦费、征地补偿费、新增建设用地土地有偿使用费四项税费作为反映城市所在省份的政策环境背景效应指标。

本研究选择的研究对象为列入全国城市地价动态监测系统统计的 105 个土地市场较发育的大中城市。地价数据来自中国城市地价动态监测网站[1],城市社会经济数据来自《中国城市统计年鉴》,城市土地出让数据来自《中国国土资源年鉴》,新增建设用地土地有偿使用费、耕地占用税等数据来自国土资源部发布的文件,征地补偿费采用省级征地补偿区片价资料,耕地开垦费按相关省级土地管理政策要求计算。具体数值见表 6-1。

表 6-1　地价影响因素的多层线性模型指标及数据描述性统计结果

	指　　标	单位	平均值	标准差	最小值	最大值
城市土地需求	房地产投资额(HOUSE_IN)	亿元	225.66	302.08	4.55	1908.70
	人口密度(POPU_IN)	人/m²	563.96	371.42	38.96	2454.31
	城镇居民人居可支配收入(INCOME)	元	16099.89	4542.36	8724.00	30275.00
城市土地供给	建成区面积(JCQ_AREA)	km²	194.96	201.91	38.00	1311.00
	新增用地出让面积(NEW_AREA)	hm²	371.84	370.71	0.00	1765.21
	招拍挂面积(ZPG_AREA)	hm²	738.86	687.18	24.41	3063.51
法规政策管理	耕地占用税(FARM_T)	元/m²	22.58	8.00	12.50	45.00
	最低耕地开垦费(RECLA_F)	元/m²	8.69	4.97	0.50	22.50
	征地补偿费(COMPEN_F)	元/m²	42.00	14.11	6.29	71.67
	新增建设用地土地有偿使用费(NEW_F)	元/m²	21.10	10.93	10.00	56.00

----

〔1〕　http://www.landvalue.com.cn/。

三、影响结果分析

应用 HLM6.06 软件进行地价差异影响因素的三层线性模型分析,模型的输出结果包含固定效应的估计值和随机效应方差估计值两部分,固定效应的数值反映了变量之间关系的方向及强弱,随机效应的方差估计值用以计算各解释变量对随机效应的解释方差比例。

由于省级层次的不同解释变量在第三层单位之间存在不同程度的样本缺失,以共有变量建立模型会大大减少第一层和第二层的样本量,在保证全部解释变量均引入模型中的前提下,会导致固定效应的估计结果不显著等问题。[137]因此建立两组模型,即不在模型第三层引入解释变量的大样本模型和引入第三层变量的小样本模型,其中,小样本模型作为省级影响因素的解释模型,由第三层随机效应的可靠性报告可知[1],各随机效应的方差估计值可靠性较高,计算得出的解释方差比例具有真实解释意义。

1. 地价水平值的影响因素分析

表 6-2 为不添加第三层解释变量的多层线性模型地价水平值模型结果。由表 6-2 可知,模型 1 的组内变异指数显示城市地价水平差异的 12.45% 是省级差异,87.55% 是市级差异,说明地价差异的影响因素是多层次的,省级因素对城市地价的影响不可忽略,采用多层线性模型分析可以使估计结果更准确。模型 2、3、4 为分别加入房地产投资额、人口密度、城镇居民人均可支配收入三个城市土地需求方面影响因素的模型。地价水平值模型结果显示,三个指标对地价值的作用方向均为正,其中,房地产投资额解释了地价水平值城市间差异的 79.90%,对地价水平有直接影响,是最大的解释因子;人口密度对地价值有微弱的推动作用,仅解释了城市间地价差异的 0.08%;而城镇居民人均可支配收入虽然对地价值有一定推动作用,但在控制了房地产投资额和人口密度两个指标后,其对地价值差异的解释作用并不显著。模型 5、6、7 为分别加入建成区面积、新增供地出让面

---

〔1〕 小样本模型中省级平均地价、房地产投资额对地价初值的作用、建成区面积对地价增长率作用的三个随机效应的可靠性估计分别为 0.812、0.782 和 0.629。

积、招拍挂出让面积三个反映城市土地供给方面影响因素的模型[1]。结果显示，城市建成区面积和采用招拍挂方式出让的土地面积对地价值的作用方向均为正，证明现阶段我国招拍挂出让制度的引入显化了土地的真实价格，在一定程度上提高了经营性土地的价格[138]，同时，以建成区面积表示的城市规模越大，城市土地集约化利用程度越高，综合地价水平也就越高。新增供地出让面积对地价值的作用为负，这是因为新增供地出让的多为城郊结合处非农化的土地，而郊区土地由于其特殊的地理区位和利用条件，使得其出让价格远低于城市中心区的土地价格，因此，在控制出让面积总量的前提下，新增供地出让面积越大，综合地价越低。供给方面的因素对地价水平值差异的解释作用均较微弱，三个指标的加入总共使地价值的市级解释方差比例上升了 6.80%，其中，6% 是建成区面积的解释作用。

表6-2　城市地价差异影响因素的大样本多层线性模型地价水平值模型结果

	模型1 （零模型）	模型2 （HOUSE_IN）	模型3 （POPU_IN）	模型4 （INCOME）	模型5 （JCQ_AREA）	模型6 （NEW_AREA）	模型7 （ZPG_AREA）
固定效应							
08年地价初值模型							
平均地价值模型							
G000	1899.663*** (284.680)	2063.142*** (307.300)	2061.600*** (307.027)	2063.280*** (307.103)	2088.972*** (311.319)	2091.047*** (311.675)	2091.555*** (311.704)
房地产投资模型							
G010		5.597** (2.106)	5.572** (2.146)	5.079** (2.284)	2.072 (2.491)	2.855 (2.735)	2.669 (2.774)
人口密度模型							
G020			0.187 (0.288)	0.257 (0.347)			
居民平均收入模型							
G030				0.048* (0.023)	0.085* (0.046)	0.076* (0.047)	0.076* (0.048)

---

[1]　由于建成区面积与人口密度两个变量之间存在负相关关系，人口密度对城市地价值差异的解释作用不显著，故模型5、6、7的地价水平值模型中去除了人口密度变量。

	模型 1 (零模型)	模型 2 (HOUSE_IN)	模型 3 (POPU_IN)	模型 4 (INCOME)	模型 5 (JCQ_AREA)	模型 6 (NEW_AREA)	模型 7 (ZPG_AREA)
建成区面积 模型							
G040					5.385*** (0.962)	4.983*** (1.007)	5.006*** (1.046)
新增供地面 积模型							
G050						−0.601 (0.524)	−0.838 (0.691)
招拍挂出让 面积模型							
G060							0.223 (0.231)
随机效应-市 级层次							
08 年地价 初值	3789667.299	761879.966	758721.544	760821.998	531284.105	504881.255	500823.489
组内变异指 数(%)	87.55						
解释方差比 例(%)							
08 年地价 初值		79.90	79.98	79.98	85.98	86.68	86.78

注：* P＜0.1，＊＊P＜0.05，＊＊＊P＜0.001；括号中数值为标准误。

　　在省级层次,模型保留了平均地价、房地产投资额对地价初值作用的随机效应,模型 8、9、10、11 为分别加入新增建设用地土地有偿使用费、耕地占用税、耕地开垦费和征地补偿费四个省级解释变量的小样本三层模型(表 6-3)。结果显示,四个省级耕地保护政策因素中,新增建设用地土地有偿使用费解释了平均地价省级差异的 48.77%,是省级平均地价的最大解释因子,耕地占用税的加入使解释方差比例上升了 26.92%,它对省级平均地价也同样具有显著作用。在对房地产投资与地价水平值关系的影响方面,新增建设用地土地有偿使用费、耕地占用税和耕地开垦费三项共解释了省级层次影响市级房地产投资对地价值作用的约

49.62%,其中,新增建设用地土地有偿使用费影响力最大,其次为耕地开垦费和耕地占用税。

表6-3　城市地价差异影响因素的小样本多层线性模型结果

	模型8 （NEW_F）	模型9 （FARM_T）	模型10 （RECLA_F）	模型11 （COMPEN_F）
随机效应-省级层次				
平均地价	1660054.602	787656.841	781508.265	812563.541
08地价初值_房地产投资	93.725	90.446	74.327	58.878
地价增长率_建成区面积	40.883	8.525	15.439	2.125
解释方差比例（%）				
平均地价	48.77	75.69	75.88	75.88
房地产投资_08地价初值	36.47	38.69	49.62	49.62
建成区面积_地价增长率	0	78.91	78.91	94.74

2. 地价增长率的影响因素分析

表6-4为不添加第三层解释变量的多层线性模型地价增长率模型结果[1]。由表6-4可知,6个指标总共解释了地价增长率差异的51.37%,其中,反映城市土地需求方面的三个影响因素对地价增长率的作用方向均为正,房地产投资仍然是三个指标中解释方差比例最大的因子,它解释了地价增长率市级差异的16.02%,人口密度解释了地价增长率市级差异的3.50%,城镇居民人均可支配收入解释了地价增长率市级差异的5.12%。在反映城市土地供给方面影响因素的三个指标中,城市建成区面积与招拍挂出让土地面积均对地价增长率有正向推动作用,它们分别解释了市级地价增长率差异的23.06%[2]、0.22%;新增供地出让面积对地价增长率作用为负,它解释了地价增长率差异的3.45%,说明当前我国土地市场需求旺盛,增加新增供地出让面积能在一定程度上抑制地价过快上涨。

由于地价增长率在省级层次不存在显著差异,研究在零模型的设置中将第三

〔1〕当模型同时保留房地产投资额与建成区面积两项随机效应时,它们的相关性达到0.976,且房地产投资额的随机效应估计值可靠性仅为0.346,因此,模型5、6、7的地价增长率模型中去除了房地产投资额。

〔2〕建成区面积对地价增长率差异的解释方差比例=31.68-3.50-5.12。

层省级平均地价增长率设为固定效应,在包含第三层解释变量的完整模型中仅保留了建成区面积对地价增长率作用的随机效应。结果显示,耕地占用税是省级层次影响建成区面积对地价增长率作用的最大解释因子,耕地占用税与征地补偿费两项之和解释了建成区面积对地价增长率作用省级差异的 94.74%。这说明这两项税费的设置有效地控制了通过大量占用耕地面积扩大城市规模的行为,进而抑制了地价上涨速率。

表 6-4　城市地价差异影响因素的大样本多层线性模型地价增长率模型结果

	模型 1 (零模型)	模型 2 (HOUSE_IN)	模型 3 (POPU_IN)	模型 4 (INCOME)	模型 5 (JCQ_AREA)	模型 6 (NEW_AREA)	模型 7 (ZPG_AREA)
地价增长率模型							
平均地价增长率模型							
G100	129.469** (42.065)	129.600** (42.779)	128.752** (42.532)	127.608** (41.883)	130.418** (41.788)	130.802** (41.938)	130.761** (41.909)
房地产投资模型							
G110		0.732 (0.482)	0.675 (0.434)	0.353 (0.330)			
人口密度模型							
G120			0.393 (0.372)	0.446 (0.361)	0.357 (0.358)	0.316 (0.327)	0.311 (0.326)
居民平均收入模型							
G130				0.041 (0.028)	0.045* (0.026)	0.041* (0.023)	0.042* (0.023)
建成区面积模型							
G140					1.569* (0.854)	1.566** (0.841)	0.023** (0.864)
新增供地面积模型							
G150						−0.265 (0.201)	−0.326 (0.214)
招拍挂出让面积模型							

续 表

	模型1 (零模型)	模型2 (HOUSE_IN)	模型3 (POPU_IN)	模型4 (INCOME)	模型5 (JCQ_AREA)	模型6 (NEW_AREA)	模型7 (ZPG_AREA)
G160							0.058 (0.042)
随机效应-市级层次							
地价增长率	175475.741	147357.051	141228.803	132246.875	119881.221	113828.739	113445.842
解释方差比例(%)							
地价增长率		16.02	19.52	24.64	31.68	35.13	35.35

注：$*P<0.1,**P<0.05,***P<0.001$；括号中数值为标准误。

3. 地价水平值与地价增长率影响因素的差异分析

对比表6-3和表6-4的结果，地价水平值和地价增长率的影响因素及作用机制存在一定差异：

(1) 地价增长率的影响因素比地价水平值的影响因素更复杂。所选6个市级影响因素总共可以解释地价水平值差异的86.78%，其中，除房地产投资额以及建成区面积对地价值有显著推动作用外，其他因素影响均不显著；而6个市级影响因素总共仅能解释地价增长率差异的51.37%，其中，除招拍挂出让面积对地价增长率无显著作用，其他因素均对地价增长率有一定影响。

(2) 城市地价水平值和地价增长率的主导因素不同。在模型的6个市级影响因素中，房地产投资额对地价水平值和地价增长率影响都较为显著，但其对地价水平值和地价增长率的影响程度差异较大。房地产投资额对城市地价水平值差异的解释作用达到79.90%，说明房地产投资增长是土地价格上升的直接动力，这一结论与目前房地产投资和地价关系的研究结论一致。但房地产投资额对城市地价增长率差异的解释作用仅为16.02%，说明地价增长率虽然受房地产投资变动影响显著，但并不受其主导，同时，城市建成区面积解释地价增长率差异的23.06%，也是影响地价增长率的主要因素。

(3) 影响地价水平值和地价增长率的省级因素差异较小。从省级4个耕地保护政策因素对省级平均地价值、房地产投资额对地价值的作用关系以及建成区面积对地价增长率作用关系的解释程度来看，我国目前的耕地保护政策对平抑地价、控制地价涨速有显著作用。其中,影响省级平均地价最为显著的因子为新增建设用地土地有偿使用费,耕地占用税次之;影响房地产投资对地价水平值作用的主要省级因素为新增建设用地土地有偿使用费;影响建成区面积对地价增长率作用的主要省级因素为耕地占用税。

第七章　典型税费的耕地保护绩效

国际经验证明,工业化、城市化的加速发展阶段也是土地需求快速增长的阶段,有学者通过研究表明,虽然中国经济高速发展对建设用地的强依赖性正逐渐减弱,耕地红线的刚性约束迫使建设用地增长极限时点日益逼近,但中国建设用地增长极限的到来仍需 35 年左右(到 2047 年)的时间。改革开放以来,城市化和工业化发展对建设用地的需求巨大,特别是广东、浙江、江苏、山东等经济发展较快的地区,建设用地供需矛盾更为突出。由于第二轮土地利用总体规划(1997—2010 年)确定的各项建设用地控制指标在规划实施的最初几年内就已用完或突破,不少省份面临土地利用总体规划刚编制完成就已无法按规划安排建设用地的尴尬境地,国土资源部不得不在 2002 年就开始着手进行规划修编的试点工作[1]。而从《全国土地利用总体规划纲要(2006—2020 年)》中确定的新增建设用地指标分配的情况来看,当前和今后一段时期内建设用地供需矛盾仍将继续。《全国土地利用总体规划纲要(2006—2020 年)》中确定的新增建设用地指标见表 7-1。

表 7-1　全国土地利用总体规划纲要新增建设用地指标　　　　　单位:万亩

时　间	新增能源建设用地	新增铁路用地	新增公路用地	新增港口码头用地	新增民用机场	新增水利设施用地
2006—2020 年	750	390	2175	45	75	675
2006—2010 年	300	172.5	825	15	22.5	330
2011—2020 年	450	217.5	1350	30	52.5	345

---

[1]　《国土资源部关于开展县级土地利用总体规划修编试点工作的通知》(国土资发[2002]189 号)。

随着我国产业结构的调整,第一产业比重不断下降,第二、三产业投资规模不断加大,从第一产业退出的土地大部分投入到第二、三产业中,致使建设用地外延扩张趋势明显;城镇化、工业化快速发展,城镇工矿用地需求量将在相当长时期内保持较高水平;城乡统筹和区域一体化加速推进,拉动区域性基础设施用地的进一步增长,同时社会主义新农村的建设也需要一定规模的新增建设用地周转支撑,由此导致现阶段我国对建设用地仍存在着巨大的客观需求。而随着耕地保护和生态建设力度的加大,可用作新增建设用地的土地资源十分有限,各项建设用地的供给面临前所未有的压力。

第一节　农用地变化与可征收税额分析[1]

一、近期农用地变化情况

(一)农用地结构现状

2008 年,我国农用地总面积为 65684.93 万公顷(98.53 亿亩)[2],其中,耕地面积为 12171.60 万公顷(18.26 亿亩),占农用地总面积的 18.53%;园地面积 1180.00 万公顷(1.77 亿亩),占农用地总面积的 1.80%;林地面积 23606.67 万公顷(35.41 亿亩),占农用地总面积的 35.94%;牧草地面积为 26180.00 万公顷(39.27 亿亩),占农用地总面积

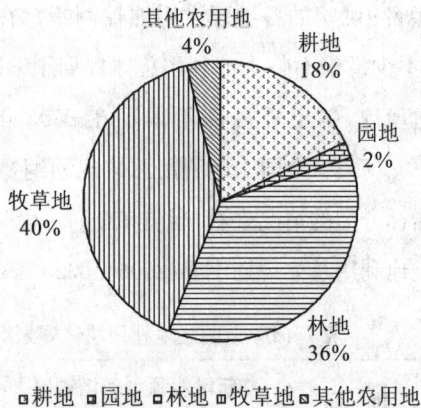

图 7-1　2008 年全国农用地结构示意图

---

〔1〕 研究中涉及的全国性统计数据均未包括香港特别行政区、澳门特别行政区和台湾省;研究中所有涉及行政界限的图件都仅用于进行数据统计和示意性描述,不涉及南海诸岛等主权界址。

〔2〕 《全国土地利用变更调查报告》,2008。

的 39.86%;其他农用地 2546.67 万公顷(3.82 亿亩),占农用地总面积的 3.88%。农用地结构现状见图 7-1。

　　按照农用地中二级地类所占比重,可将各省份划分为以耕地为主、以牧草地为主和以林地为主的三类。其中,东部的天津、河北、山东、江苏、上海、广东和中部的河南、安徽属以耕地为主的省份,耕地面积为 3576.88 万公顷(5.37 亿亩),占全国耕地总面积的 29.40%;西部的新疆、西藏、青海、甘肃、宁夏和中部的内蒙古属以牧草地为主的省份,牧草地总面积为 23789.88 万公顷(35.68 亿亩),占全国牧草地总面积的 90.34%;东部的辽宁、北京、浙江、福建、海南、广西,中部的山西、黑龙江、吉林、江西、湖北、湖南以及西部的云南、重庆、贵州、四川、陕西属以林地为主的省份,林地总面积为 16347.91 万公顷(24.52 亿亩),占全国林地总面积的 72.01%。2008 年各省份农用地结构现状见图 7-2。

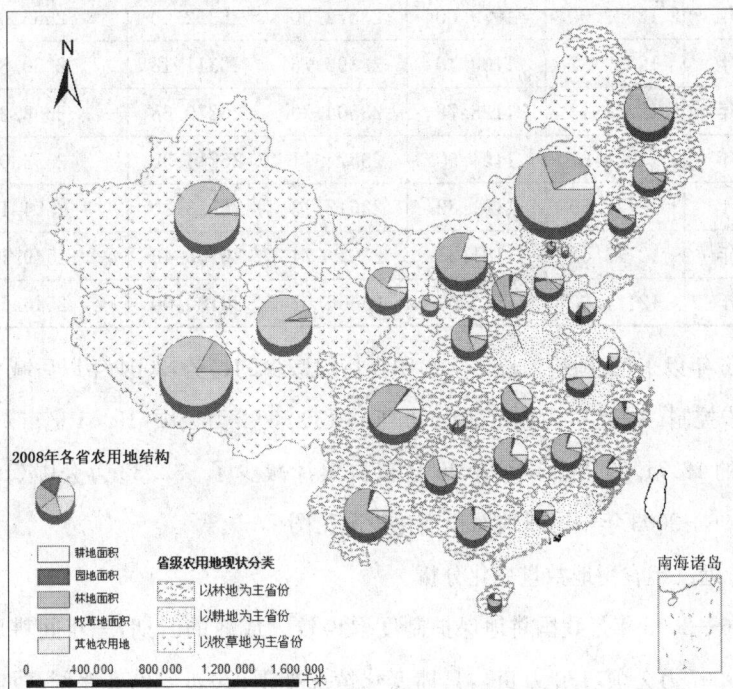

图 7-2　2008 年全国各省份农用地结构示意图

（二）农用地变化情况

1996—2008 年间，我国农用地总量共减少 247.68 万公顷（3715.20 万亩），减少幅度为 0.38%。[139]1999—2008 年农用地各二级地类的变化中，耕地较 1999 年减少了 5.80%，牧草地减少了 17.67%，其他农用地较 2002 年减少了 0.71%，而园地和林地较 1999 年有所增加，增加幅度分别为 17.67%和 30.42%[1]。1999—2008 年全国农用地结构变化见表 7-2。

表 7-2　1999—2008 年全国农用地结构变化　　　　单位：万公顷

年份	耕地	园地	林地	牧草地	其他农用地
1999 年	12920.55	1002.82	22826.91	26439.80	—
2000 年	12824.00	1058.00	22879.00	26377.00	—
2001 年	12761.58	1064.01	22919.06	26384.59	—
2002 年	12593.00	1079.00	23072.00	26352.00	2565.00
2003 年	12339.22	1108.16	23396.76	26311.18	2550.83
2004 年	12244.43	1128.78	23504.70	26270.68	2553.27
2005 年	12208.27	1154.90	23574.11	26214.38	2553.09
2006 年	12177.59	1181.82	23612.13	26193.20	2554.10
2007 年	12173.52	1181.31	23611.74	26186.46	2549.11
2008 年	12171.60	1180.00	23606.67	26180.00	2546.67

1996 年以来，我国耕地总体上呈明显持续减少的趋势，2004 年以后减少趋势得到初步控制。耕地资源数量从 1996 年的 13003.92 万公顷（19.51 亿亩）下降到 2008 年的 12171.60 万公顷（18.26 亿亩），累计减少了 832.32 万公顷（1.25 亿亩）。1996—2008 年全国耕地面积变化情况见图 7-3。

（1）近三年农用地数量变化分析

2006—2008 年是我国耕地保护制度取得较大成效的时期，三年间耕地面积减少了 8.67 万公顷（130 万亩），具体变化情况如下：2006—2008 年间，我国农用

〔1〕　国土资源公报，2001—2008；中国国土资源年鉴，2000—2001。

万公顷

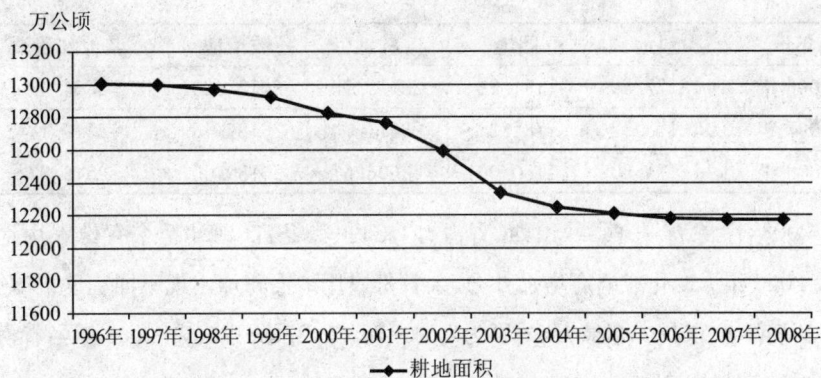

图 7-3　1996—2008 年全国耕地面积变化情况

地总量减少了 33.91 万公顷(508.60 万亩)[1],农用地中各二级地类面积均呈减少趋势,以 2006 年为基础,耕地面积减少了 0.05%,园地面积减少了 0.15%,林地面积减少了 0.02%,牧草地面积减少了 0.05%,其他农用地面积减少了0.29%。2006—2008 年全国农用地数量变化见表 7-3,农用地各二级地类占农用地总面积的面积比例见图 7-4。

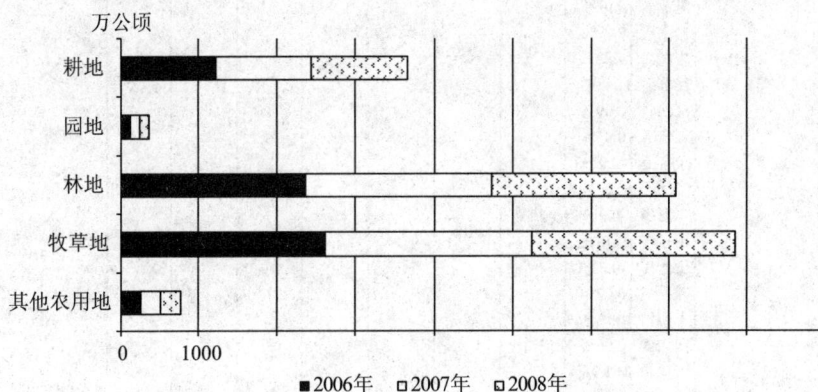

图 7-4　2006—2008 全国农用地各二级地类面积比例

---

〔1〕　国土资源公报,2006—2008 年。

表 7-3　2006—2008 年全国农用地面积　　　　　　　单位:万公顷

年份	耕地	园地	林地	牧草地	其他农用地
2006 年	12177.59	1181.82	23612.13	26193.20	2554.11
2007 年	12173.52	1181.31	23611.74	26186.46	2549.11
2008 年	12171.60	1180.00	23606.67	26180.00	2546.67

　　2008 年,除新疆、西藏、山西、青海、内蒙古、黑龙江、河北 7 个省份农用地面积较 2006 年无变化或略有增加外,其余省份农用地面积均出现不同程度的减少,其中,海南、广东减少率最大,分别为 77.03%、61.27%。2006—2008 年各省份农用地减少率见图 7-5。

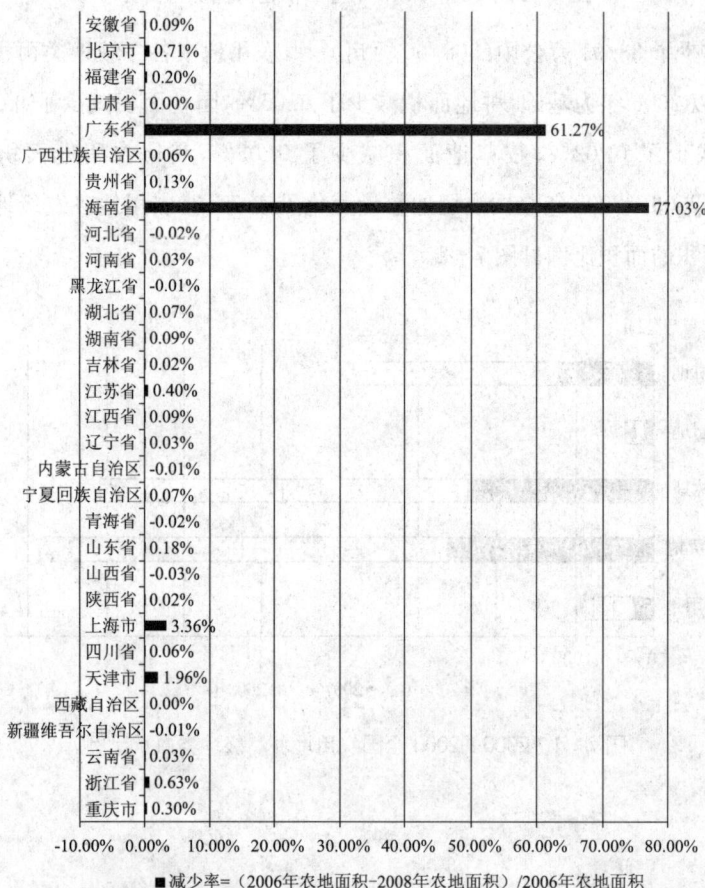

省份	减少率
安徽省	0.09%
北京市	0.71%
福建省	0.20%
甘肃省	0.00%
广东省	61.27%
广西壮族自治区	0.06%
贵州省	0.13%
海南省	77.03%
河北省	-0.02%
河南省	0.03%
黑龙江省	-0.01%
湖北省	0.07%
湖南省	0.09%
吉林省	0.02%
江苏省	0.40%
江西省	0.09%
辽宁省	0.03%
内蒙古自治区	-0.01%
宁夏回族自治区	0.07%
青海省	-0.02%
山东省	0.18%
山西省	-0.03%
陕西省	0.02%
上海市	3.36%
四川省	0.06%
天津市	1.96%
西藏自治区	0.00%
新疆维吾尔自治区	-0.01%
云南省	0.03%
浙江省	0.63%
重庆市	0.30%

-10.00%　0.00%　10.00%　20.00%　30.00%　40.00%　50.00%　60.00%　70.00%　80.00%

■减少率=(2006年农地面积-2008年农地面积)/2006年农地面积

图 7-5　2006—2008 年全国各省份农用地减少率

注:缺少港澳台数据。

（2）近三年农用地结构变化分析

2006—2008 年,黑龙江、天津、宁夏、甘肃、重庆、四川等省份农用地转用面积显著增加,增加幅度均超过 50％;辽宁、内蒙古、山西、湖南、福建、贵州、云南、新疆等省份农用地转用面积显著减少,减少幅度均超过 40％。2006—2008 年部分省份农用地转用面积见图 7－6。

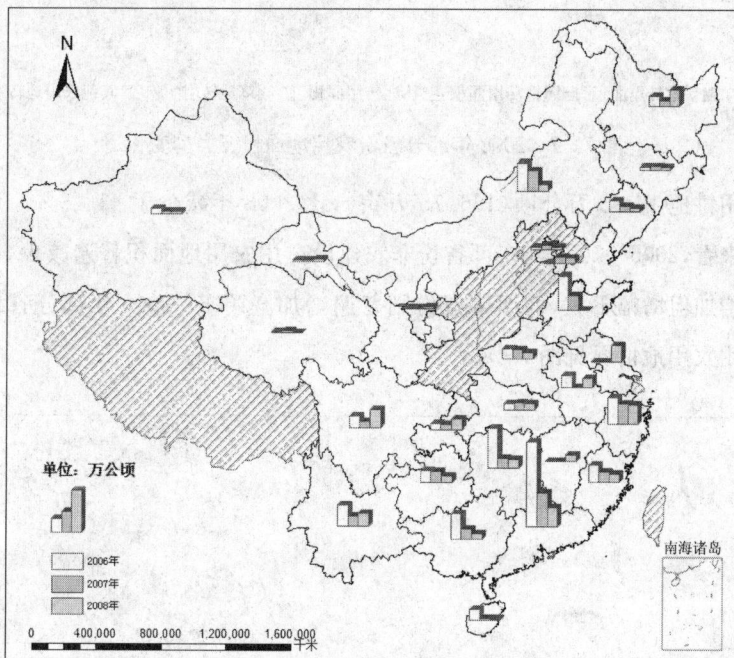

图 7－6　2006—2008 年部分省份农用地转用面积

从全国范围来看,2008 年农用地变化主要集中于耕地的变化,园地和其他农用地次之。其中安徽、甘肃、广东、贵州、湖北、吉林、江苏、辽宁、山西、四川、天津、云南、重庆等省份耕地面积变化占农用地面积变化的比重超过 50％,内蒙古、新疆和宁夏 3 个以牧草地为主的省份,其农用地变化则主要集中于牧草地变化上。2008 年部分省份农用地变化面积及其类型见图 7－7。

2009 年我国非农建设占用农用地 19.13 万公顷(286.95 万亩)[1],其中非农

---

〔1〕　国土资源综合统计快速年报,2009。

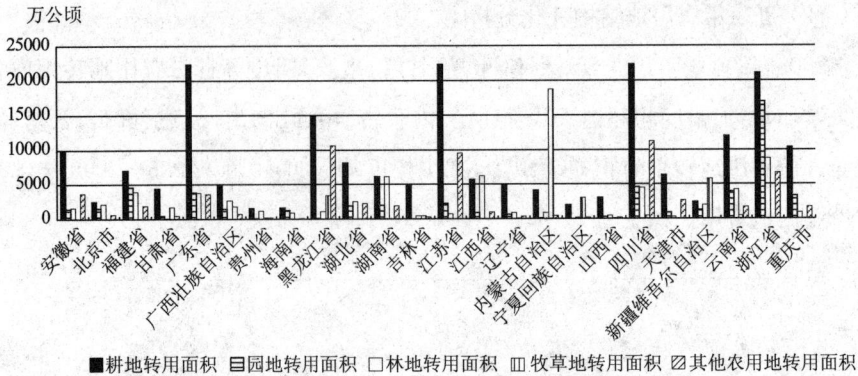

图 7-7 2008 年部分省份农用地面积及类型变化

建设占用耕地 10.45 万公顷(156.75 万亩),比 2008 年减少了 41.29%。从分区域情况来看,2006—2008 年东部省份非农建设占用农用地面积普遍减少,中部省份略有增加但增幅不大,而西部省份则普遍增加。2006—2008 年部分省份非农建设占用农用地情况见图 7-8。

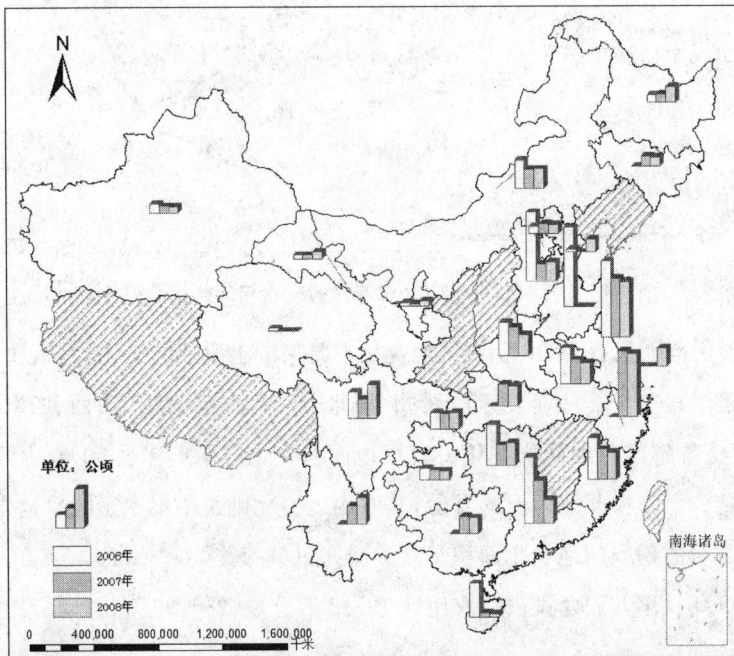

图 7-8 2006—2008 年全国部分省份非农建设占用农用地面积

以北京市为例,2006—2008 年非农建设占用农用地面积分别为 4806.67 公顷、5133.36 公顷和 3706.70 公顷,非农建设占用耕地面积分别为 2206.68 公顷、2600.01 公顷和 2026.67 公顷;非农建设占用耕地的比例(建设占用耕地面积/建设占用农用地面积)分别为 42.16%、50.65% 和 59.53%,非农建设占用耕地呈现不断增加的趋势。北京市 2006—2008 年非农建设占用农用地类型和面积见图 7-9。

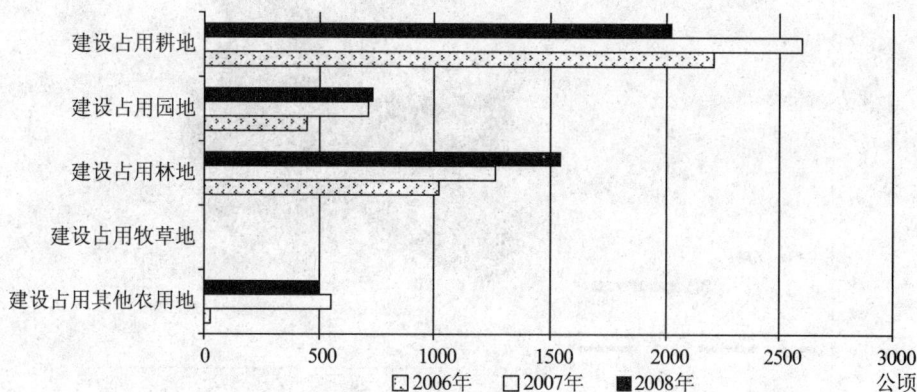

图 7-9 北京市 2006—2008 年非农建设占用农用地类型和面积

2008 年全国非农建设占用耕地面积为 19.16 万公顷(287.40 万亩)[1],主要集中在江苏、浙江、山东、四川、河南、云南、安徽、河北、上海、陕西、湖南、湖北、福建等省份。从区域分布来看,东部省份非农建设占用耕地面积 9.71 万公顷(145.60 万亩),占非农建设占用耕地总面积的 50.66%;中部省份为 5.25 万公顷(78.74 万亩),占 27.40%;西部省份为 4.20 万公顷(63.06 万亩),占 21.94%。2008 年各省份非农建设占用耕地情况见图 7-10。

2008 年大部分省份非农建设占用耕地情况较 2006 年不显著,其中安徽、广东、广西、海南、河北、河南、湖南、江西、内蒙古 9 个省份大幅减少,平均减少率达52.61%;甘肃、黑龙江、四川、天津 4 个省份则出现大幅增加,较 2006 年分别增长

[1] 全国国民经济和社会发展统计公报,2008。

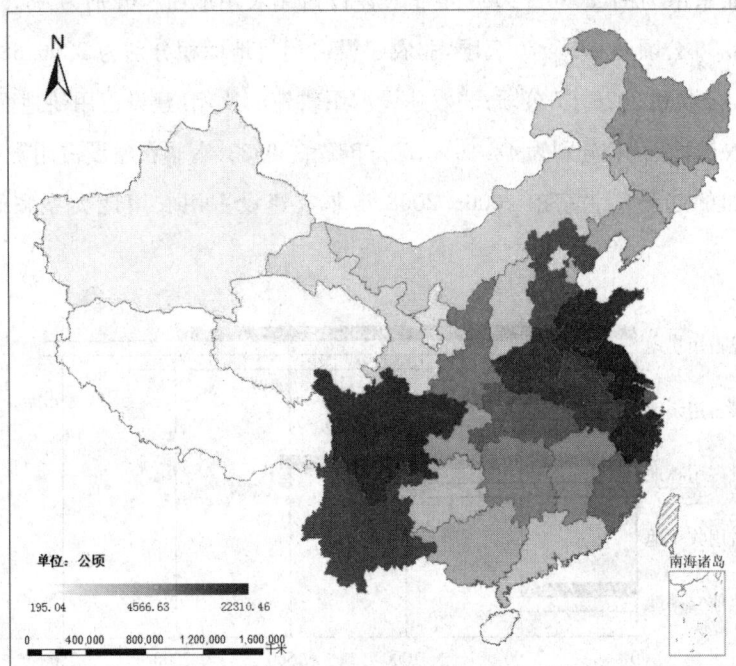

图 7-10 2008 年各省份非农建设占用耕地面积

了 54.99%、75.31%、52.51%和 209.86%。2006—2008 年部分省份非农建设占用耕地情况见表 7-4。

表 7-4 2006—2008 年部分省份非农建设占用耕地面积 单位:公顷

类型	省份	2006 年	2007 年	2008 年	减少率(%)
显著减少	安徽省	14459.03	8794.16	8896.00	38.47
	广东省	9432.54	7243.48	3547.45	62.39
	广西壮族自治区	9450.95	4881.08	4566.63	51.68
	海南省	15840.92	521.20	602.35	96.20
	河北省	26653.98	14854.40	7527.14	71.76
	河南省	15840.92	13736.74	9779.08	38.27
	湖南省	9602.03	5055.85	5960.38	37.93
	江西省	10432.43	5348.00	5696.38	45.40
	内蒙古自治区	4322.63	3855.91	2965.09	31.41

续　表

类型	省份	2006 年	2007 年	2008 年	减少率(%)
显著增加	甘肃省	1669.30	1564.67	2587.29	−54.99
	黑龙江省	2873.09	2997.37	5036.94	−75.31
	四川省	8049.30	6748.93	12275.74	−52.51
	天津市	1222.55	—	3788.14	−209.86
变化不显著	北京市	2206.68	2600.01	2026.67	8.16
	福建省	8284.63	7359.26	6499.64	21.55
	贵州省	4167.65	3282.43	3591.76	13.82
	湖北省	7533.37	7028.48	6873.34	8.76
	江苏省	28133.47	—	22310.46	20.70
	辽宁省	6211.16	7125.70	4909.94	20.95
	陕西省	6266.70	3933.35	6133.34	2.13
	青海省	502.58	673.36	744.45	−48.13
	西藏自治区	269.05	480.60	195.04	27.51
	新疆维吾尔自治区	1577.49	1545.03	1273.45	19.27
	云南省	7533.37	5240.03	8680.00	−15.22
	浙江省	18520.09	18400.09	20466.68	−10.51
	重庆市	5008.27	4880.86	5035.12	−0.54
	吉林省	4248.71	4730.38	4283.80	−0.83
	宁夏回族自治区	1208.81	1038.62	1526.92	−26.32

注:缺少山东省、山西省、上海市数据。

二、农用地变化面积可征税额分析

根据国务院 2007 年 12 月 1 日发布的《中华人民共和国耕地占用税暂行条例》(国务院令第 511 号),耕地占用税的征税对象由原来的耕地扩大到了整个农用地,纳税人占用除耕地以外的农用地,如林地、牧草地、农田水利用地和养殖水面等均应缴纳耕地占用税。现分别按照 2008 年土地利用变更调查数据、2005—2009 年审批建设占用农用地的年度计划指标以及《全国土地利用总体规划纲要(2006—2020 年)》确定的近期(2006—2010 年)新增建设用地占用农用地计算耕地占用税可征收税额。

1. 根据变更调查数据

根据《中华人民共和国耕地占用税暂行条例》中对农用地二级地类耕地占用税税率的规定,2008 年全国(除河南、青海、山东、陕西、西藏 5 个省份外)仅耕地转用可征收的耕地占用税就达 631.02 亿元。从各省农用地转用面积可征税额来看,浙江、四川、上海、江苏和广东的税收总量均超过 50 亿元,其中主要为占用耕地可征税额,浙江省占用园地的可征税额也较大。2008 年部分省份农用地转用可征税额见表 7-5、图 7-11。

表 7-5 2008 年部分省份农用地转用可征税额

省 份	耕地		园地		林地		牧草地		其他农用地	
	税率(元/m²)	税额(亿元)	税率(元/m²)	税额(亿元)	税率(元/m²)	税额(亿元)	税率(元/m²)	税额(亿元)	税率(元/m²)	税额(亿元)
安徽省	22.5	22.29	22.5	3.15	22.5	3.71	22.5	0.01	22.5	8.18
北京市	40	9.92	40	6.03	40	8.45	40	0.00	40	2.40
福建省	30	21.06	30	13.55	15	5.85	15	0.00	15	2.84
甘肃省	12.5	5.44	12.5	0.56	12.5	0.12	12.5	2.14	12.5	0.58
广东省	30	66.96	30	11.39	30	11.30	30	0.03	30	10.62
广西壮族自治区	20	9.97	20	2.79	10	2.64	10	1.82	10	0.71
贵州省	20	15.26	20	0.45	20	6.32	20	2.36	20	1.35
海南省	20	3.18	20	2.51	20	1.85	20	0.04	20	0.18
河北省	22.5	30.72	22.5	—	22.5	—	22.5	—	22.5	—
黑龙江省	17.5	26.21	17.5	0.15	14	1.46	14	4.74	14	14.84
湖北省	25	20.23	25	4.73	25	6.17	25	0.10	25	5.68
湖南省	25	15.34	25	4.98	15	9.21	15	0.03	15	2.85
吉林省	17.5	8.51	17.5	0.07	14	0.63	14	0.60	14	0.33
江苏省	30	66.93	30	6.66	15	1.10	15	0.01	15	14.37
江西省	22.5	12.93	22.5	2.02	15.75	9.79	15.75	0.03	15.75	1.50
辽宁省	25	12.45	25	1.53	25	2.17	25	0.20	25	0.88
内蒙古自治区	12.5	5.19	12.5	0.08	8.75	0.78	8.75	16.39	8.75	0.40

续　表

省　份	耕地		园地		林地		牧草地		其他农用地	
	税率 (元/m²)	税额 (亿元)	税率 (元/m²)	税额 (亿元)	税率 (元/m²)	税额 (亿元)	税率 (元/m²)	税额 (亿元)	税率 (元/m²)	税额 (亿元)
宁夏回族自治区	12.5	2.45	12.5	0.05	12.5	0.27	12.5	3.76	12.5	0.22
山西省	17.5	5.37	17.5	0.47	17.5	0.82	17.5	0.12	17.5	0.35
上海市	45	84.69	45	—	45	—	45	0.00	45	—
四川省	22.5	50.26	22.5	10.22	22.5	10.00	22.5	0.92	22.5	25.28
天津市	35	22.31	35	3.03	35	0.80	35	0.00	35	9.36
新疆维吾尔自治区	12.5	3.00	12.5	1.58	12.5	2.42	12.5	7.25	12.5	0.09
云南省	20	23.91	20	7.80	20	8.39	20	0.87	20	3.47
浙江省	30	63.20	30	50.80	30	26.20	30	—	30	20.20
重庆市	22.5	23.25	22.5	7.53	22.5	2.03	22.5	0.49	22.5	3.76

注:缺少河南省、青海省、山东省、陕西省、西藏自治区数据。

2. 根据年度计划指标

2005—2009 年,全国审批建设用地面积呈上升趋势,由 2005 年的 35.07 万公顷(526.05 万亩)增加到 2009 年的 57.64 万公顷(864.6 万亩),增长了 64.36%;审批建设占用耕地面积在 2009 年之前基本保持平稳,2009 年增加到 23.96 万公顷(359.4 万亩),较 2005 年增长了 40.89%。如按 1∶4 对耕地占用税新标准出台前后进行税率估算,则 2009 年审批建设占用耕地可征收税收总量为 2005 年的 5.6 倍。2005—2009 年全国审批建设用地与可征税额情况见表 7-6、图 7-12。

表 7-6　2005—2009 年全国审批建设用地与可征税额情况　　单位:万公顷

年份	审批建设用地	建设占用耕地	税率比例	可征税额比例[1]
2005 年	35.07	17.01	1	1.0
2006 年	40.60	18.88	1	1.1
2007 年	41.28	17.69	1	1.0
2008 年	39.88	17.34	4	4.1
2009 年	57.64	23.96	4	5.6

〔1〕 可征税额比例=各年可征税额/2005 年可征税额。

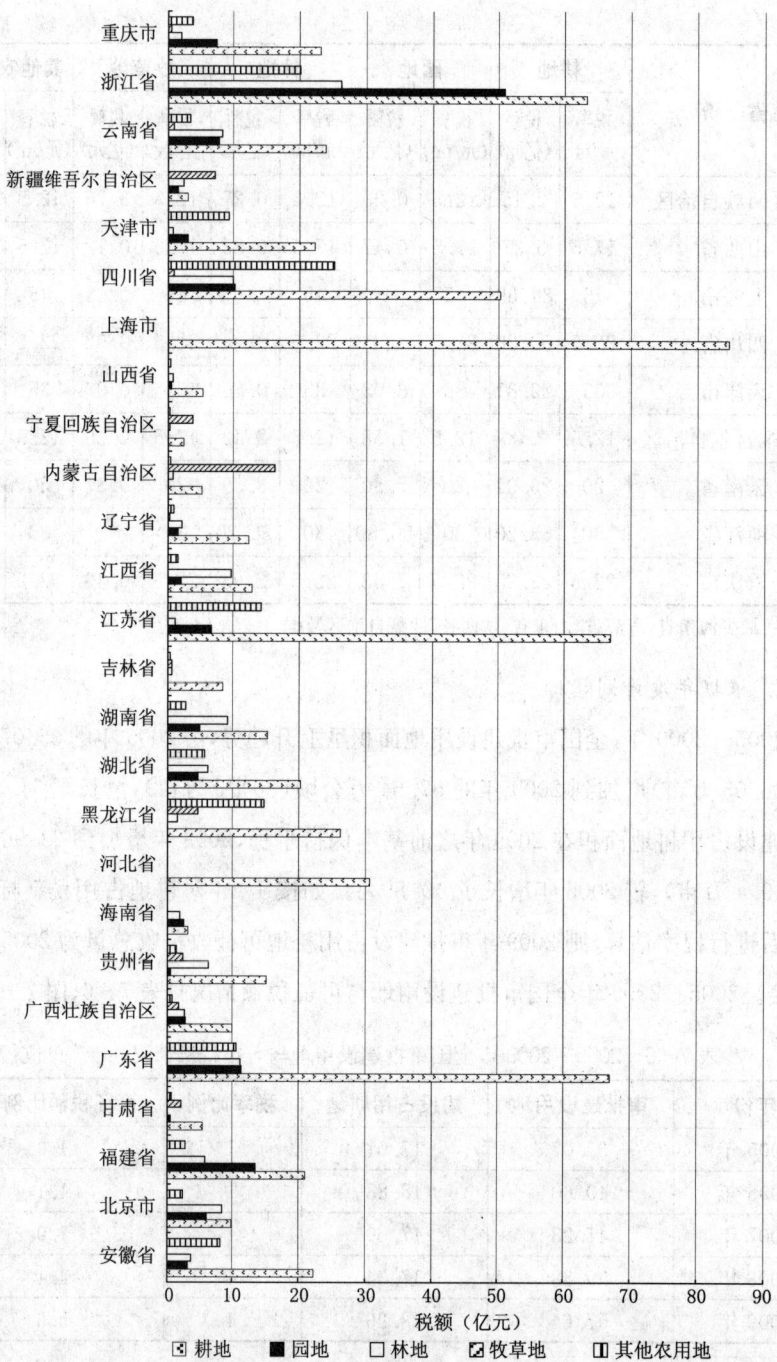

图 7－11　2008 年部分省份农用地转用面积可征税额

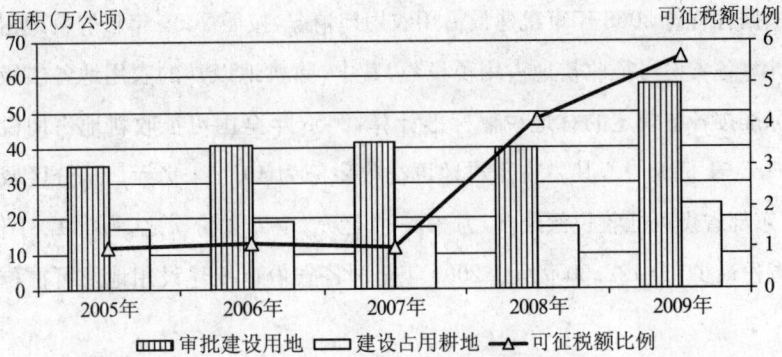

图 7－12　2005—2009 年全国审批建设用地情况与可征税额

　　2008 年,除甘肃、天津、宁夏、内蒙古 4 个省份外,其余省份审批建设用地中占用农用地面积的比重均超过 50％,全国平均审批建设用地中占用农用地的面积比重为 70％。除广东、海南、内蒙古、新疆、西藏、云南 6 个省份外,其余省份审批建设占用农用地中的占用耕地比重均超过 50％,全国平均审批建设占用农用地中的占用耕地比重为 62.20％。2008 年全国各省份审批建设用地情况见图 7－13。

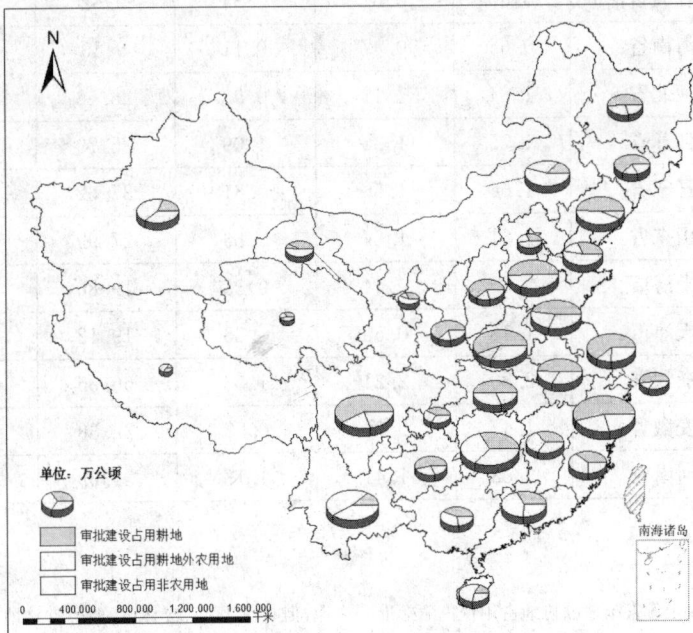

图 7－13　2008 年全国各省审批建设用地情况

　　根据各省份 2008 年审批建设占用农用地情况,按照 2008 年新的耕地占用税标准计算各省份可征收耕地占用税税额,其中,除耕地以外的农用地各二级地类税额标准按各省规定的林地税额标准计算,2008 年全国可征收耕地占用税总额约为 607.61 亿元[1],其中占用耕地可征收税额为 401.14 亿元。从分区域情况来看,东部省份可征收税额最多,为 313.30 亿元;中部省份次之,为 171.81 亿元;西部省份最少,为 122.50 亿元。2008 年全国各省份审批建设用地及可征税额见表 7 - 7。

表 7 - 7　2008 年全国各省份审批建设用地情况及可征税额

区域	省份	审批建设用地（万公顷）	审批建设占用农用地		可征耕地占用税	
			农用地（万公顷）	占用耕地（万公顷）	农用地（亿元）	占用耕地（亿元）
东部	北京市	0.46	0.24	0.14	9.54	5.50
	福建省	1.07	0.81	0.41	18.21	12.19
	广东省	1.49	1.11	0.47	33.16	13.95
	广西壮族自治区	0.80	0.62	0.34	9.62	6.77
	海南省	0.65	0.47	0.11	9.40	2.25
	河北省	1.84	1.18	0.93	26.63	21.02
	江苏省	1.75	1.30	1.09	35.79	32.56
	辽宁省	1.64	1.50	0.81	37.62	20.16
	山东省	1.81	1.24	0.86	27.99	19.33
	上海市	0.66	0.44	0.35	19.86	15.87
	天津市	1.16	0.55	0.35	19.12	12.15
	浙江省	2.80	2.21	1.53	66.36	46.04
中部	安徽省	1.47	0.99	0.72	22.38	16.11
	河南省	2.08	1.41	1.18	31.69	26.53

---

〔1〕　由于各省园地的耕地占用税税额标准同耕地,但在黑龙江、吉林、江西等省林地、牧草地和其他农用地的耕地占用税税额标准低于耕地和园地,因此,将园地的税额标准按林地计算,所得结果小于实际可征收税收总额。

续　表

区域	省份	审批建设用地（万公顷）	审批建设占用农用地		可征耕地占用税	
			农用地（万公顷）	占用耕地（万公顷）	农用地（亿元）	占用耕地（亿元）
中部	黑龙江省	0.92	0.73	0.47	11.81	8.19
	湖北省	1.39	1.13	0.69	28.22	17.34
	湖南省	2.52	1.62	0.82	32.45	20.51
	吉林省	0.93	0.76	0.59	12.69	10.40
	江西省	1.06	0.71	0.36	13.64	8.11
	内蒙古自治区	1.49	0.67	0.21	6.61	2.57
	山西省	0.89	0.70	0.56	12.32	9.81
西部	甘肃省	0.55	0.27	0.23	3.32	2.84
	贵州省	0.76	0.61	0.41	12.17	8.21
	宁夏回族自治区	0.32	0.14	0.10	1.72	1.31
	青海省	0.15	0.08	0.05	0.99	0.59
	陕西省	1.20	0.93	0.70	16.35	14.10
	四川省	2.50	1.99	1.46	44.82	32.94
	西藏自治区	0.13	0.09	0.02	1.11	0.27
	新疆维吾尔自治区	1.27	0.79	0.25	9.86	3.11
	云南省	2.04	1.20	0.26	23.99	5.22
	重庆市	0.55	0.36	0.23	8.17	5.17

3. 根据规划指标

《全国土地利用总体规划纲要（2006—2020 年）》确定了各省份近期（2006—2010 年）的新增建设用地指标，除新疆维吾尔自治区新增建设用地占用农用地的比重为 57.33%，其余省份均超过 70%，全国平均水平为 80.34%。除广东、海南、内蒙古、宁夏、西藏 5 个省份外，其余省份新增建设用地占用耕地比重均超过 50%，全国平均水平为 63.53%。土地利用总体规划中近期（2006—2010 年）各省份新增建设用地指标见图 7-14。

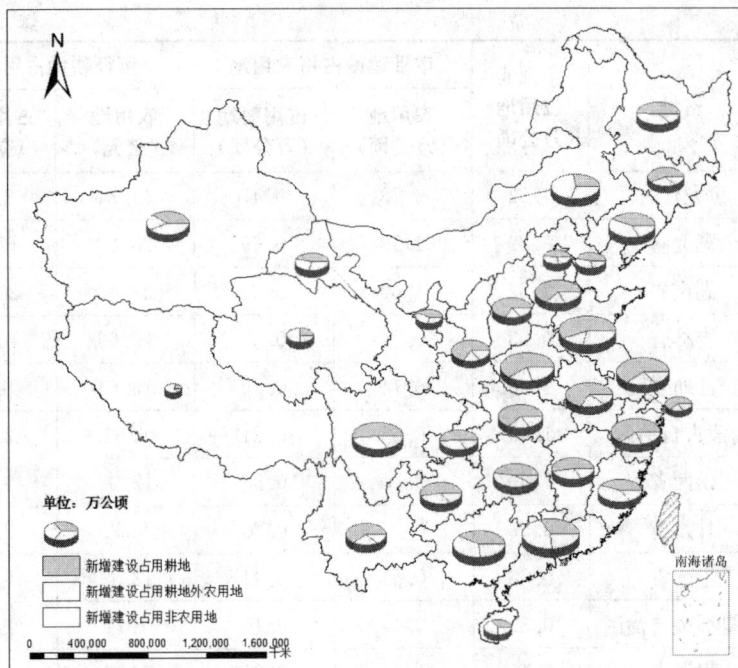

图 7 - 14　各省份近期(2006—2010 年)新增建设用地指标

　　根据各省份近期(2006—2010 年)新增建设用地占用农用地指标,按照耕地
占用税新标准(除耕地以外的农用地各二级地类按林地税额标准)计算,2006—
2010 年全国可征收耕地占用税总额约为 3414.19 亿元,其中占用耕地可征收税
额为 2316.63 亿元。广东、江苏、浙江三省的税额均超过 200 亿元,安徽、广东、河
北、河南、湖北、山东、江苏、四川、浙江 9 个省份可征税额超过 100 亿。各省份近
期新增建设用地指标及可征税额见表 7 - 8。

表 7 - 8　各省份近期新增建设用地指标及可征税额

省　份	新增建设用地(万公顷)	新增建设占用农用地		可征耕地占用税	
		农用地(万公顷)	占用耕地(万公顷)	农用地(亿元)	占用耕地(亿元)
安徽省	7.53	6.67	5.07	150.08	114.08
北京市	2.73	2.13	1.33	85.20	53.20
福建省	6.47	5.53	2.87	126.00	86.10

省　份	新增建设用地（万公顷）	新增建设占用农用地		可征耕地占用税	
		农用地（万公顷）	占用耕地（万公顷）	农用地（亿元）	占用耕地（亿元）
甘肃省	4.07	2.87	1.87	35.88	23.38
广东省	11.33	8.67	3.67	260.10	110.10
广西壮族自治区	9.53	7.27	4.00	112.70	80.00
贵州省	6.13	5.20	3.20	104.00	64.00
海南省	2.67	2.00	0.93	40.00	18.60
河北省	7.33	6.00	4.67	135.00	105.08
河南省	10.40	8.20	6.33	184.50	142.43
黑龙江省	6.47	5.60	3.20	89.60	56.00
湖北省	7.13	6.00	4.47	150.00	111.75
湖南省	7.00	6.27	3.33	127.35	83.25
吉林省	4.67	4.00	2.67	65.35	46.73
江苏省	9.73	8.33	6.00	214.95	180.00
江西省	6.13	5.13	3.20	102.40	72.00
辽宁省	7.47	6.07	3.27	151.75	81.75
内蒙古自治区	8.33	5.93	2.27	60.40	28.38
宁夏回族自治区	2.47	1.80	1.07	22.50	13.38
青海省	2.67	2.00	0.67	25.00	8.38
山东省	11.20	8.00	6.33	180.00	142.43
山西省	5.33	4.53	3.60	79.28	63.00
陕西省	5.33	4.73	3.60	83.30	72.00
上海市	2.60	2.13	1.60	95.85	72.00
四川省	9.33	7.80	4.80	175.50	108.00
天津市	3.20	2.47	1.47	86.45	51.45
西藏自治区	1.07	0.93	0.20	11.63	2.50
新疆维吾尔自治区	6.75	3.87	2.67	48.38	33.38
云南省	5.93	5.13	3.60	102.60	72.00
浙江省	8.67	6.93	5.33	207.90	159.90
重庆市	5.33	4.47	2.73	100.58	61.43

第二节　违法用地与耕地占用税漏缴情况分析

违法用地行为是指行为当事人违反土地管理法律、法规的规定,未经合法有效的批准而占用土地的行为。现阶段,我国违法违规用地突出表现为三种形式,即以租代征、擅自扩区设区和未批先占先用。违法违规建设行为不仅危及耕地保护目标、国家宏观调控政策的实施效果,还危害了社会和谐稳定、国家法律的尊严和权威,以及政府的执行力和公信力,尤其在当前我国耕地保护压力巨大的背景下,这些违法违规占用耕地的行为破坏了占补平衡,严重侵害了土地资源和国家、集体的经济利益。

从 1990 年开始的耕地保护目标责任制到 2004 年的土地市场清理整顿,再到 2007 年建立国家土地督察制度、2007 年开展全国土地执法百日行动、2009 年开展的"双保行动"(保增长保红线)以及 2010 年开展的《保发展保红线工程——2010 年行动方案》,我国土地管理部门为关紧土地"闸门",加强土地监管,落实最严格的土地管理制度开展了一系列的行动。在各级国土资源部门对违法违规占地的大力监管和严厉查处下,2005—2009 年间,一系列宏观调控政策出台,违法用地案件以及涉及的土地面积逐年减少,违法用地情况得到了有效的遏制。

一、2005—2009 年违法用地情况

2009 年,我国共发现土地违法案件 72940 件[1],较 2005—2008 年分别减少了 34.71％、44.35％、40.86％和 27.25％;立案查处土地违法案件 41623 件,分别减少了 48.25％、56.70％、56.61％和 31.09％;结案查处土地违法案件 41662 件,分别减少了 47.82％、53.88％、54.89％和 30.65％。总体而言,2006—2009 年发现、立案土地违法案件数逐年减少,立案率在 2007 年之后逐年降低。2005—2009 年全国违法案件立案查处情况见图 7-15。

从土地违法案件涉及的土地面积来看,2009 年全国发现土地违法案件涉及土

---

〔1〕　国土资源统计快速年报,2009。

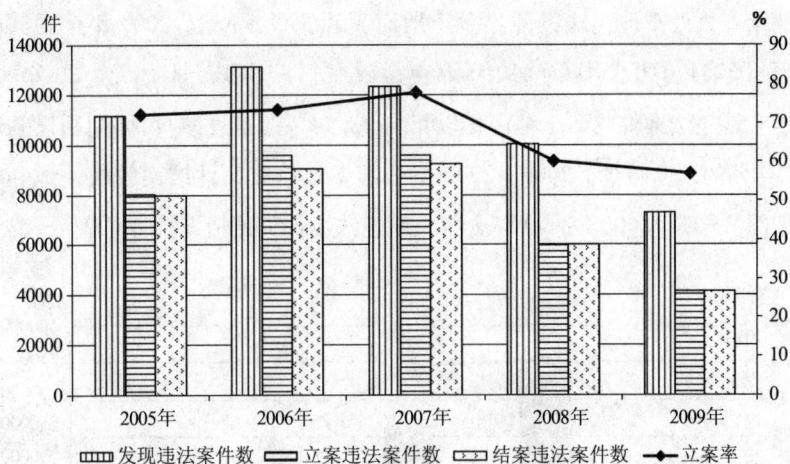

图 7-15　2005—2009 年全国违法案件立案查处情况

地面积 3.8 万公顷(57 万亩),其中耕地 1.7 万公顷(25.5 万亩);立案违法案件涉及土地面积 3.11 万公顷(46.65 万亩),其中耕地 1.39 万公顷(20.85 万亩)。2005—2007 年发现、立案违法用地案件涉及的土地面积逐年递增,2007—2009 年发现、立案违法用地案件涉及的土地面积逐年递减,且减少幅度大于 2005—2007 年的增加幅度,发现、立案违法案件涉及耕地面积与发现、立案违法案件涉及土地面积的变化趋势相同。2005—2009 年全国违法案件涉及土地面积情况见图7-16。

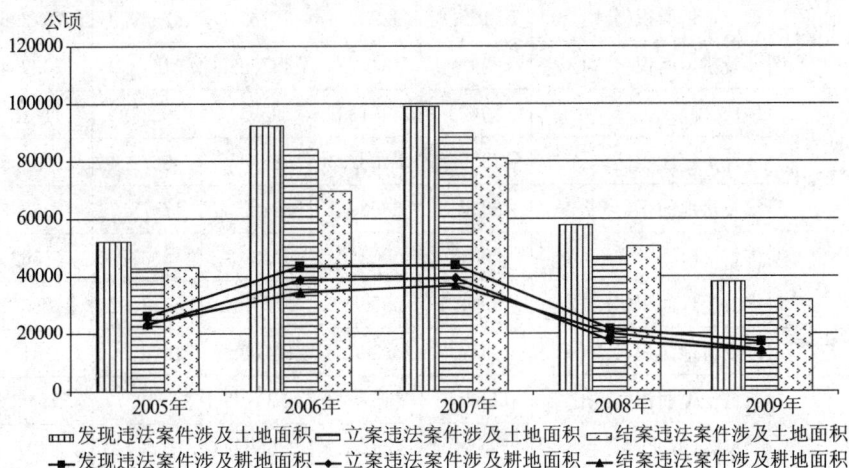

图 7-16　2005—2009 年全国违法案件涉及土地面积情况

从结案查处土地违法案件收缴土地面积和罚没款来看,2009 年全国共收缴土地面积 3754.0 万公顷(56310.0 万亩),收缴罚没款 15.41 亿元。2006—2009年全国土地违法案件收缴土地面积以年均 22.54% 的速度减少,同期罚没款以年均 18.44% 的速度减少。2005—2009 年全国土地违法案件结案收缴土地和款项情况见图 7 - 17。2005—2009 年全国土地违法案件查处情况统计见表 7 - 9。

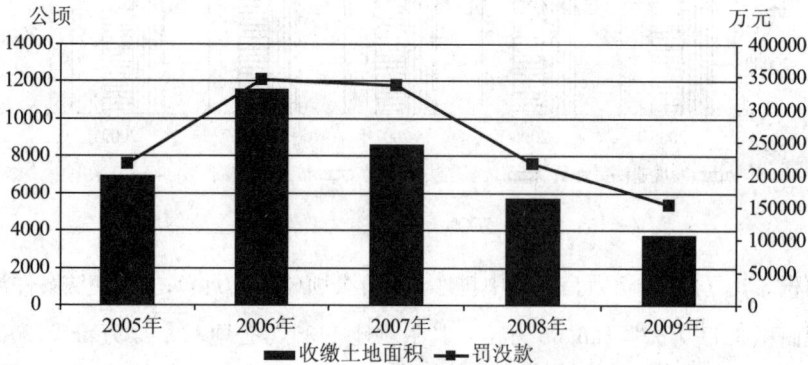

图 7 - 17 2005—2009 年全国土地违法案件结案收缴土地和款项情况

表 7 - 9 2005—2009 年全国土地违法案件查处情况

类型	名 称	2005 年	2006 年	2007 年	2008 年	2009 年
本期发现违法案件	件数(件)	111723	131077	123343	100266	72940
	涉及土地面积(公顷)	52192.8	92237.4	99069.0	57659.9	37972.6
	涉及耕地面积(公顷)	25893.8	43467.6	43738.5	21518.0	17039.4
本期立案违法案件	件数(件)	80426	96133	95937	60399	41623
	涉及土地面积(公顷)	42989.2	84082.3	89846.8	46672.4	31085.5
	涉及耕地面积(公顷)	23332.8	38680.1	39382.3	17578.7	13868.2
本期结案违法案件	件数(件)	79841	90340	92347	60077	41662
	涉及土地面积(公顷)	43041.1	69558.9	80873.1	50430.2	31850.5
	涉及耕地面积(公顷)	23617.0	34230.8	36708.2	19964.6	14181.5
	收缴土地面积(公顷)	6992.9	11595.7	8607.6	5719.7	3754.0
	罚没款(万元)	217574.0	345021.4	336803.3	216524.8	154107.0

2008 年全国立案土地违法案件数以东部省份最多,中部次之,西部最少。立

案件数较多的省份包括东部的浙江、广东、福建、山东、江苏、河北、广西,中部的河南、湖南和西部的贵州;立案件数相对较少的是海南、青海、宁夏等省份。2008年除北京结案率为12.94%外,其他省份均在75%以上。2008年各省份土地违法案件立案与结案情况见图7-18。

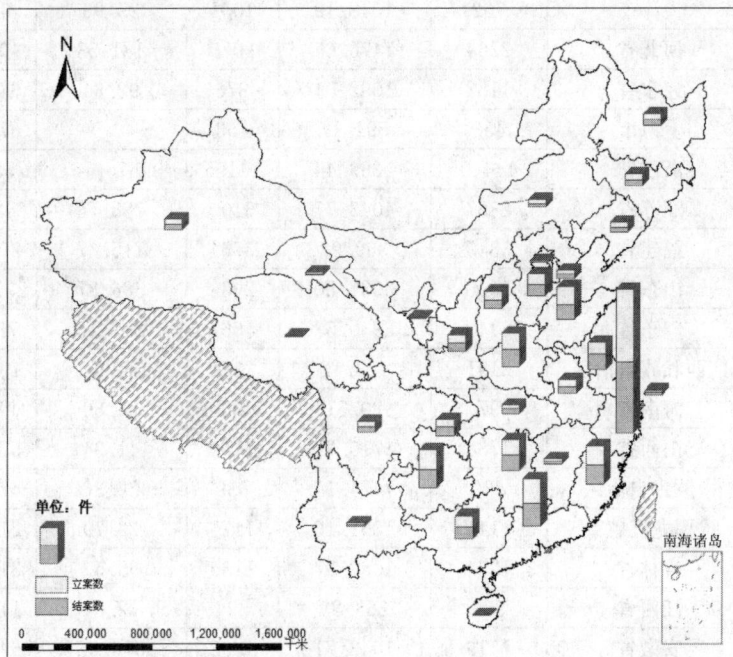

图7-18 2008年各省份土地违法案件立案与结案情况

2008年全国各省份立案涉及土地面积较多的包括内蒙古、浙江、江苏、山东、广东、云南、新疆等,立案涉及土地面积较少的省份包括海南、四川、青海、甘肃等。从分区域情况来看,东部省份的立案涉及土地面积、结案收缴土地面积以及罚没款均最多,分别为2.08万公顷(31.18万亩)、0.36万公顷(5.43万亩)和15.53亿元;其次为中部省份,相应数据分别为1.62万公顷(24.33万亩)、0.11万公顷(1.61万亩)、4.15亿元;西部省份最少,分别为0.97万公顷(14.50万亩)、0.10万公顷(1.54万亩)和1.98亿元。2008年各省份土地违法案件查处情况见表7-10,2008年分区域土地违法案件查处情况见图7-19。

表 7 - 10　2008 年全国各省土地违法案件查处情况

区域	省份	本期立案（件）	本期立案涉及土地面积（公顷）	本期结案（件）	本期结案收缴土地面积（公顷）	本期罚没款（万元）
东部	北京市	340	498.94	44	76.64	3877.40
	天津市	702	1048.19	1031	25.96	17.32
	河北省	2264	1476.65	2070	181.53	4092.28
	辽宁省	1152	1092.01	876	92.34	6790.16
	上海市	453	594.17	453	—	6728.70
	浙江省	14440	4269.44	14105	1675.76	75542.57
	江苏省	2357	4043.77	3100	783.73	24285.76
	福建省	3845	362.92	3764	115.07	2037.06
	山东省	3606	3987.50	2932	386.37	23762.62
	广东省	4740	2930.53	4667	249.36	5190.42
	广西壮族自治区	2191	403.12	2371	5.95	1955.91
	海南省	97	80.51	95	26.80	981.45
中部	山西省	1738	1710.79	1560	41.34	5774.43
	内蒙古自治区	826	7424.11	639	22.36	4267.01
	黑龙江省	1111	1062.16	1171	29.79	2136.29
	吉林省	1264	1063.97	1136	65.53	3151.73
	江西省	582	368.85	594	12.04	1189.05
	安徽省	1519	1043.71	1292	376.62	6484.92
	河南省	3216	1807.52	3398	244.20	9192.26
	湖北省	693	819.56	1084	150.45	3306.01
	湖南省	2968	917.29	3115	130.88	5974.12
西部	云南省	420	2678.28	398	34.22	3754.53
	重庆市	1440	359.67	1817	39.87	1900.12
	贵州省	3852	1278.95	3575	427.41	5672.91
	四川省	1167	250.73	1055	47.46	2065.24
	宁夏回族自治区	248	1569.44	229	89.21	1008.66
	青海省	128	77.61	103	0.45	106.27
	陕西省	1698	1258.53	1673	163.33	2709.28
	甘肃省	291	89.61	252	7.77	121.97
	新疆维吾尔自治区	1051	2103.85	1078	217.21	2439.18

注：缺少西藏自治区数据。

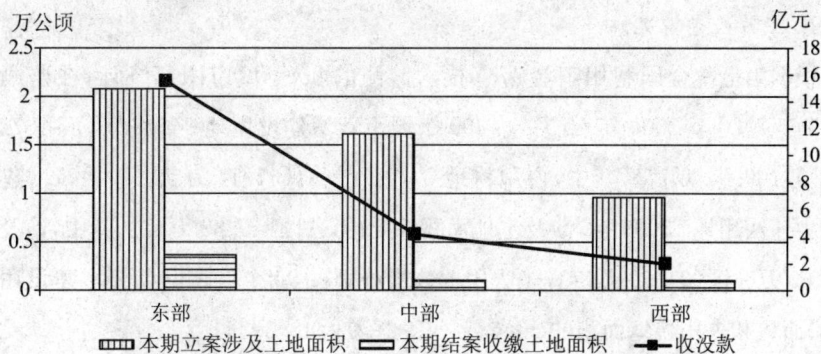

图 7－19　2008 年全国分区域土地违法案件查处情况

二、卫片执法检查

卫片是指利用卫星遥感监测等技术手段制作的叠加监测信息及有关要素后形成的专题影像图片。截至 2010 年,我国已经进行了八次全国土地卫片执法检查工作,从 2009 年度开始,卫片检查范围已覆盖到全国所有县级行政单位(不含港、澳、台地区)。

卫片执法检查工作的目的就是利用以卫星遥感为主的现代技术手段,发现、查处违法用地和违法勘查开采矿产资源行为,分析并探究违法成因,完善、规范土地矿产执法监察制度,提高执法监察效能。卫片检查工作通过对比初期和末期卫片上相同图斑纹理、颜色等的变化,判断可疑图斑,进行现场查勘,确定是否存在违法用地情况。卫片执法的主要内容包括卫片图斑涉及地块是否经过批准;是否擅自突破土地利用年度计划批准用地;是否擅自修改土地利用总体规划批准用地;是否违反国家宏观调控政策和产业政策批准用地;经批准使用的地块是否存在骗取批准、超占面积和擅自改变用途等违法行为,以及对违法行为是否依法及时处理到位等。

2010 年 2 月,国土资源部颁布《土地矿产卫片执法检查工作规范(试行)》(国土资发〔2010〕21 号),对土地卫片执法检查工作的目标和任务、内容和依据、职责分工、工作流程等都做出了明确的规定。同时,对何为实际占用的新增建设用地、何为实地伪变化、何为军用土地、实际占用的新增建设用地合法性、违法用地类别和违法勘查开采矿产资源类别的判定等也做出了明确的解释。

1. 卫片检查情况

根据第七次全国利用卫星遥感技术监测的 90 个城市图斑统计,在监测期(2005 年 10 月至 2006 年 10 月)内,90 个城市新增建设用地 24685 宗,面积 7.27 万公顷(109.04 万亩),其中,占用耕地 3.41 万公顷(51.14 万亩)[1]。新增建设用地中违法用地 13980 宗,涉及土地面积 3.32 万公顷(49.82 万亩),其中,涉及耕地 1.65 万公顷(24.82 万亩),违法用地数量分别占 90 个城市同期新增建设用地宗数、面积和占用耕地面积的 56.63%、45.67% 和 48.39%。

90 个卫片监测覆盖的城市中,鞍山等 50 个城市违法用地宗数占新增建设用地宗数比重超过全国平均水平 56.60%;蚌埠等 52 个城市超过全国平均水平 45.70%;北京等 48 个城市超过全国平均水平 48.50%。其中北京、天津、武汉、广州的违法占用耕地面积均超过 1 万亩,深圳、张家口、哈尔滨、佳木斯、西宁、济南等 24 个城市的违法占用耕地面积占新增建设占用耕地面积的比重超过 80%。2007 年全国违法用地突出城市卫片检查情况见表 7-11。

表 7-11 2007 年全国违法用地突出城市卫片检查情况

城　　市	违法用地面积(公顷)	占新增建设用地面积比重(%)	违法占用耕地面积(公顷)	占新增建设占用耕地面积比重(%)
蚌埠市	203.58	86.27	47.99	63.89
淮南市	109.61	70.34	98.21	72.36
安阳市	384.24	73.51	224.31	98.80
开封市	114.00	69.72	103.19	74.32
洛阳市	185.77	45.84	179.29	80.04
南阳市	725.39	76.99	513.01	85.08
平顶山市	366.95	77.93	193.61	99.40
商丘市	300.76	71.92	260.26	73.71

[1]　国土资源通报:关于第七次卫片执法检查情况的通报。

城　市	违法用地面积（公顷）	占新增建设用地面积比重（%）	违法占用耕地面积（公顷）	占新增建设占用耕地面积比重（%）
新乡市	154.78	72.63	145.88	78.62
郑州市	963.95	83.19	437.06	97.69
哈尔滨市	735.03	76.83	57.98	100.00
齐齐哈尔市	119.06	62.54	32.67	93.24
荆州市	145.85	83.35	82.72	82.03
武汉市	4310.19	66.48	2462.23	82.23
吉林市	278.08	70.72	190.68	87.36
南昌市	189.29	67.81	116.51	74.51
呼和浩特市	843.60	69.72	444.79	76.44
大同市	209.51	85.16	6.81	42.02
太原市	105.56	63.49	69.97	98.83
北京市	2739.22	68.37	1059.63	65.21
广州市	3632.05	75.01	976.31	85.79
石家庄市	445.85	63.16	409.43	61.21
唐山市	469.03	64.88	277.43	67.59
张家口市	93.29	66.79	28.08	100.00
南京市	90.63	69.22	48.27	70.17
鞍山市	322.55	97.41	304.65	97.26
本溪市	378.14	70.50	7.97	5.21
大连市	858.73	68.13	253.51	97.96
抚顺市	83.25	78.19	45.64	74.74
辽阳市	235.71	86.43	134.92	79.92
济南市	595.59	46.28	469.09	100.00
天津市	2341.48	62.51	706.01	89.24
银川市	357.76	41.88	260.78	64.38
西安市	592.21	93.20	516.89	96.93
拉萨市	196.39	72.06	0.00	0.00

注:违法用地突出城市指违法用地面积大且比重超过全国平均水平的城市。

2008 年度卫片执法检查工作的监测覆盖区域增加到 140 个 50 万人口以上城市和 32 个重点城市（包括 6 个县级市），共计 172 个城市、689 个区，较 2007 年度增加了 86 个城市、323 个区。根据检查情况，在监测期（2007 年 10 月至 2008 年 10 月）内 172 个城市共新增建设用地 33500 宗，涉及土地面积 11.00 万公顷（165 万亩），其中，耕地面积 4.76 万公顷（71.4 万亩）[1]。在新增建设用地中，违法用地 11900 宗，涉及土地面积 1.73 万公顷（25.9 万亩），其中涉及耕地面积 0.69 万公顷（10.3 万亩），违法用地数量分别占同期相应城市新增建设用地宗数、面积、耕地面积的 35.52%、15.73% 和 14.50%。与 2007 年度卫片检查情况相比，同期违法用地面积、违法占用耕地面积的比例分别下降了 29.94% 和 33.89%。尽管监测区域增加了一倍多，但违法用地面积从 3.32 万公顷（49.82 万亩）下降为 1.73 万公顷（25.90 万亩），下降了 47.89%；其中，占用耕地面积从 1.65 万公顷（24.82 万亩）下降为 0.69 万公顷（10.3 万亩），下降了 58.18%，说明违法违规用地总量在持续下降，违法用地势头得到了有效的遏制，但违法用地问题依然普遍存在。

172 个卫片监测覆盖城市中，阜阳等 35 个城市违法用地宗数占新增建设用地宗数比重超过全国平均水平 35.52%；廊坊等 39 个城市的比重超过全国平均水平 15.73%；牡丹江等 26 个城市的比重超过全国平均水平 14.50%。其中，北京市违法占用耕地面积超过 1 万亩，珠海、牡丹江、双鸭山、廊坊、阳泉、张家口、鸡西 7 个城市违法占用耕地面积占新增建设占用耕地面积的比重超过 80%。2008 年全国违法用地突出城市卫片检查情况见表 7-12。

表 7-12　2008 年全国违法用地突出城市卫片检查情况

城　市	违法用地面积（公顷）	占新增建设用地面积比重（%）	违法占用耕地面积（公顷）	占新增建设占用耕地面积比重（%）
北京市	1624.12	48.53	679.85	43.25
唐山市	538.52	50.72	497.59	67.63
张家口市	183.58	69.07	115.81	83.05

---

[1]　国土资源部通报：2008 年度卫片执法检查情况。

城　　市	违法用地面积（公顷）	占新增建设用地面积比重（%）	违法占用耕地面积（公顷）	占新增建设占用耕地面积比重（%）
廊坊市	70.62	92.27	61.33	97.18
太原市	137.45	36.96	21.37	14.19
大同市	160.48	85.46	29.36	77.92
阳泉市	65.98	88.24	35.99	87.02
葫芦岛市	334.59	59.13	0.13	0.43
吉林市	150.62	20.87	11.24	5.92
湖州市	149.78	18.25	77.93	14.19
蚌埠市	149.95	20.37	145.75	28.81
淮南市	83.91	12.45	65.81	14.55
安庆市	76.37	22.28	43.97	23.07
阜阳市	179.00	33.89	137.09	29.37
日照市	108.13	31.17	16.91	9.44
滨州市	57.45	31.77	12.19	11.38
新乡市	66.35	16.41	19.71	7.82
益阳市	65.89	26.42	12.79	13.13
广州市	494.65	18.87	185.13	47.36
韶关市	260.49	44.87	57.05	33.26
佛山市	480.58	27.11	74.79	67.66
西安市	447.57	29.33	78.90	10.78

注:违法用地突出城市指违法用地面积大且比重超过全国平均水平的城市。

2007—2008 年均在卫片执法检查范围内的城市中,除深圳、唐山、张家口违法占用耕地增加较多外,其余城市违法占用耕地均有不同程度的减少或少量增加。2007—2008 年部分城市卫片检查违法占用耕地情况见图 7-20。

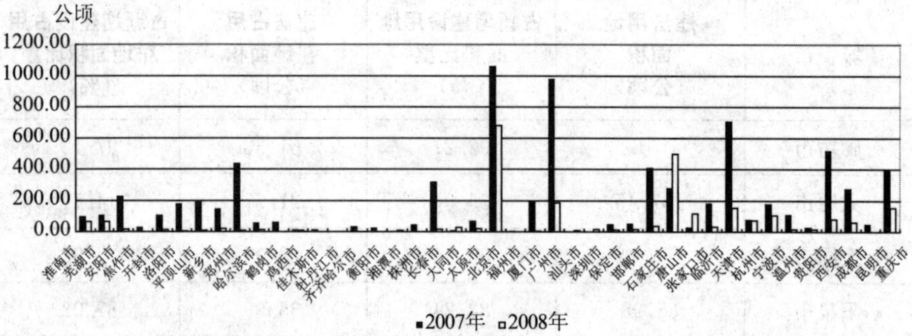

公顷

图 7-20 2007—2008 年部分城市卫片检查违法占用耕地情况

2. 卫片执法情况

根据第八次卫片执法检查结果,对全国 86 个城市土地违法案件进行了整改查处:86 个城市共发现违法案件数 9177 件,立案数 8282 件,结案数 7999 件,共计决定罚款 10.83 亿元,落实罚款 7.55 亿元。其中,除鞍山、本溪、厦门、南昌和昆明外,其余城市立案率均在 50%以上,65%的城市立案率超过 90%;结案率最低的是上海,结案率为 65%,94%的城市结案率超过 90%。86 个城市整改查处中应收未收的罚款总额为 3.27 亿元,同时,2008 年全国卫片执法检查覆盖的 90 个城市漏征耕地占用税总额为 11.91 亿元,应收未收的罚款占漏征税收总额的 27.46%。典型城市第八次卫片执法检查整改查处情况见图 7-21。

三、违法用地漏征税额估算

2007 年,全国卫片执法检查覆盖范围内的 90 个城市,共计违法占用耕地 1.65 万公顷(24.82 万亩),按照 1987 年耕地占用税税额标准,可征税额为 13.03 亿元。其中,武汉、北京漏征税额超过 1 亿元,广州、天津、上海、呼和浩特、郑州均为漏征税额量较大的城市。2007 年全国卫片检查覆盖城市违法占用耕地漏征税额见表 7-13。

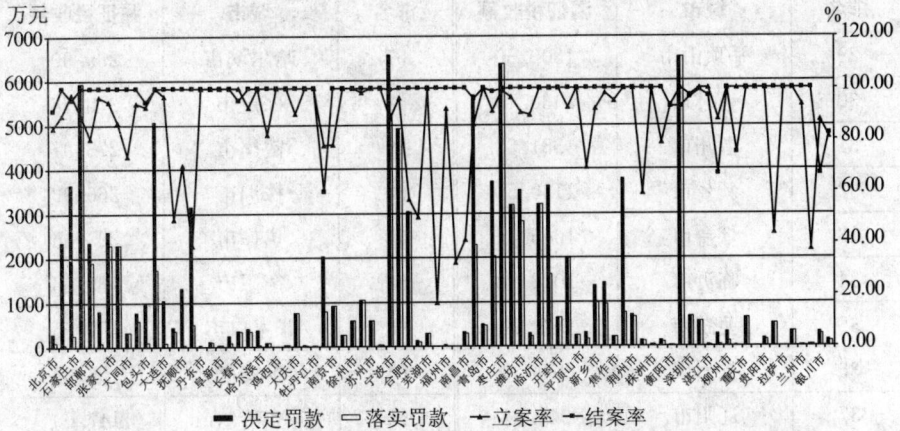

图 7-21 典型城市第八次卫片执法检查整改查处情况

表 7-13 2007 年全国部分城市违法占用耕地漏征税额 　　　　单位:万元

排名	城市	漏征税收额	排名	城市	漏征税收额
1	武汉市	22775.61	15	石家庄市	2303.06
2	北京市	10596.27	16	成都市	2275.68
3	广州市	7322.30	17	重庆市	2235.34
4	天津市	6177.62	18	宁波市	2233.83
5	上海市	4154.33	19	鞍山市	2056.41
6	郑州市	4152.07	20	淄博市	1958.19
7	呼和浩特市	4003.14	21	大连市	1837.97
8	沈阳市	3687.13	22	无锡市	1773.59
9	济南市	3283.61	23	安阳市	1738.43
10	青岛市	3219.73	24	洛阳市	1703.22
11	南阳市	3078.04	25	潍坊市	1684.18
12	长春市	2784.89	26	厦门市	1673.58
13	西安市	2584.43	27	商丘市	1561.56
14	合肥市	2458.56	28	唐山市	1560.56

排名	城市	漏征税收额	排名	城市	漏征税收额
29	平顶山市	1500.50	57	哈尔滨市	289.90
30	吉林市	1430.10	58	保定市	278.78
31	温州市	1381.58	59	鹤岗市	275.97
32	新乡市	1130.57	60	株洲市	266.92
33	烟台市	1045.11	61	焦作市	223.36
34	临沂市	1022.78	62	衡阳市	165.96
35	芜湖市	987.94	63	张家口市	157.95
36	杭州市	979.00	64	泰安市	156.63
37	辽阳市	944.44	65	齐齐哈尔市	147.00
38	常州市	928.48	66	长沙市	137.07
39	淮南市	920.69	67	襄樊市	136.06
40	银川市	814.94	68	贵阳市	131.80
41	南昌市	669.95	69	兰州市	128.17
42	柳州市	651.15	70	阜新市	126.13
43	开封市	619.12	71	湛江市	89.70
44	苏州市	608.30	72	西宁市	80.38
45	荆州市	558.36	73	本溪市	59.75
46	南京市	494.80	74	佳木斯市	42.98
47	蚌埠市	449.94	75	鸡西市	41.89
48	乌鲁木齐市	423.80	76	福州市	39.03
49	淮北市	418.50	77	丹东市	36.59
50	抚顺市	399.35	78	大同市	29.81
51	枣庄市	381.74	79	锦州市	22.50
52	徐州市	364.86	80	深圳市	13.90
53	包头市	329.16	81	湘潭市	11.70
54	太原市	306.10	82	汕头市	9.35
55	昆明市	304.54	83	牡丹江市	8.65
56	邯郸市	293.44			

2008年，全国卫片执法检查覆盖范围内的90个城市共计违法占用耕地面积

0.37万公顷(5.55万亩),按照2008年耕地占用税税额标准,可征税额为11.91亿元。其中,北京、唐山漏征税额超过1亿元,广州、蚌埠、长春、天津、宁波、阜阳为漏征税额量较大的城市。2008年部分卫片检查覆盖城市违法占用耕地漏征税额见表7-14。

表7-14 2008年全国部分城市违法占用耕地漏征税额 单位:万元

排名	城市	漏征税收额	排名	城市	漏征税收额
1	北京市	27194.13	23	石家庄市	839.40
2	唐山市	11195.70	24	温州市	800.00
3	广州市	5554.00	25	四平市	786.60
4	蚌埠市	5465.50	26	淮北市	739.75
5	长春市	5365.50	27	珠海市	724.20
6	天津市	5323.03	28	临沂市	712.50
7	宁波市	5225.67	29	阳泉市	629.88
8	阜阳市	5140.75	30	新乡市	610.91
9	湖州市	3896.67	31	盘锦市	603.31
10	杭州市	3729.67	32	马鞍山市	578.50
11	重庆市	2830.95	33	莱芜市	565.16
12	张家口市	2605.80	34	安阳市	536.09
13	淮南市	2467.75	35	深圳市	520.60
14	芜湖市	2365.50	36	大同市	513.80
15	佛山市	2243.60	37	遵义市	449.73
16	成都市	1961.74	38	日照市	439.57
17	韶关市	1711.60	39	太原市	373.92
18	安庆市	1648.75	40	德州市	366.50
19	西安市	1578.00	41	邯郸市	365.10
20	廊坊市	1379.85	42	郑州市	355.17
21	宝鸡市	1298.80	43	吉林市	337.20
22	合肥市	853.50	44	益阳市	332.63

续　表

排名	城市	漏征税收额	排名	城市	漏征税收额
45	邢台市	313.50	65	聊城市	146.77
46	开封市	300.00	66	长治市	126.82
47	平顶山市	294.91	67	鸡西市	119.25
48	贵阳市	294.80	68	常德市	114.75
49	岳阳市	283.00	69	南充市	93.07
50	保定市	278.10	70	泸州市	91.39
51	绍兴市	275.00	71	攀枝花市	75.06
52	海口市	260.17	72	沧州市	60.00
53	滨州市	262.16	73	衡阳市	45.18
54	菏泽市	246.96	74	福州市	44.57
55	昆明市	235.50	75	株洲市	22.67
56	哈尔滨市	238.27	76	自贡市	21.78
57	伊春市	211.47	77	双鸭山市	16.44
58	濮阳市	218.65	78	焦作市	14.26
59	汕头市	204.60	79	郴州市	13.00
60	汨罗市	196.56	80	牡丹江市	10.51
61	秦皇岛市	194.10	81	大庆市	7.87
62	洛阳市	185.69	82	江门市	7.40
63	湘潭市	172.80	83	乐山市	6.83
64	厦门市	154.23	84	葫芦岛市	3.47

　　总体而言,全国违规违法用地量持续下降,这与土地督察制度建立、卫片执法检查手段应用、"百日行动"、"双保行动"等查处力度加大等因素密不可分。在土地执法体系不断完善、先进监督技术手段持续应用,以及各级土地管理部门严格开展政策执行和监督问责的情形下,近年来我国违规违法用地行为得到了有效的遏制,但形势依然严峻。

第三节 不同税费征收标准下的耕地保护绩效

作为调节农用地转用征收行为的重要经济杠杆,"一税三费"通过调节耕地占用主体间的利益关系,共同作用以实现保护耕地、抑制非农建设占用耕地的规模和速度。新增费是农用地转用环节中征收时间较长、改革较早的税费之一,本研究拟以江苏省为研究区,探讨不同新增费标准下的耕地保护绩效,以期对其他土地税费制度的制定和改革提供一定的参考和借鉴。

影响耕地减少的驱动因子众多,各因素间相互作用复杂多变,且新增费在全部影响因子体系中的贡献度有限,普通计量经济学模型难以相对独立地剥离出新增费征收标准调整的个体效应。基于误差反向传播算法的 BP 神经网络模型可实现变量间的任意非线性映射,以某一精度标准逼近一个非线性函数,拟合出新增费征收标准变化与耕地面积减少间的动态变化关系,并可通过仿真实验模拟出不同新增费征收标准情景下的耕地减少数量变化情况,定量分析新增费标准调整的耕地保护效应。

一、BP 神经网络方法

BP 神经网络(Back-Propagation Neural Network),即误差反向传播网络,是人工神经网络中应用最为普遍的一种形式。BP 神经网络中的神经元分层排列,由输入层、输出层和至少一个隐含层组成,前一层神经元的输出均经由神经网络传送到下一层,同时通过各层间的连接权来达到减弱、抑制或增强这些输出的作用,隐含层与输出层神经元的净输入是上一层神经元输出的加权和(输入层神经元除外)。在 BP 神经网络中,每个神经元的活化程度由它的输入、权值阈值和激活函数来决定。[140—143]

(一)BP 网络神经元模型

BP 神经元是对生物神经元抽象化后得到的一种神经元模型,由三个基本要素组成(图 7 - 22),分别是连接权、求和单元和传递函数。

连接权反映各 BP 人工神经元间的连接强度,与生物学中的神经元突触相对

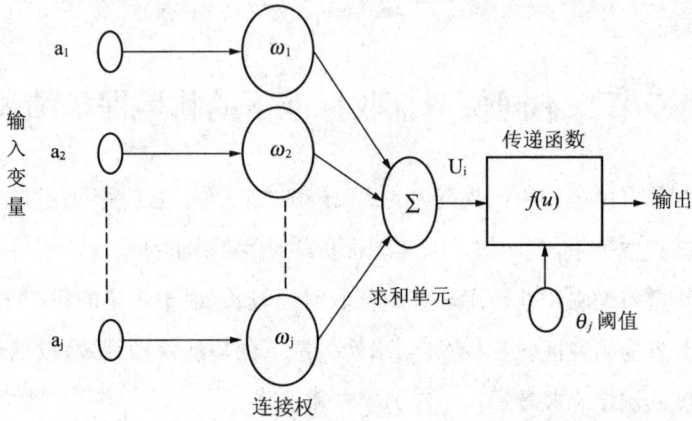

图 7 - 22 BP 网络神经元模型

应,连接权为负表示抑制,为正表示激活。求和单元主要用于求取各输入变量的加权和。传递函数将 BP 人工神经元输出值限定在一定范围内,一般为(0,1)或(-1,1),起非线性映射作用,Sigmoid 函数为最常用的激活函数。

(二) BP 神经网络结构

BP 神经网络一般由输入层、隐含层(中间层)和输出层三个部分组成,其中,隐含层的个数可根据需要灵活确定,最少为一个;在每一层中包含若干神经元,其数量可根据输入和输出信息具体确定,见图 7 - 23。3 层的 BP 神经网络几乎可以对所有非线性函数问题进行拟合。

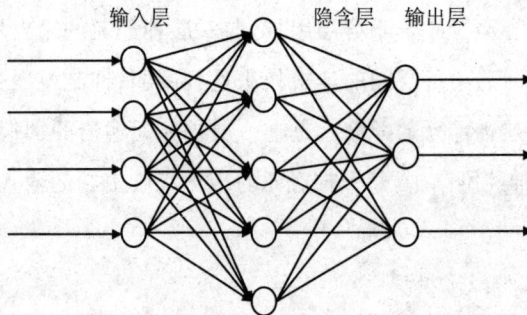

图 7 - 23 三层 BP 网络神经网络结构

（三）BP 神经网络模型训练过程

BP 神经网络算法的训练过程可分为两个阶段。

（1）输入信息流的正向传递：输入信息进入输入层经由隐含层再到输出层，按照激活函数和相应权值逐层进行处理，计算得到各神经元输出值。

（2）误差的反向传播阶段：计算训练样本期望值与神经网络输出值的误差，若未达到设定误差要求，根据误差值动态调整各层间权重，按原连接通路反向传播，逐层修改调节，使得误差逐步减小，经大量学习样本训练后，连接权值即可固定下来。

以上两个阶段即完成 BP 神经网络的一次学习迭代，而这种信息流的正向传递与误差的反向传播是在不断迭代中反复进行的，直至误差减小到要求的精度范围内或达到预设的学习次数。

（四）BP 神经网络模型优点

BP 神经网络是人工神经网络中最普遍和最常用的模型之一，广泛应用于生物、物理等基础科学研究领域，在土地科学中也备受学者青睐，其模型具有以下优点：

（1）非线性映射能力。BP 神经网络无需事先了解描述映射关系的数学函数，即可通过训练存储大量的自变量—因变量映射关系，同时，BP 神经网络的输入变量并不像普通计量经济模型那样严格受限，只要能提供足够多的样本，便可拟合任意一个自 m 维输入空间到 n 维输出空间的非线性映射关系。

（2）容错能力。BP 神经网络的学习过程是从大量样本数据中提取它们共同反映的输出层与输入层变量的映射关系，而在此过程中个别异常样本并不影响网络的权值和阈值，因此，BP 神经网络具有一定的容错能力，网络不受个别误差样本的影响。

（3）泛化能力。经学习训练后，BP 神经网络可在系统权值、阈值中存储非线性映射关系，此后，当向网络中输入其他未曾处理过的非样本数据时，网络也能在自身存储的学习知识的基础上快速进行分析判断，正确映射出输出层变量与输入层变量间的非线性关系，具有较强的泛化能力。

二、BP 神经网络结构确定

(1) 学习因子选取与网络结构确定

本研究采用三层 BP 神经网络模拟新增费政策执行与耕地面积变化的动态关系。输入层神经元为耕地面积减少的影响因子,选取 GDP、固定资产投资、城市化率、城乡居民收入比、人均粮食产量、建设用地与农地利用效益差额及新增费标准 7 个指标作为神经网络输入神经元,输出神经元为耕地减少面积。确定隐含层层数为 1,隐含层神经元个数根据式(7-1)采用试凑法,最终确定其个数为 6,BP 神经网络拓扑结构见图 7-24。

$$L = \sqrt{m+n} + a \qquad (7-1)$$

式中,L 是隐含层神经元个数,m 是输入层神经元个数,n 是输出层神经元个数,a 是 $1\sim10$ 的常数。

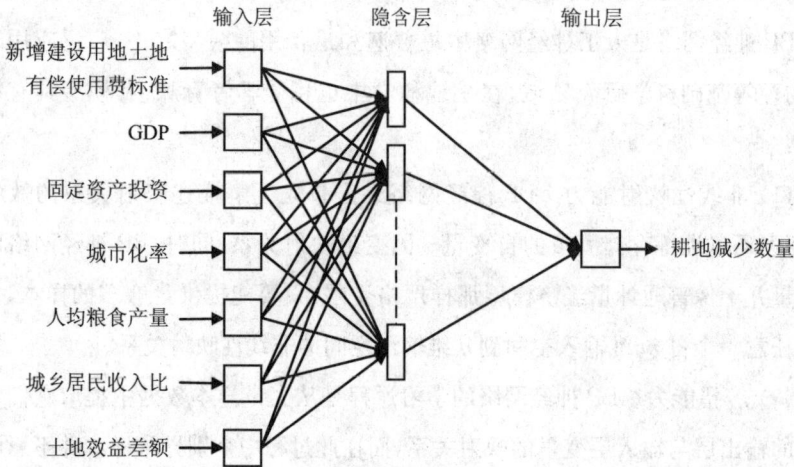

图 7-24　BP 神经网络拓扑结构示意图

(2) 激活函数与学习速率选择

输入层与隐含层之间的作用函数选用 Sigmoid 激活函数:

$$f(x') = 1/(1+e^{-Qx'}) \qquad (7-2)$$

其中,Q 为神经元非线性调节参数。

输出层与隐含层之间的作用函数选择简单线性加权函数:

$$f(x) = \sum_{i=1}^{l} w_i \times \boldsymbol{Q}_i \qquad (7-3)$$

（3）学习速率的选择

建立 BP 神经网络要考虑的另一个重要因素即为学习速率，一般采用自适应规则法或固定速率法确定。经多次模拟学习，采用固定速率法。

（4）误差修正

定义网络误差 e：

$$e = \frac{1}{n} \sum_{t=1}^{n} \frac{1}{2} (q_k(t) - s_k(t))^2 \qquad (7-4)$$

式中，$q_k(t)$、$s_k(t)$ 分别为第 t 个输入样本相应输出神经元的期望输出值与神经网络拟合输出值，n 为训练样本个数。

（5）输入输出因子预处理

为提高 BP 神经网络输出精度，充分发挥其仿真功能，在学习训练前，需对输入向量进行标准化处理，以消除不同因子间因数值大小和量纲差异而引起的误差，本研究采用极差标准化方法：

$$x'_n = \frac{x_n - x_{n\,\min}}{x_{n\,\max} - x_{n\,\min}} \qquad (7-5)$$

式中，$x_{n\,\min}$、$x_{n\,\max}$ 分别为第 n 个输入向量的最小值和最大值。

通过 BP 神经网络计算得到的输出向量是期望获得标准化后的耕地减少数量拟合值。为直接观察新增费对抑制耕地面积较少的贡献，需进一步将输出向量进行逆标准化。

$$y_d = y'_d(y_{d\,\max} - y_{d\,\min}) + y_{d\,\min} \qquad (7-6)$$

式中，$y_{d\,\max}$、$y_{d\,\min}$ 分别为土地整治第 d 种效益原始输入向量的最大值和最小值，y'_d 为BP 神经网络拟合的耕地面积减少量，y_d 为逆归一化后的耕地面积减少量。

三、不同税费征收标准下的耕地面积模拟

本研究选取江苏省作为研究区。江苏省位于我国东部沿海中心，土地面积1067.42 万公顷，人口 7866 万，2011 年 GDP 为 48604 亿元，位列全国第二位，建设用地需求与耕地保护矛盾突出，建设占用耕地数量变化的复杂性与激烈性并存，在耕地资源紧缺的经济发达地区具有典型性和代表性，研究结果可供相关土

地税费政策的制定与调整参考。本研究的土地统计数据来源于《全国土地变更调查报告》，社会经济数据来自《江苏省统计年鉴》，土地效益以不同地类年度生产总值除以用地面积求得，新增费标准按照财政部相关文件确定[1]。

　　将输入向量标准化后，作为学习样本输入动态模拟 BP 神经网络，激活函数中 Q 值取 1，选定固定速率 0.08，误差允许值 0.0001，经多次学习，网络误差 E 满足条件，训练结束。在此基础上对学习后的 BP 神经网络进行仿真计算，可以获得江苏省 1996—2008 年耕地减少数量标准化拟合值（表 7 - 15）。定义网络拟合误差＝(耕地减少数量拟合值－实际值)/耕地减少数量实际值×100％。计算逆归一化后的 BP 神经网络拟合误差（表 7 - 16），其误差均控制在 1％以下，动态变化模型的拟合效果较好，具备应用于仿真实验的条件。

表 7 - 15　江苏省 1996—2008 年耕地减少数量学习样本及标准化拟合值

年份	GDP	固定资产投资	城市化率	城乡居民收入	人均粮食产量	比较利益差额	新增费标准	耕地减少面积	耕地减少面积拟合值
1996 年	0.000	0.000	0.000	0.000	0.921	0.000	0.000	0.000	0.001
1997 年	0.028	0.019	0.096	0.062	1.000	0.023	0.000	0.005	0.007
1998 年	0.049	0.031	0.156	0.085	0.805	0.042	0.000	0.156	0.156
1999 年	0.070	0.060	0.281	0.192	0.955	0.066	0.517	0.030	0.029
2000 年	0.105	0.080	0.526	0.217	0.393	0.111	0.517	0.071	0.070
2001 年	0.142	0.103	0.567	0.286	0.171	0.147	0.517	0.341	0.337
2002 年	0.189	0.145	0.644	0.407	0.120	0.201	0.517	0.901	0.894
2003 年	0.265	0.258	0.722	0.572	0.118	0.296	0.488	0.721	0.714
2004 年	0.370	0.372	0.774	0.596	0.008	0.410	0.488	1.000	0.993
2005 年	0.506	0.518	0.859	0.753	0.000	0.560	0.488	0.237	0.236
2006 年	0.643	0.619	0.911	0.859	0.266	0.696	0.488	0.677	0.678
2007 年	0.812	0.787	0.959	0.948	0.272	0.838	1.000	0.175	0.175
2008 年	1.000	1.000	1.000	1.000	0.291	1.000	1.000	0.158	0.156

---

[1]　分别由财综字[1999]117 号、财综字[2002]93 号、财综字[2006]48 号文件确定。

表 7-16　江苏省 1996—2008 年耕地面积减少量拟合值及误差

	1996 年	1997 年	1998 年	1999 年	2000 年	2001 年	2002 年	2003 年	2004 年	2005 年	2006 年	2007 年	2008 年
耕地面积减少量(公顷)	1.621	1.658	2.708	1.826	2.115	3.987	7.877	6.631	8.567	3.267	6.324	2.840	2.719
拟合值(公顷)	1.628	1.668	2.706	1.820	2.106	3.959	7.828	6.583	8.518	3.257	6.333	2.833	2.706
误差(%)	0.45	0.59	−0.09	−0.35	−0.44	−0.70	−0.62	−0.73	−0.57	−0.30	0.14	−0.24	−0.48

为独立分析新增费征收标准与耕地面积减少的动态变化关系,假设在仿真实验中其他影响因素保持现实水平不变,分别仿真在无新增费、1999 年费用标准和 2007 年费用标准下的耕地面积变化情况。为方便比较,将神经网络输出耕地减少面积逆归一化后,转化为当年耕地面积仿真值(表 7-17)。

表 7-17　江苏省 1996—2008 年耕地面积仿真值

	1996	1997	1998	1999	2000	2001	2002	2003	2004	2005	2006	2007	2008
耕地面积实际值(公顷)	506.17	505.6	503.65	502.42	500.8	497.11	493.4	490.2	481.7	480.12	476.87	476.38	476.38
无新增费(公顷)	506.17	505.6	503.65	500.31	498.5	496.29	492.6	489.5	480.9	477.97	473.01	468.53	468.42
1999 年费用标准(公顷)	505.13	505.4	504.45	502.42	500.8	497.11	493.4	490.2	481.7	480.12	476.87	470.81	471.05
2007 年费用标准(公顷)	506.16	507.1	507.64	506.09	504.5	499.85	496.4	492.9	484.41	482.95	483.24	476.38	476.38

(1) 无新增费仿真

虚拟仿真实验结果显示,在不征收新增费的条件下,江苏省 1999—2008 年耕地占用规模增大,耕地面积将在现实基础上累计减少 29.54 公顷,各年减少幅度分别为 0.42%、0.48%、0.17%、0.17%、0.16%、0.16%、0.45%、0.81%、1.65% 和 1.67%,这部分数量可理解为新增费征收政策对耕地保护的贡献,即 10 年间江苏省新增费的征收共抑制耕地减少 29.54 公顷,贡献效果较为显著,其贡献额度呈先降后升的趋势,体现了新增费作用强度随经济发展先弱化再强化的过程;2007 和 2008 年度的高贡献额度,与新增费标准的动态调整相吻合。因此,新增费的征收在一定程度上起到了抑制耕地占用规模和速度的作用,促进了耕地保护和土地的节约集约利用。

(2) 1999 年新增费标准仿真

以 1999 年新增费标准作为输入变量进行虚拟仿真实验,结果显示,1996—1998 年耕地面积减少量将低于实际耕地面积减少量,耕地面积累计将比现实增加 0.37 公顷;因 1999 年新增费标准为 1999—2006 年的实际征收标准,故此时段内仿真得出的江苏省耕地面积即为实际耕地面积;而 2007 年和 2008 年仿真实验得到的耕地面积减少量明显增加,即如果 2007 年不调整新增费征收标准,2007 年和 2008 年的耕地面积减少量将在现实基础上累计多出 10.90 公顷,各年减少幅度分别为 1.17% 和 1.12%。

(3) 2007 年新增费标准仿真

2007 年江苏省新增费平均征收标准为 42 元/m^2,较 1999 年提高了一倍左右,有效增加了地方政府用地成本,降低了土地征用收益;经仿真模拟,若从 1996 年起即按 2007 年的费用标准征收新增费,除 1996 年耕地面积基本不变外,1997—2006 年耕地减少数量将明显低于实际耕地减少数量,耕地总量将比实际水平有所增加,各年增加幅度分别为 0.31%、0.79%、0.73%、0.74%、0.55%、0.60%、0.54%、0.56%、0.59% 和 1.34%,1996—2008 年将累计抑制耕地面积减少33.19公顷。

(4) 新增费耕地保护效果综合评价

就三次虚拟仿真结果综合比较而言,江苏省 1996—2008 年耕地面积在无新增费条件下为最小值,在 1999 年征收标准下居于其次,在 2007 年征收标准下最大。由此,可理解为在一定范围内,新增费征收标准越高,耕地保护效果越明显。1999 年起的新增费政策设定虽在一定程度上发挥了经济调节作用,部分实现了抑制耕地转用的设费功能,但其贡献额度总体不高且随年份推移呈降低趋势,耕地保护效应逐年弱化。2007 年新增费征收标准调整后,政策执行效果较为显著,优于其他两种仿真结果,但因其现实调整时期较晚,未能在新增费耕地保护效果弱化时进行效应加强,导致江苏省耕地额外流失。

从新增费征收条件下耕地保护的综合效果来看,尽管其保护效率不断提高,但总体水平仍然较低,贡献度多在1‰以下,新增费政策在整个耕地动态变化系统中的作用较小,在众多耕地占用驱动因子作用下易被中和或弱化,其耕地保护效应难以切实发挥。造成这种局面的主要原因在于新增费征收虽在一定程度上增加了地方政府用地成本,但仍有较大份额被转移至用地单位,而对地方政府的直接影响较小,未能完全实现其设费基本功能取向,耕地保护效果尚待提高。因此有必要在现行农用地转用税费政策基础上进一步完善调整新增费政策,提高其对耕地面积变化的影响度,加强新增费耕地保护效应,促进耕地保护和土地的节约集约利用。

通过新增费设置征收标准调整与耕地面积变化的 BP 神经网络仿真实验,得出以下结论:

(1)新增费征收可在一定程度上增加地方政府用地成本,抑制耕地占用规模和速度,作为农用地转用征收环节唯一以地方政府为征收对象的土地税费项目,其设立具有重要的意义和作用;

(2)在无新增费、1999 年征收标准和 2007 年征收标准下,仿真模拟的耕地减少面积呈下降趋势,表明新增费在耕地面积变化中发挥了调节作用,且在一定范围内,费用标准越高,耕地保护效果越好,当前新增费标准优于 1999 年标准,新增费征收标准调整发挥了成效;

(3)总体而言,新增费征收的耕地保护效果仍不显著,贡献额度较为有限,作为政府调节耕地占用现象的重要经济杠杆,其耕地保护效益需进一步强化,相应征收标准有待进一步改进,以理顺农用地转用征收环节税费体系,明确有关税费的相互作用关系,提高土地税费调节在耕地保护中的作用和地位,切实保护耕地,促进土地的节约和集约利用。

四、税费政策执行效果的耕地保护绩效

以年内建设占用耕地面积作为被解释变量,分析新增费政策与耕地占用规模之间的动态变化关系。建设占用耕地的根本驱动力来自于经济发展、人口增长与结构变动,主要驱动力来自 GDP 增长、城市化水平提高、固定资产投资攀升等因素拉动。对 2000—2008 年我国建设占用耕地规模与其主要驱动力指标进行相关分析,发现建设占用耕地与固定资产投资、总人口、人均 GDP 等因素相关性较好,

在 1‰水平下显著,借鉴相关研究成果,选取以下主要因素作为自变量:

(1) 固定资产投资。固定资产投资是地区经济发展水平的直接反映,相关研究已验证了固定资产投资与建设占用耕地面积之间的关系,通常认为固定资产投资与建设占用耕地面积之间存在正相关关系。

(2) 总人口。人口增长是建设占用耕地的主要驱动力之一,人口规模变化是地区经济发展与城镇化水平的重要体现,人口数量不同,建设占用耕地的需求也不同,通常认为二者之间存在正相关关系。

(3) 人均 GDP。经济发展结构与发展特点也是影响耕地占用的重要因素之一,受区域经济发展阶段和经济结构的影响,单位固定资产投资增加所需占用的耕地面积不同。选用人均 GDP 作为地区经济发展结构的代理变量,通常认为人均 GDP 越高,地区经济发展结构越合理,耕地占用节约边际越大,这一变量系数的符号应为负。

(4) 路网密度。耕地占用在很大程度上受规划的约束和限制,路网密度是城镇体系布局和城市规划要素的重要反映,现有研究认为路网密度与建设占用耕地规模之间存在联系,通常路网密度提高会增加耕地占用的可能性,二者之间可能存在正相关关系。

(5) 年度政策变量。不同年份,在实施新增费征收政策的同时,耕地占用还受现有的和其他新制定的耕地保护政策的影响和制约,各项耕地保护政策的执行力度存在年度差异,又难以量化,应通过设置年度政策虚拟变量予以解决。

(6) 新增费征收率。考虑到新增费政策实施效果受区位条件、占用农用地质量及地方征收力度等因素影响较大,简单以新增费征收标准为解释变量难以客观体现其政策执行效果,本研究引入新增费征收率的概念,以省级行政单位某年实收新增费数额与农用地转用面积之比表示,这一比率越高,表明新增费执行效果越好,建设占用耕地的成本越高,这一变量系数符号应为负。各变量的含义及期望符号见表 7-18。

表 7 - 18　变量含义与期望符号

变量名	含　　义	期望符号
invest	年度固定资产投资(亿元)	＋
Pop	总人口(万人)	＋
GDP_{pc}	人均 GDP(元/人)	－
road	路网密度(千米/万公顷)	＋
fee	新增费征收率(元/m²),省级区域内当年实收新增费数额与农用地转用面积之比	－
*year*2004	年度虚拟变量,如果为 2004 年,*year*2004＝1;其他,*year*2004＝0	＋/－
*year*2005	年度虚拟变量,如果为 2005 年,*year*2005＝1;其他,*year*2005＝0	＋/－
*year*2006	年度虚拟变量,如果为 2006 年,*year*2006＝1;其他,*year*2006＝0	＋/－
*year*2007	年度虚拟变量,如果为 2007 年,*year*2007＝1;其他,*year*2007＝0	＋/－
*year*2008	年度虚拟变量,如果为 2008 年,*year*2008＝1;其他,*year*2008＝0	＋/－
y	因变量,为建设占用耕地面积(公顷)	

1. 耕地保护绩效的模型设定

通过研究,建立以下模型分析新增费征收的耕地保护效果:

$$y_{it} = a_0 + \delta fee_{it} + \beta Z_{it} + \varepsilon_{it} \tag{7-7}$$

其中,y_{it} 为省份 i 第 t 年建设占用耕地面积,fee_{it} 为省份 i 第 t 年新增费征收率,Z_{it} 为省份 i 第 t 年影响建设占用耕地规模的其他因素,δ 为 fee_{it} 的变量系数,β 为 Z_{it} 的系数向量,a_0 为常数项,ε_{it} 为残差项,i 为省份,t 为年度。

为避免共线性影响,计算表 7-18 中除年度虚拟变量外解释变量间的相关系数,结果表明固定资产投资与总人口的相关系数较高(为 0.72),且在 1% 水平上检验显著,鉴于固定资产投资是建设占用耕地的直接驱动力,因此在回归模型中,未把总人口这一变量包含在内。经过变量筛选后的回归模型为:

$$y_{it} = a_0 + \delta fee_{it} + \beta_1 invest_{it} + \beta_2 GDP_{pc} + \beta_3 road + \beta_4 year2004 + \beta_5 year2005$$

$$+ \beta_6 \, year2006 + \beta_7 \, year2007 + \beta_8 \, year2008 + \varepsilon_{it} \qquad (7-8)$$

其中，β_1、β_2、β_3、β_4、β_5、β_6、β_7、β_8 分别为 $invest_{it}$、GDP_{pc}、$road$、$year2004$、$year2005$、$year2006$、$year2007$ 和 $year2008$ 的系数，其余同式(7-7)。

变量 fee_{it} 的系数 δ 是新增费政策耕地保护效果的直接反映，若 $\delta < 0$ 且检验显著，则认为新增费征收对抑制建设占用耕地具有积极作用，其政策设置有效；否则，认为新增费政策对抑制建设占用耕地无作用或产生负作用，其政策设置无效。

为定量分析各省各年度新增费耕地保护效应的强弱程度，分别构建耕地保护绝对效果参数 ECLP(Effect of Cultivated Land Preservation)和耕地保护相对效果参数 RECLP(Relative Effect of Cultivated Land Preservation)，测定新增费政策实施所引致的耕地节约数量及比率，以量化新增费政策抑制建设占用耕地的作用效果，ECLP 及 RECLP 的具体计算过程如下。

通过模型估计得到式(7-8)各变量系数，并将样本自变量的实际观测值带入模型，得到 y'_{it}：

$$y'_{it} = a_0 + \delta fee_{it} + \beta_1 invest_{it} + \beta_2 GDP_{pc} + \beta_3 road + \beta_4 year2004 + \beta_5 year2005$$
$$+ \beta_6 year2006 + \beta_7 year2007 + \beta_8 year2008 \qquad (7-9)$$

保持其他变量不变，将新增费征收率变量值设为 0，即将 $fee_{it=0}$ 以及其余自变量的实际观测值带入模型，计算 $y'_{it} \big| fee_{it=0}$：

$$y'_{it} \big| fee_{it=0} = a_0 + \delta(fee_{it=0}) + \beta_1 invest_{it} + \beta_2 GDP_{pc} + \beta_3 road + \beta_4 year2004$$
$$+ \beta_5 year2005 + \beta_6 year2006 + \beta_7 year2007 + \beta_8 year2008 \qquad (7-10)$$

计算各区域各年度新增费政策耕地保护的绝对效果 $ECLP_{it}$：

$$ECLP_{it} = y'_{it} \big| fee_{it=0} - y'_{it} \qquad (7-11)$$

其中，$ECLP_{it}$ 表示各省因新增费政策执行所节约的建设占用耕地面积，将其与各省当年建设占用耕地面积相比，即得出新增费政策耕地保护的相对效果 $RECLP_{it}$：

$$RECLP_{it} = \frac{ECLP_{it}}{y_{it}} \qquad (7-12)$$

2. 新增费政策耕地保护效果分析

模型中使用的基础数据为省级面板数据，2003—2008 年各省份建设占用耕地数据源自《中国国土资源年鉴》；新增费数据来自国土资源部综合统计快报；人均 GDP、固定资产投资数据来源于《中国统计年鉴》,并以 GDP 指数及固定资产投资价格指数修正为可比价人均 GDP 和固定资产投资;路网密度以《中国统计年鉴》中省级公路里程数据与省级土地面积之比计算[1]。

表 7-19　2003—2008 年全国新增费征收率　　　　单位:元/平方米

省份	2003 年	2004 年	2005 年	2006 年	2007 年	2008 年
北京市	—	40.93	—	88.25	23.60	72.71
天津市	7.24	40.47	12.16	26.14	29.18	59.42
河北省	12.00	10.00	11.24	11.20	23.07	16.73
山西省	7.29	9.12	4.08	17.13	15.90	20.84
内蒙古	3.75	15.46	3.95	35.60	10.69	26.65
辽宁省	34.32	13.80	26.93	28.48	23.41	28.36
吉林省	13.90	11.69	4.33	20.45	22.40	15.39
黑龙江省	4.28	1.11	4.27	4.87	7.35	10.80
上海市	—	76.36	6.28	69.03	47.21	68.66
江苏省	21.56	31.97	22.77	42.44	26.29	40.96
浙江省	5.61	21.54	5.42	9.49	17.77	24.35
安徽省	19.19	11.63	8.17	32.08	11.28	23.00
福建省	8.61	9.53	8.94	5.94	18.66	27.73
江西省	13.39	99.45	6.28	17.46	28.23	25.76
山东省	15.80	30.40	13.77	19.93	17.71	32.35
河南省	7.89	4.02	4.69	6.45	12.65	16.09
湖北省	5.13	18.30	7.14	22.61	13.36	22.45
湖南省	7.63	22.85	11.63	16.27	13.01	11.13
广东省	23.85	35.30	22.17	85.77	18.82	43.43

---

〔1〕 (1) 由于统计年鉴没有西藏自治区的固定资产投资价格指数,故未对西藏的全社会固定资产投资加以修正;(2) 土地有偿使用费实收额缺少 2003—2005 年西藏自治区、2003 年北京市、2003 年上海市数据,2005 年北京市土地有偿使用费实收额数据异常予以剔除,在回归分析中均以缺省数据处理,经检验,不影响整体分析结果。

省份	2003 年	2004 年	2005 年	2006 年	2007 年	2008 年
广西壮族自治区	8.95	1.89	3.97	19.40	9.69	37.13
海南省	21.56	15.49	10.80	13.92	14.26	7.76
重庆市	2.50	10.18	17.31	15.95	16.37	65.77
四川省	16.81	37.12	9.79	17.41	10.53	8.61
贵州省	7.92	4.10	5.82	1.67	16.24	7.12
云南省	3.42	9.45	6.85	10.56	4.50	11.12
西藏自治区	—	—	—	1.25	0.09	3.75
陕西省	9.03	12.39	8.67	11.50	17.77	14.11
甘肃省	2.56	6.59	5.52	5.78	0.21	10.89
青海省	0.60	4.69	0.97	41.93	13.19	8.44
宁夏回族自治区	6.64	19.92	4.36	34.42	2.85	36.41
新疆维吾尔自治区	0.78	5.56	0.40	6.55	8.82	9.79

在面板数据模型 Stata 中分别采用固定效应模型、随机效应模型和混合 OLS 模型加以估计,检验结果表明,混合 OLS 模型优于固定效应模型和随机效应模型,这里仅给出混合 OLS 模型的估计结果(表 7-20)。年度虚拟变量 $year2005$ 与 $year2006$ 由于显著性不高未通过检验,故从回归方程中剔除。

表 7-20　模型估计结果

变量	估计系数	标准差	t 统计量	伴随概率(P)
$invest$	5.9504	0.5422	10.9700	0.0000
GDP_{fx}	−0.1555	0.0569	−2.7300	0.0070
$road$	35.2013	15.3108	2.3000	0.0230
$year2004$	2444.0540	1145.6290	2.1300	0.0340
$year2007$	−2175.1310	1145.2560	−1.9000	0.0590
$year2008$	−2055.4490	1152.3490	−1.7800	0.0760
fee	−47.2598	29.5576	−1.6000	0.1120
常数项	1841.5560	846.6030	2.1800	0.0310

模型 F 检验值为 27.07,其对应的 P 值为 0.0000,各系数的 t 检验均在 10%

水平上显著,模型拟合较好。

从模型估计结果看,各变量符号与预期一致,固定资产投资系数为正,每增加1亿元固定资产投资约需增加建设占用耕地面积 5.95 公顷;人均 GDP 系数为负,说明地区经济发展结构越合理,建设占用耕地节约边际越大;路网密度系数为负,即路网密度每增加 1 千米/万公顷,建设占用耕地面积将增加 35.20 公顷。

年度虚拟变量 $year2004$、$year2007$ 和 $year2008$ 均检验显著,$year2004$ 系数为正,说明 2004 年耕地保护制度体系尚不完善,政策执行力度不大,对控制建设占用耕地规模和速度未起到积极作用;$year2005$ 与 $year2006$ 未通过检验,说明与2004 年相比,2005 年与 2006 年耕地保护政策执行效果变化不大,耕地保护绩效不明显;而 $year2007$ 和 $year2008$ 系数符号为负,说明 2007 年以来,随着耕地保护政策力度加大,形成了更为严格的耕地保护制度体系,这与《中共中央关于推进农村改革发展若干重大问题的决定》(中发〔2008〕16 号)、《国土资源部关于印发〈土地利用年度计划执行情况考核办法〉的通知》(国土资发〔2008〕55 号)、《土地登记办法》(国土资源部令第 40 号)、《中华人民共和国耕地占用税暂行条例》(国务院令第 511 号)等政策文件的出台不无关系,这些文件加强了土地调控政策的耕地保护效应,对抑制耕地占用起到了积极的作用。从政策变量的系数大小来看,2007 年和 2008 年的耕地保护力度相差不大,明显高于 2003—2006 年,说明近两年国家进一步强化了耕地保护力度,采取了更为有效的政策措施,这与我国耕地保护制度体系的不断健全和完善相吻合。

根据模型估计结果,δ 为负且 t 检验值在 10% 水平上显著,说明新增费征收政策对抑制建设占用耕地起到了积极作用,新增费征收率每提高 1 元/平方米,省级行政单位平均每年约能减少耕地占用面积 47.26 公顷,其耕地保护效果较为显著。

(1) 耕地保护绝对效果分析

根据式(7-11)计算各省 2003—2008 年耕地保护的绝对效果 $ECLP_{it}$,结果见表 7-21[1]。

---

〔1〕　北京、上海及西藏地区个别年份因无土地有偿使用费实收额数据,无法计算 $ECLP_{it}$,不予以讨论。

表 7 - 21　2003—2008 年各省各年度新增费政策耕地保护的绝对效果　单位:公顷

省份	2003 年	2004 年	2005 年	2006 年	2007 年	2008 年
北京市	—	1934.19	—	4170.57	1115.32	3436.09
天津市	342.27	1912.47	574.65	1235.17	1378.89	2808.25
河北省	567.19	472.72	530.97	529.50	1090.37	790.87
山西省	344.69	431.22	192.98	809.77	751.43	984.72
内蒙古	177.15	730.67	186.45	1682.34	505.34	1259.36
辽宁省	1622.17	652.08	1272.87	1346.11	1106.24	1340.33
吉林省	656.84	552.39	204.73	966.33	1058.55	727.17
黑龙江	202.24	52.46	201.68	230.21	347.33	510.49
上海市	—	3608.70	296.74	3262.32	2231.30	3244.93
江苏省	1018.75	1510.89	1076.31	2005.65	1242.66	1935.89
浙江省	265.27	1017.96	255.93	448.56	839.78	1150.92
安徽省	906.70	549.83	386.14	1516.07	533.16	1086.83
福建省	407.02	450.36	422.74	280.94	881.93	1310.51
江西省	632.72	4699.75	296.61	825.01	1334.05	1217.25
山东省	746.75	1436.59	650.98	941.74	837.02	1529.06
河南省	372.74	190.06	221.69	304.87	597.94	760.50
湖北省	242.23	865.06	337.60	1068.50	631.26	1060.80
湖南省	360.53	1080.04	549.44	768.88	614.86	525.81
广东省	1127.24	1668.23	1047.85	4053.63	889.20	2052.57
广西壮族自治区	422.75	89.11	187.53	916.61	457.97	1754.66
海南省	1019.05	731.87	510.53	657.94	673.88	366.92
重庆市	118.21	480.99	818.11	753.69	773.61	3108.10
四川省	794.37	1754.34	462.61	822.72	497.56	406.85
贵州省	374.33	193.69	275.07	79.15	767.51	336.52
云南省	161.58	446.68	323.63	499.10	212.84	525.43
西藏	—	—	—	59.12	4.36	177.25
陕西省	426.93	585.39	409.78	543.61	839.84	666.91

省份	2003 年	2004 年	2005 年	2006 年	2007 年	2008 年
甘肃省	121.02	311.59	260.68	273.39	9.79	514.84
青海省	28.22	221.63	45.72	1981.67	623.57	398.81
宁夏回族自治区	313.80	941.36	205.96	1626.73	134.58	1720.78
新疆维吾尔自治区	37.09	262.84	18.75	309.44	416.89	462.44

根据式(7-9)～(7-11)可知，$ECLP_{it}$ 表示的是与不实行新增费征收政策相比，各省各年度实际新增费政策执行所抑制建设占用耕地的数量，即耕地保护绝对效果。从计算结果来看，除缺省数据外，各省各年度新增费征收均节约了不同规模的建设占用耕地，其耕地保护效果较为显著。全国 2003—2008 年间新增费政策抑制建设占用耕地数量分别为 1.38 万公顷、2.98 万公顷、1.22 万公顷、3.50 万公顷、2.34 万公顷和 3.82 万公顷，5 年累计抑制耕地占用面积 15.24 万公顷，占期间实际建设占用耕地面积的 11.11%，新增费的征收在一定程度起到了抑制耕地占用规模和速度的作用，对耕地保护做出了较大贡献。

就省级层面而言，不同省份间耕地保护绝对效果差异较大，$ECLP_{it}$ 较大的省份主要包括上海、广东和江苏 3 个东部经济发达省份，其 5 年累计节约耕地占用面积分别为 1.26 万公顷、1.08 万公顷和 1.07 万公顷；$ECLP_{it}$ 较低的省份主要为西部欠发达省份，如甘肃、新疆和贵州等，其 5 年累计节约耕地占用面积均为 0.15 万公顷。造成省域差距的主要原因可能在于东部发达地区新增费征收标准较高、政策执行力度较好，而西部欠发达地区新增费征收标准较低且政策执行力度有限。

(2) 耕地保护相对效果分析

为消除省域间耕地面积总量及建设占用耕地面积等因素差异的影响，客观比较各省新增费政策执行效果，按照式(7-12)计算新增费耕地保护相对效果，结果见表 7-22。

表 7-22　2003—2008 年各省各年度新增费政策耕地保护的相对效果　　单位:亿元

省份	2003 年	2004 年	2005 年	2006 年	2007 年	2008 年
北京市	—	0.25	—	1.89	0.43	1.69
天津市	0.19	0.10	0.36	1.01	0.33	0.74
河北省	0.07	0.07	0.03	0.02	0.15	0.11
山西省	0.07	0.07	0.07	0.06	0.14	0.33
内蒙古	0.04	0.19	0.04	0.39	0.13	0.42
辽宁省	0.53	0.03	0.23	0.22	0.16	0.27
吉林省	0.34	0.19	0.10	0.23	0.22	0.17
黑龙江	0.10	0.01	0.10	0.08	0.12	0.10
上海市	—	0.58	0.05	1.01	0.54	0.45
江苏省	0.04	0.03	0.06	0.07	0.05	0.09
浙江省	0.01	0.04	0.01	0.02	0.05	0.06
安徽省	0.09	0.04	0.05	0.10	0.06	0.12
福建省	0.06	0.08	0.07	0.03	0.12	0.20
江西省	0.08	0.98	0.08	0.08	0.25	0.21
山东省	0.02	0.04	0.03	0.04	0.06	0.11
河南省	0.02	0.01	0.02	0.02	0.04	0.08
湖北省	0.04	0.13	0.07	0.14	0.09	0.15
湖南省	0.09	0.26	0.15	0.08	0.12	0.09
广东省	0.15	0.21	0.15	0.43	0.12	0.58
广西壮族自治区	0.17	0.01	0.02	0.10	0.09	0.38
海南省	8.90	1.73	1.47	3.79	1.29	0.61
重庆市	0.02	0.05	0.15	0.15	0.16	0.62
四川省	0.16	0.19	0.05	0.08	0.07	0.03
贵州省	0.09	0.04	0.09	0.02	0.23	0.09
云南省	0.03	0.05	0.04	0.07	0.04	0.06
西藏自治区	—	—	—	0.22	0.01	0.91
陕西省	0.08	0.08	0.10	0.09	0.21	0.11

省份	2003 年	2004 年	2005 年	2006 年	2007 年	2008 年
甘肃省	0.07	0.15	0.15	0.16	0.01	0.20
青海省	0.04	0.70	0.01	3.94	0.93	0.54
宁夏回族自治区	0.13	0.28	0.10	1.35	0.13	1.13
新疆维吾尔自治区	0.02	0.14	0.01	0.20	0.27	0.36

从表 7-22 可以看出新增费耕地保护相对效果普遍较低,年份差异与地域差异显著,各省 $RECLP_{it}$ 随年份呈不明显上升趋势,2003—2005 年绝大部分省市 $RECLP_{it}$ 均处在 0.1 以下,2006—2008 年 $RECLP_{it}$ 有小幅上升,说明 2005 年以来我国不断加强新增费政策的执行力度,其耕地保护效应逐步得到加强,作用发挥更为广泛,但大部分省份 $RECLP_{it}$ 仍处在 0.5 以下,总体水平仍然较低,新增费在整个耕地变化系统中的作用较小,在众多耕地占用驱动因子作用下易被中和或弱化,其耕地保护作用相当有限。各省 $RECLP_{it}$ 的地域差异未呈现出明显的规律性,2003—2008 年海南、青海、北京等地区新增费的耕地保护相对效果较为显著,而河南、浙江、云南等地区新增费的耕地保护相对效果较为弱化。就总体而言,新增费耕地保护效果仍不显著,尚有提升潜力与空间,其征收政策有待进一步修改完善,政策执行力度仍有待加强。

通过对新增费征收率与建设占用耕地面积间动态变化关系的计量经济分析,得出以下主要结论:

(1) 2003—2008 年间,新增费征收率每提高 1 元/平方米,每省每年约能减少耕地占用面积 47.26 公顷,其政策施行对抑制建设用地扩张规模与速度、保护耕地、缓解人地矛盾、实现粮食安全有积极作用;

(2) 新增费政策耕地保护绝对效果较为显著,2003—2008 年累计抑制耕地占用面积 15.24 万公顷,占期间实际建设占用耕地面积的 11.11%,其耕地保护贡献额度较大;

(3) 新增费政策耕地保护相对效应普遍较低,随年份呈不明显上升趋势,地域差异较大但未呈现规律性,新增费耕地保护总体绩效不高,作用发挥较为有限,耕地保护效应尚有提升空间与潜力。

第八章 典型税费征收分配管理与优化设计

第一节 耕地占用税征收分配现状与优化设计

国务院于 1987 年 4 月 1 日颁布了《中华人民共和国耕地占用税暂行条例》，同年在全国范围内开征耕地占用税。耕地占用税是国家为保护现有土地资源，对占用耕地从事非农业生产建设的单位或个人，依据其用地面积，按照国家规定的征税标准一次性计算征收的一种土地税，其设置的主要目的是为了合理利用土地资源，加强土地管理，有效保护耕地。根据耕地占用税的设税目的和应发挥的作用，耕地占用税的设定需遵循以下条件。

(1) 耕地占用税与农用地征收成本关系的控制

从政府角度来说，耕地占用税的征收需达到两方面的效果：一是为地方政府带来一定的财政收入；二是抑制政府随意征地行为。实现耕地占用税既能给地方政府带来一定的财政收入，但也将其收入控制在一定范围内，以达到抑制地方政府"以地生财"大肆征地行为的目标。

(2) 耕地占用税与农用地转用成本关系的控制

从用地单位或个人的角度来说，占用农用地进行非农建设需付出相应的农用地转用成本，包括土地出让金（租）、耕地占用税（税）、耕地开垦费（费）等相关费用。就财税学理论而言，耕地占用税的设定首先需满足租、税、费三者比例协调，达到正租、明税、少费的设税目的；其次，为了合理保护耕地，耕地占用税需在农用地转用成本中占有一定份额,对农用地转用成本有较大贡献,从而提高农用地占用成本,减少农用地占用的需求和行为;同时农用地转用成本应不小于城市建设用地取得成本,这样从降低成本的角度出发,建设单位就会倾向于选择占用城市建设用地,进而达到保护耕地的目的。

(3) 耕地占用税与城市地价关系的控制

耕地占用税的设定应起到平抑地价、抑制投机的作用,因此,耕地占用税与城市地价间的比例关系应控制在一定的范围内,仅从成本上提高农用地占用代价,难以起到全面抑制农用地占用行为的作用,还需从收益的角度进行控制。因此,耕地占用税的设定也应考虑以城市地价的某一比例为依据,在这两者之间形成联动关系。

(4) 耕地占用税对不同区域农用地占用的区别控制

耕地占用税的征收应考虑不同质量、不同区位、不同用途的农用地占用行为,发挥公平而有效率的收入调节作用,采取有区别的征收标准,贯彻节约集约用地原则,实现耕地数量质量的共同保护。

耕地占用税相关利益主体关系如图 8-1 所示。

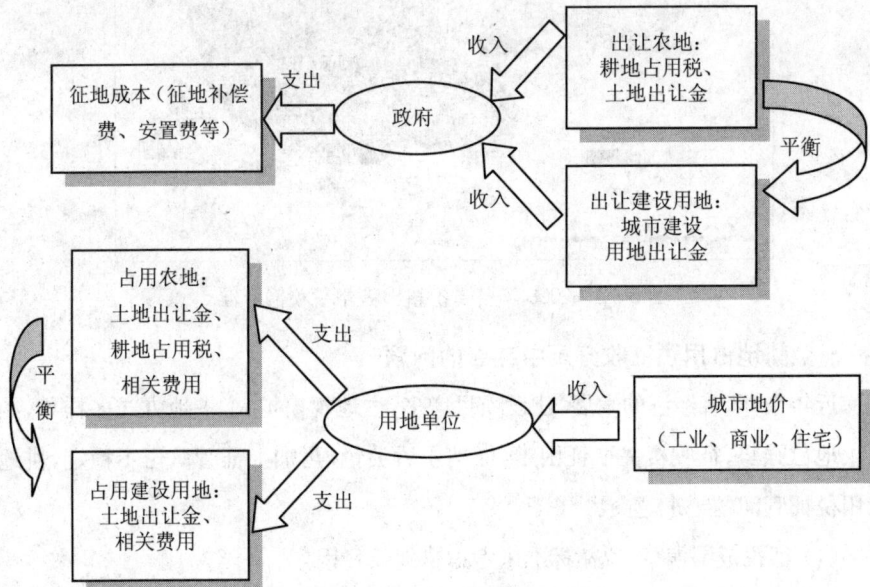

图 8-1 耕地占用税相关主体利益关系分析

耕地占用税开征后,在实施过程中出现税费征收难以满足市场经济体制的要求的问题,保护耕地的作用日益弱化。因此,2007 年的修订主要就税额标准、税收负担、减免税项目、征收管理等方面进行了修改,修订后的耕地占用税征收标准从 2008 年 1 月 1 日开始执行,在税额标准上以上海最高,平均达到 45 元/m²,北京为 40 元/m²,天津为 45 元/m²;江苏、浙江、福建、广东为 35 元/m²;辽宁、湖北、湖南为 25 元/m²;河北、安徽、江西、山东、河南、重庆、四川为 22.5 元/m²;广西、海南、贵州、云南、陕西为 20 元/m²;山西、吉林、黑龙江为 17.5 元/m²;经济欠发达的内蒙古、西藏、甘肃、青海、宁夏、新疆最低,平均为 12.5 元/m²。各省税额标准如图 8-2 所示。

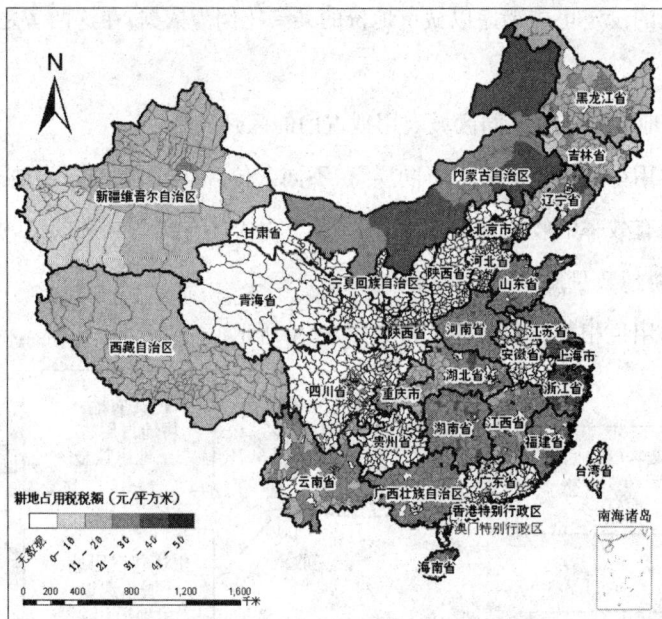

图 8-2 2008 年各省份耕地占用税税额标准

一、耕地占用税征收分配中存在的问题

近年来,随着经济的发展,建设项目增多,占地规模扩大,占地方式多样化,纳税人地位强势,征收机关取证困难,征纳矛盾尖锐,再加上征管队伍不稳定,耕地占用税征管问题越来越突出[144]。

(1)征税范围偏窄,税额标准未考虑耕地质量因素

农业土地资源不仅包括耕地,还包括林地、牧草地等土地资源。然而耕地占

用税征收条例中规定的征收范围仅限于占用耕地、鱼塘、园地、菜地,没有对占用林地和已开发用于种植养殖的草场等农用土地资源做出相应的征收规定。从土地利用价值角度来说,林地和草场并不仅是发展种植、养殖业不可缺少的资源条件,同时也是宝贵的耕地后备资源。目前,我国草地、林地的人均占用量都较低,人均草地面积为 5.1 亩,是世界平均水平的 21%,人均林地面积为 1.8 亩,仅为世界平均数的 12%。如果任由建设单位或个人占用这部分农用土地资源,而不采取有效措施进行调节,农业发展后劲必然会被削弱。

此外,目前耕地占用税的征收仅以占用耕地的数量作为计税依据,未充分考虑耕地的质量因素。我国当前城市化进程与优质耕地保护在空间上高度重合,城市发展建设占用的土地多为距城市较近的郊区耕地,其土壤肥力好、农业灌溉设施齐全、交通区位良好、土地宽阔平整;而新增耕地的条件则一般较差,多由荒山、荒坡、荒丘开垦而来,土质差、土壤肥力低、自然条件恶劣,其质量明显低于原有耕地。耕地占用税的税制中忽视耕地质量因素将会导致耕地质量的总体下降。

（2）征管力度不到位

《中华人民共和国耕地占用税暂行条例》（2008 年）规定"农用地转用审批文件中未标明建设用地人的,用地申请人为纳税人",而城市建设、乡镇建设等批次占地都属于"未标明建设用地人"的批文,其申请人是地方政府。政府是纳税人,具体由国土部门代为履行纳税义务。在征纳双方中,政府不仅处于强势地位（一般无纳税习惯）,在征税实践中,也常因财政周转资金困难或未将耕地占用税纳入征地成本等原因,致使国土部门在没有履行纳税义务的情况下就将批次占地出让给了项目用地人。对此,一些地方的税收征管单位为防止耕地占用税流失,不得不在国有土地出让环节向项目用地人征收耕地占用税,从而造成纳税主体的错位。[145]

此外,由于耕地占用税的欠税状况缺乏有效的管理措施,不少地方存在无台账、无催收措施、未公告和未加滞加罚等问题,纳税人拖欠耕地占用税税款的随意性大,拖欠现象较为普遍。在新条例下,批次占地纳税人是地方政府,政府纳税的资金来自于财政,征收机关很难对政府实施欠税管理,加收滞纳金处罚更难以落实,势必形成欠而不罚的局面。欠税管理实施困难,一定程度上制约了耕地占用税征管质量的提高。

(3) 征收管理工作不扎实

征收管理工作不扎实主要表现在征管基础数据确认困难和征管措施不规范两个方面。耕地占用税征管最基础的数据是占地面积。新条例规定,耕地占用税以纳税人实际占用耕地面积为计税依据,[146]包括经批准占用的和未经批准占用的耕地。对批准占用的,当批准占地计税面积与实际占地计税面积不等时,按孰大的原则计税;对未批占地,以纳税人实际占地计税面积计税。在征管实践中,如存在批少占多或未批实占的,纳税人提供的地类和面积数据可信度较差,具有管理责任的国土部门对违法占地也不愿出具证明,请中介机构鉴证又存在费用负担等问题,这就会形成耕地占用税征管基础数据"实际占地面积"确认困难的问题,导致实际占地的计税依据难以准确认定。

征管措施不规范包括征管信息不畅通和征管台账种类单一。征管信息不畅通指征收机关内设的征收数据与管理机构之间、征管人员之间、上下级之间的征管数据脱节。同时还存在征管档案不完善的问题,如征管台账种类单一,缺少税源台账、欠税台账、减免台账等;或有台账但内容简单,如征收台账只反映项目名称和税款,没有反映占地依据、计税依据、应征税额、减免税额、欠税税额、税款所属期、税款征收时间等基本征管内容;再如单宗征管资料要件(如征税依据、纳税通知书、文书送达回证、纳税申报表、完税证复印件等)不齐全,多宗征管资料不单独成册归卷等。目前,征管档案不完善已严重影响征收机关对正常税源的征前管理、对欠税税源的跟踪管理和对已征已减项目的监督管理工作,导致税收征管工作效率低下。

(4) 土税协作困难重重

新条例规定"土地管理部门在通知单位或个人办理农用地转用手续时,应同时通知耕地所在地同级税务机关……土地管理部门凭耕地完税凭证或免税凭证发放建设用地批准书"。这些规定说明耕地占用税的缴纳环节是在农用地转用环节,缴纳耕地占用税是领取建设用地批准书的先置条件,同时也强调了国土部门的协税护税义务。而在实际工作中,一些地方土税协作机制不完善,信息共享不畅通,加之部分国土部门数据更新缓慢,造成征收机关只能以纳税人提供的资料为参考,对征税对象和计税依据的认定不准确,导致多征或少征税款。

(5) 征收力度较弱,征管措施不到位

耕地占用税实行源头控制的征管办法,征收机关按实际占用耕地的面积对占用耕地的单位或个人进行征收。但在实际操作中,由于征管措施未完全到位,有些单位或个人偷税漏税便有了可乘之机,主要表现有两方面。首先是违法占地,即纳税人未经土地管理部门批准,擅自占用耕地的行为,通常包括以下情况:一是实际占用耕地超过批准占用面积;二是批准占用非耕地而实际占用耕地;三是未经批准而自行占用耕地;四是虽经批准而少征、漏征的耕地;五是临时占用耕地按规定时间应征收的部分;六是原属免税范围而改变用途的部分。其次是占而不用,即有些纳税人占用耕地并非为了实业投资,而仅是"圈地"炒卖地皮,按新条例规定"对单位或个人获准征用或占用耕地超过两年未使用的,按规定税额加征两倍耕地占用税",但在实际工作中,受征管力量所限,对纳税人的违法行为的查处力度往往不够。

二、耕地占用税征收优化措施

为进一步完善耕地占用税征收管理工作,有必要在现有基础上对耕地占用税进行深入调整。

(1) 拓宽征税范围,适当调整税率

应以法律形式明确纳入征税范围的农用地类型,详细说明各类农用地的占用标准,同时将耕地质量纳入参考范围。此外,随着社会经济发展,实行定额征收已难以维持税负水平的稳定,而过于频繁地调整税额又会失去法律的固定性,建议在土地开发者提出用地申请后,由相关部门组织中介机构对其所申请征用的土地进行价格评估,耕地价格应参照地区经济发展水平、耕地质量因素(如耕地质量的优劣情况,水利灌溉设施情况,交通区位情况,土地平整度情况等),以及不同农用地类型(如耕地、林地、草地等)进行确定。这样既利于实现资源的合理配置,也能在一定程度上体现税收公平。

(2) 加强税收监控、规范征管程序

应加强宣传培训,增强政策透明度,提升征管队伍素质。税法宣传和征收管理密不可分,通过广泛持续地宣传国家政策方针,提高全民纳税意识,确保征收工作公开透明,提高社会监督力度,增强税收管理人员的执法责任心,切实提高依法按程序规范征税的履职能力。同时应当采取有效措施,加强税收监控,提升税收执法刚性。强化对重点税源征前、征中、征后的检查与管理,建立欠税增减台账,实施欠税公告制度。严格执行纳税申报制度,规范纳税申报行为,严格纳税申报时限以及纳税申报材料真实性核查。同时,要夯实征管基础、明确征管职责、规范征管流程、严格归档要求。

(3) 加强沟通,增强部门协税责任

应建立健全国土部门和税务部门的协作制度,按照土税协作的制度要求履行纳税、协税职责。首先,强化部门间信息共享与交换机制。国土部门应及时将批次占地信息提供给地税部门,将建设用地批准文书抄送给地税部门,在通知单位或个人办理耕地占用手续的同时通知地税部门,以便地税部门掌握批次或项目占地的来源与去向;其次,国土、地税部门应加强沟通与协调,共同做好税源控管和税款征缴工作;再次,国土部门在对用地情况进行检查或查处违法占地案件时,应当将违法占地信息通报地税部门。此外,还要加强对批次占地的管理,严把协税护税关口,防止税源流失。

第二节　新增费分配优化设计分析

一、中央分成新增费分配方式与存在问题

1999 年 8 月,财政部、国土资源部出台《新增建设用地土地有偿使用费收缴使用管理办法》(财综字〔1997〕117 号),规定征收新增建设用地土地有偿使用费(30％上缴中央财政,70％上缴地方财政,作为财政预算收入),专项用于土地整治。其中中央分成新增费以"两上一下"("两上"分别指省级国土资源管理部门向国土资源部申请项目立项,省国土与财政管理部门向国土资源部和财政部申请项目预算;"一下"指中央预算下达)的项目形式下达,专项用于耕地开发与土地整治。主要分配是依据各省级国土部门报送的项目材料,包括可行性研究报告、规划设计与预算等,由国土资源部组织专家评审,审查合格的项目编制年度计划并

分配资金予以下达。2001—2007 年,国家累计下达预算 296.03 亿元,安排国家投资土地整理、复垦和开发项目 2328 个,累计建设规模 162.56 万公顷(2438.4 万亩)、新增耕地 37.26 万公顷(558.9 万亩),综合新增耕地率 22.92%,土地开发整治初获成效。

鉴于采用项目申报形式分配新增费缺乏明确客观的评价标准,专家评审方式存在较强的主观性,同时忽略了区域资源禀赋和资金利用效率等因素,因而在一定程度上限制了中央新增费的使用效率,影响新增费土地整治效益的发挥。为了改进和完善新增费的使用管理,建立较为科学的中央分成新增费分配方式,财政部、国土部于 2007 年下达《关于调整中央分成的新增建设用地土地有偿使用费分配方式的通知》(财建〔2007〕84 号),引入因素法概念,规定中央分成新增费按照因素法分配地方,调整因素法为基本农田面积、水田面积和新增费上缴情况,所占权重分别为 70%、20%、10%,并根据粮食主产区、非粮食主产区以及东、中、西地区划定不同的系数。

因素法的采用在一定程度上提高了中央分成新增费分配的科学性,通过将资金有重点地转移到基本农田保护情况较好、水资源丰富和新增费上缴情况较好的省份,有力地支持和引导了粮食主产区土地整治工作的开展,对于增加有效耕地面积,提高耕地质量和土地利用效率具有重要意义。然而,由于中央分成新增费因素法分配方式尚处于探索阶段,在实际操作过程中也不可避免地会出现一些问题。

(1) 分配目标不明确

评价中央分成新增费分配模式与分配方案合理性的主要依据是资金使用效率的高低,因素法分配方式也是以提高中央分成新增费使用效率为目标的,而对资金使用效率进行判定应随不同时期国家经济社会发展、土地整治和新增费征收管理目标的变化而调整,故因素法分配方式的具体设计,包括因素选取、权重确定和相关系数修正等,都应为实现分配目标而服务。由于因素法应用时间尚短,相应资金的使用效率评价尚缺乏合理有效的标准,资金分配难以"对症下药",影响其效率充分发挥。

(2) 因素选取片面性

因素法能否成功应用的关键是分配与调整因素选择的合理性和充分性，在确定了新增费分配目标及相应的效率评价标准后，应紧紧围绕分配目标选取因素。目前中央分成新增费分配因素包括基本农田面积、水田面积和新增费上缴金额，具有一定的片面性，并且新增费分配方案对区域资源条件和新增费收缴情况较为关注，资金分配向水土资源丰富、农用地保护情况较好和新增费缴纳数额较多的省份倾斜。而新增费使用效率的高低还与区域耕地质量、农用地产能潜力、土地利用条件以及政策扶持力度等因素息息相关，故相关因素的选取还有待进一步完善和改进。

（3）权重分配主观性

在合理确定新增费分配因素后，还需对各因素的权重进行科学设定。各因素在资金分配中所占权重应主要取决于该因素对资金分配效率的影响程度。目前，中央分成新增费分配中三个因素的权重分别为70％、20％和10％，认为耕地保护任务对新增费分配效率的影响最大且处于主导地位，耕地质量和税费收缴情况相对居于次要地位。这一方案虽是经过各方专家深入研究和讨论之后的结果，但仍存在一定的主观性，在目前的社会经济发展形势下，土地整治的内涵与外延、目标与任务方式都有了较大变化，相应的影响因素和影响程度也需进一步分析和论证。

二、中央分成新增费分配方案优化[147,148]

1. 优化原则

由于目前中央分成新增费的分配方案存在分配目标不确定性、因素选取片面性和因素权重确定主观性等问题，新增费分配方案的优化设计应根据国家发展战略合理确定资金分配目标和资金使用效率的评价标准，根据科学的理论分析选取有效的分配因素，并根据各因素对新增费分配效率的影响合理确定相应权重。在分配方案确定中应贯彻效率优先、兼顾公平的分配要求，遵循竞争性、扶持性和针对性的分配原则。

（1）竞争性原则

即效率优先原则，在中央分成新增费分配过程中应引入竞争机制，兼顾适度和公平，将资金向使用效率高、投入产出效益好的区域倾斜，增强土地整治的活力。从目前实际情况看，大部分地区的资金使用缺乏有效竞争，地方积极性不高，在耕地保护方面,地方政府的主要任务是耕地保护,而对提高耕地质量、优化土地利用格局、提高土地利用效率等工作重视不足。故在分配方案优化中,应遵循竞争性原则,贯彻效率优先,将区域耕地质量、粮食生产潜力、土地利用结构、土地利用效率等因素逐步纳入新增费分配考虑的范围内,以调动各地推进土地整治工作的积极性和良性竞争发展。

(2) 扶持性原则

即兼顾公平原则,中央分成新增费分配方案要体现一定的政策扶持性。部分省份由于资源禀赋较差或经济基础薄弱,土地整治工作面临资源和资金双重短缺的困境,这种局面带来耕地质量等级低下的问题,进而导致低产能和投资的低收益,这也是部分区域的土地整治工作运行一直处于困境的重要原因之一。为了改变这一困境,需要遵循扶持性原则,对资金分配进行积极引导,将新增费资金适当向资源基础较差、经济发展较慢的中西部省区倾斜,同时兼顾各地违法用地情况、新增费收缴情况等,以达到社会资源有效配置和实现社会公平的目的,促进各地区的均衡发展。

(3) 针对性原则

针对性原则是指新增费分配目标和服务对象的针对性。一方面,在我国经济发展的不同阶段,财政资金分配所追求的目标各有不同,包括经济发展、社会公平、生态文明等,即使是在追求综合效益的目标下,各具体效益的侧重点也会有所分异。新增费分配的优化设计应针对不同的资金分配目标,设定与目标相对应的分配方式。另一方面,新增费的资金使用具有定向性,是针对土地整治工作设定的专项资金,故资金分配应考虑土地整治工作的特征和原则,以"保障粮食安全、推进新农村建设和统筹城乡发展"为目标,将影响土地整治效益发挥的因素纳入新增费分配的影响因素中,在实现国家财政资金分配目标的同时,促进土地整治工作的高效有序开展。

2. 优化方法

(1) 分配目标设定与效率评价

近年来,国家对新增费资金分配与管理的重视度不断增强,完善了新增费征收与使用的监督管理机制,以期实现提高资金分配效率、促进经济增长、保障粮食安全、维护社会稳定等政策目标。根据公共财政理论、资本配置理论及经济效率理论,结合新增费的设置机理、功能取向以及中央分成新增费分配方案优化设计的基本原则,本研究将新增费分配目标分别设定为耕地保护目标、土地利用效率目标、资源配置与公平目标和综合效益目标,并根据各目标设定相应的评价标准。

① 耕地保护目标

新增费是针对农用地转用征收环节收取的土地税费,其资金专项用于土地开发整治。无论是征收还是使用,新增费均离不开农用地保护,故中央分成新增费分配的首要目标即为通过资金的科学分配和有效利用,增加有效耕地面积、增加粮食产量、保障国家粮食安全。因此,新增费分配应以促进农用地保护为核心,以有限的资金投入换取尽量多的农用地面积增加值或粮食产量增加值,实现保护农用地、促进农用地高效集约利用的目标。

本研究将耕地保护目标下的中央分成新增费分配效率定义为耕地保护效率,以各省份新增耕地面积和耕地总面积两项指标标准化后的加权平均值来测度中央分成新增费的耕地保护效率,计算公式如下:

$$ECLP = \beta_1 S_{new} + \beta_2 S_{sum} \qquad (8-1)$$

其中,$ECLP$ 为中央分成新增费的耕地保护效率,S_{new}、S_{sum} 分别为各省新增耕地面积和耕地总面积,β_1、β_2 分别为 S_{new}、S_{sum} 的权重。

② 土地利用效率目标

任何公共财政资金的分配和使用,都应遵循效率优先的基本原则。中央分成新增费是专项用于土地整治的资金,故其效率目标应具体为土地利用效率目标,即通过资金的合理分配和使用,提高耕地质量,改善农村生产、生活条件和生态环境,提高土地利用效率,在一定的土地面积上创造出更多的价值,提高耕地的"投入—产出"效益,增加土地的经济社会价值。

本研究将土地利用效率目标下的中央分成新增费分配效率定义为土地利用效率,以各省份农业产投比和土地 GDP 两项指标标准化后的加权平均值表示中央分成新增费的土地利用效率,计算公式如下:

$$ELU = \beta_3 L_{gdp} + \beta_4 A_{ior} \qquad (8-2)$$

其中,ELU 为中央分成新增费的土地利用效率,L_{gdp} 和 A_{ior} 分别为各省的土地

GDP 和农业产投比，β_3、β_4 分别为 L_{gdp} 和 A_{ior} 的权重。

③ 资源配置与公平目标

公共财政收入分配的基本原则除效率优先外，还需兼顾公平，以优化区域资源配置为目标，尽量缩小地区间的发展差距。因此，新增费分配目标要以优化资源配置、调节收入分配为重点，通过在省际、区域间及项目资金间的合理调配，照顾到地区间经济发展不平衡的现状，寻求发达地区与欠发达地区间的均衡发展，平衡地区间农用地数量、质量、利用水平等方面的差异，在保护农用地和保障粮食安全的前提下，将重点向粮食主产区、中西部地区、水土资源匹配程度较差的区域倾斜，通过资金分配调节资源配置及农民收入水平，在效率优先的基础上兼顾公平。

本研究将资源配置与公平目标下的中央分成新增费分配效率定义为资源配置效率，以地方农民收入差距和地方农民消费支出差距两项指标标准化后的加权平均值测度中央分成新增费的资源配置效率，计算公式如下：

$$ERD = \beta_5 G_{nif} + \beta_6 G_{csf} \qquad (8-3)$$

其中，ERD 为中央分成新增费的资源配置效率，G_{nif} 和 G_{csf} 分别为各省的地方农民收入差距和地方农民消费支出差距，β_5、β_6 分别为 G_{nif} 和 G_{csf} 的权重。

④ 综合效益目标

为了统筹兼顾新增费分配各目标，使新增费在促进地区经济发展的同时，做到合理保护耕地、保障国家粮食安全，提高土地利用效率并缩小地区发展差距，故提出中央分成新增费的综合目标，使新增费的分配遵循效率优先、兼顾公平的原则，达到经济效益、社会效益和生态效益的统一，将综合效益目标下的中央分成新增费分配效率定义为综合效率。以耕地保护效率、土地利用效率和资源配置效率三项指标的加权平均值表示中央分成新增费的综合目标效率，计算公式如下：

$$ECB = \alpha_1 ECLP + \alpha_2 ELU + \alpha_3 ERD \qquad (8-4)$$

其中，ECB 为中央分成新增费的综合分配效率，$ECLP$、ELU、ERD 分别为中央分成新增费的耕地保护效率、土地利用效率和资源配置效率，α_1、α_2 和 α_3 分别为 $ECLP$、ELU 和 ERD 的权重。

中央分成新增费分配目标还具有以下几个特征：一是非均衡性，新增费配置目标虽在总体上有耕地保护目标、土地利用效率目标和资源配置与公平目标,但在国民经济发展的特定时期,其目标会有所侧重;二是阶段性,新增费配置目标会随经济发展所处阶段及经济发展所面临形势而变化,即新增费配置目标具有动态性;三是多元性,经济社会发展的阶段性、多目标性等特点决定了新增费配置目标也具有多元化特征。

3. 分配因素集设定

在明确了中央分成新增费的分配目标后,因素法中因素的选取则是决定新增费能否科学有效地分配的关键之一。鉴于新增费分配目标的阶段性和多目标性,中央分成新增费分配的影响因素也应随着分配目标和分配效率值的不同而变化。故新增费分配方案的优化设计,首先应选定所有目标下对资金分配效率有影响的因素,组成因素集,再根据不同分配目标下的效率评价结果,通过构建数学模型,选取因素集中对该效率有显著性影响的因素作为该分配目标下的确定因素。在理论研究、文献综述和相关分析的基础上,本研究建立了中央分成新增费分配因素集,主要包括以下八个因素:

(1) 基本农田面积

基本农田面积直接反映了一个地区耕地保护的形势与保护效果,是影响中央分成新增费分配效率的直接因素,与新增费分配的耕地保护效率息息相关,同时也在一定程度上影响了土地利用效率和资源配置效率。一般认为基本农田面积与新增费分配效率存在正相关关系,即基本农田面积越大,土地整治效果越好,耕地保护形势越好,新增费分配使用越有效。

(2) 水田面积

水土资源的匹配程度决定了区域土地整治效果的优劣,水土资源丰富的地区,土地整治后新增耕地的质量和粮食产量都明显高于水资源匮乏地区。本研究选取水田面积作为区域水土资源匹配程度的代理变量,通常认为水田面积越大,地区水土资源匹配程度越高,新增费分配综合效率也越高,这一因素的期望值为正,为正向因素。

(3) 耕地质量等指数

提高耕地质量与增加耕地面积都是新增费分配与使用的重要目标。耕地质量等指数是区域耕地质量的直接反映,根据全国农用地分等成果,我国耕地质量等指数为 1—15 等,耕地质量等指数越低,耕地质量越好。在不同的分配目标下,耕地质量对中央分成新增费的分配效率影响方向也不同。通常来说,耕地质量等指数与新增费分配的土地利用效率呈负相关关系,耕地质量越好,土地利用效率越高;而在社会公平与资源配置目标下,耕地质量等指数则应为正向因素,耕地质量越差的地区,越需新增费的扶持和支援,以优化资源配置,缩小地方间差距,故这一因素的符号根据不同的分配目标会有所不同。

(4) 新增费上缴金额

新增费上缴金额是地区新增费征收管理的直接反映,理应纳入该地区新增费分配额度的考虑之中,从公平角度而言,也应遵照"多缴多得"的原则,适当向新增费收缴管理水平较好的地区倾斜。但另一方面,新增费上缴金额取决于地区的征收标准和建设占用耕地面积,而新增费的征收标准又是根据人均耕地状况、社会经济发展水平、耕地质量等情况制定的,这些因素可在一定程度上反映出耕地保护、土地利用效率和资源配置优化情况。故本研究将新增费上缴金额也纳入因素集中,并设定这一因素为正向因素。

(5) 违法用地面积

违法用地面积体现了一个地区的耕地保护情况和政策执行力度。一般来说,若一个地区违法用地面积大,滥占耕地现象严重,地方耕地保护力度不足,则耕地保护、土地利用效率和资源配置都会受到影响,进而影响中央分成新增费的分配效率。此外,就外部性效应而言,新增费的分配也应向违法用地面积少的地区倾斜,以鼓励其耕地保护行为,促进土地节约集约利用,故这一因素为负向因素。

(6) 政策扶持力度

我国经济社会发展存在较为明显的不均衡性。东、中、西省份的自然资源条件、生产力水平、社会发展阶段各有分异,为此国家采取了差别化的区域政策,造成东、中、西部土地整治扶持力度的差异,这将直接影响新增费的分配效率。鉴于政策扶持力度难以量化,本研究通过设置虚拟变量来表示,分为东部省份、中部省份和西部省份三类,相应的影响方向可能为正,也可能为负。

（7）粮食单产

粮食单产是反映区域耕地质量和土地生产能力的重要因素之一，是衡量土地整治效果的直接指标。一般认为粮食单产与新增费分配效率存在正相关关系，即粮食单产越高，新增费支持土地整治的效果越好，新增费分配的效率也越高。中央分成新增费应向粮食单产水平高的省份倾斜，以提供更多的资金支持和保障粮食主产区的稳定与发展，推进粮食主产区土地整治工作稳步进行，以完成新增费分配的耕地保护目标，保障国家粮食安全，促进土地利用效率目标和资源优化配置目标的实现。

（8）粮食总产量

粮食总产量是衡量地方粮食生产能力和土地整治效果的重要指标，与粮食单产一同列入中央分成新增费分配的备选因素集中，但与粮食单产指标存在互斥性，需根据两因素对资金分配效率的贡献程度大小选择其一。

上述各因素的含义及期望符号见表8-1。

表8-1　因素含义与期望符号

变量名	含　　义	期望符号
X_1	基本农田面积（公顷）	＋
X_2	水田面积（公顷）	＋
X_3	耕地质量等指数	＋/－
X_4	新增费上缴金额（万元）	＋
X_5	违法用地面积（公顷）	
X_6	政策扶持虚拟变量，如果为东部省份，$X_6=1$；其他，$X_6=0$	＋/－
X_7	政策扶持虚拟变量，如果为中部省份，$X_7=1$；其他，$X_7=0$	＋/－
X_8	粮食总产量（万吨）	＋
X_9	粮食单产（公斤/公顷）	＋

4. 优化模型构建

通过综合分析，本研究建立以下模型分析因素集各因素对新增费分配效率的影响：

$$E_{ijt} = a_0 + \delta X_{ijt} + \varepsilon_{ijt} \qquad (8-5)$$

其中,E_{ijt} 为省份 i 第 j 年中央分成新增费的第 t 种分配效率,X_{ijt} 为省份 i 第 j 年影响中央分成新增费第 t 种分配效率的因素,δ 为 X_{ijt} 的系数向量,a_0 为常数项,ε_{ijt} 为残差项,i 为省份,j 为年度,t 为新增费分配效率种类。

变量 X_{ijt} 的系数 δ 是因素集中各因素对中央分成新增费分配效率效果影响的直接反应,若某一因素 k 的 δ_k 能够通过模型筛选且检验显著,则认为该因素中央分成新增费的分配效率高低具有中央影响,理应将其作为新增费分配方案确定的因素之一;否则,认为该因素对新增费分配效率的高低无显著影响,不纳入新增费分配方案确定的因素法中进行考虑。

在确定了中央分成新增费分配方案的影响因素后,应根据各因素对新增费分配效率的影响强弱程度来计算因素法中各因素的权重比例关系,鉴于面板数据模型中 X_{ijt} 的系数 δ 即表示了因素单位数据量的变化引起的 E_{ijt} 变化量,可作为判定对中央分成新增费分配效率影响程度的重要标准,故将各估计系数 δ 的标准差比例作为因素法因素权重比例,按照各因素对新增费分配效率的影响程度确定新增费分配重点参考的因素和方向。

第三节　新增费分配优化设计结果

一、不同目标下的分配效率

选取 2004—2008 年省级数据作为数据源,其中耕地面积相关数据源自《中国国土资源年鉴》,新增费征收及分配数据来自国土资源部综合统计快报,耕地质量等指数来自全国农用地分等定级成果资料,粮食产量、农民收入与消费以及农业GDP 等数据源自《中国国家统计年鉴》。

假设中央分成新增费分配的综合效率中各目标的重要性是均等的,也即新增费分配需统筹兼顾耕地保护、提高土地利用效率和优化资源配置以及促进社会公平,各目标进行等权分配。为方便计算,分效率计算中各指标也等权分配。为方便面板数据模型的回归处理,将基础数据统一进行极差标准化处理,各分配目标下的中央分成新增费分配效率如表 8-2 至表 8-5 所示。

表 8-2　中央分成新增费分配的耕地保护效率

省　份	2008 年	2007 年	2006 年	2005 年	2004 年
北京市	0.0042	0.0057	0.0081	0.0054	0.0043
天津市	0.0110	0.0121	0.0053	0.0060	0.0084
河北省	0.1124	0.2023	0.2191	0.1602	0.0997
山西省	0.0598	0.0617	0.0696	0.0562	0.0682
内蒙古自治区	0.0974	0.1387	0.3785	0.5853	0.2402
辽宁省	0.0594	0.0647	0.0677	0.0643	0.3543
吉林省	0.0759	0.0758	0.0762	0.0710	0.0741
黑龙江省	0.1594	0.1733	0.5376	0.1691	0.2167
上海市	0.0070	0.0003	0.0110	0.0073	0.0167
江苏省	0.1085	0.1106	0.1083	0.0989	0.1348
浙江省	0.0781	0.0867	0.1494	0.1873	0.0952
安徽省	0.0960	0.0892	0.0971	0.0905	0.0993
福建省	0.0227	0.0232	0.0230	0.0191	0.0195
江西省	0.0461	0.0480	0.0458	0.0423	0.0437
山东省	0.1445	0.1367	0.2343	0.1694	0.1993
河南省	0.1197	0.1281	0.1411	0.1332	0.1345
湖北省	0.0754	0.0721	0.0768	0.1455	0.0730
湖南省	0.0591	0.0613	0.0683	0.0593	0.0647
广东省	0.0445	0.0522	0.0589	0.0569	0.0519
广西壮族自治区	0.0674	0.0630	0.0986	0.0618	0.0638
海南省	0.0094	0.0070	0.0063	0.0065	0.0070
重庆市	0.0413	0.0369	0.0418	0.0395	0.0346
四川省	0.1168	0.1035	0.1030	0.1158	0.0947
贵州省	0.0652	0.0581	0.0572	0.0600	0.0630
云南省	0.0995	0.0875	0.0957	0.1128	0.0911
西藏自治区	0.0030	0.0029	0.0028	0.0024	0.0029
陕西省	0.0701	0.5096	0.0704	0.0628	0.0769

续　表

省　份	2008 年	2007 年	2006 年	2005 年	2004 年
甘肃省	0.0624	0.0593	0.0620	0.0635	0.0791
青海省	0.0063	0.0051	0.0045	0.0223	0.0041
宁夏回族自治区	0.0167	0.0285	0.0159	0.0191	0.0538
新疆维吾尔自治区	0.0779	0.0716	0.1737	0.1891	0.0989

表 8-3　中央分成新增费分配的土地利用效率

省　份	2008 年	2007 年	2006 年	2005 年	2004 年
北京市	0.6922	0.1856	0.1620	0.1502	0.1626
天津市	0.1774	0.1519	0.1410	0.1263	0.1165
河北省	0.0738	0.0460	0.0414	0.0390	0.0389
山西省	0.0318	0.0150	0.0240	0.0385	0.0486
内蒙古自治区	0.0127	0.0082	0.0079	0.0149	0.0150
辽宁省	0.1009	0.0393	0.0390	0.0437	0.0453
吉林省	0.0623	0.0241	0.0287	0.0259	0.0310
黑龙江省	0.0421	0.0122	0.0120	0.0148	0.0167
上海市	0.8011	0.5013	0.4005	0.4042	0.3885
江苏省	0.5684	0.1904	0.1872	0.1964	0.2557
浙江省	0.4420	0.1198	0.1191	0.0895	0.0884
安徽省	0.1384	0.0646	0.0598	0.0759	0.1092
福建省	0.2445	0.0893	0.1084	0.0826	0.1029
江西省	0.1135	0.0578	0.0522	0.0482	0.0750
山东省	0.1501	0.0745	0.0657	0.0661	0.0671
河南省	0.0788	0.0566	0.0692	0.0706	0.0752
湖北省	0.0936	0.0630	0.0712	0.0857	0.1026
湖南省	0.1885	0.0868	0.0847	0.0853	0.0914
广东省	0.3818	0.1531	0.1843	0.2032	0.1007
广西壮族自治区	0.0820	0.0523	0.0661	0.0771	0.1254
海南省	0.3324	0.0651	0.0729	0.0678	0.0694

省　份	2008 年	2007 年	2006 年	2005 年	2004 年
重庆市	0.0558	0.0373	0.0352	0.0560	0.0811
四川省	0.0890	0.0589	0.0637	0.0749	0.1044
贵州省	0.1936	0.0796	0.0837	0.0768	0.0752
云南省	0.0543	0.0367	0.0488	0.0400	0.0536
西藏自治区	0.0072	0.0034	0.0055	0.0054	0.0402
陕西省	0.0425	0.0355	0.0286	0.0368	0.0359
甘肃省	0.0344	0.0225	0.0172	0.0283	0.0295
青海省	0.0412	0.0025	0.0038	0.0138	0.0060
宁夏回族自治区	0.0341	0.0051	0.0051	0.0071	0.0032
新疆维吾尔自治区	0.0501	0.0086	0.0068	0.0064	0.0045

表8-4　中央分成新增费分配的资源配置效率

省　份	2008 年	2007 年	2006 年	2005 年	2004 年
北京市	0.2435	0.3304	0.4027	0.4595	0.5529
天津市	0.7768	0.7836	0.7821	0.8073	0.8242
河北省	0.9152	0.9351	0.9509	0.9494	0.9563
山西省	0.8576	0.8761	0.8798	0.8765	0.8939
内蒙古自治区	0.9492	0.9512	0.9400	0.9362	0.9360
辽宁省	0.9620	0.9741	0.9758	0.9773	0.9674
吉林省	0.9551	0.9525	0.9570	0.9451	0.9568
黑龙江省	0.9789	0.9526	0.9425	0.9635	0.9450
上海市	0.0143	0.0511	0.1260	0.2089	0.3257
江苏省	0.6831	0.7049	0.7422	0.7826	0.8132
浙江省	0.3314	0.3862	0.4464	0.5029	0.5669
安徽省	0.8829	0.8740	0.8785	0.8859	0.9030
福建省	0.8356	0.8582	0.8691	0.8729	0.8635
江西省	0.9242	0.9345	0.9405	0.9507	0.9514
山东省	0.9328	0.9357	0.9468	0.9648	0.9666

省　份	2008 年	2007 年	2006 年	2005 年	2004 年
河南省	0.8808	0.8902	0.8840	0.8761	0.8935
湖北省	0.9524	0.9395	0.9425	0.9434	0.9589
湖南省	0.9550	0.9582	0.9600	0.9649	0.9608
广东省	0.8003	0.8322	0.8228	0.8160	0.8211
广西壮族自治区	0.8152	0.8472	0.8621	0.8884	0.8982
海南省	0.8610	0.8745	0.8838	0.8938	0.9218
重庆市	0.8404	0.8495	0.8512	0.8942	0.9075
四川省	0.8622	0.8726	0.8787	0.9058	0.9230
贵州省	0.6698	0.7039	0.7282	0.7668	0.7943
云南省	0.7693	0.7906	0.8012	0.8014	0.8307
西藏自治区	0.7028	0.7644	0.7980	0.7983	0.8213
陕西省	0.7710	0.7843	0.8006	0.8121	0.8352
甘肃省	0.6855	0.7098	0.7609	0.7993	0.8200
青海省	0.7575	0.7770	0.8082	0.8272	0.8477
宁夏回族自治区	0.8245	0.8238	0.8461	0.8662	0.8992
新疆维吾尔自治区	0.7736	0.8076	0.8246	0.8485	0.8716

表 8-5　中央分成新增费分配的综合配置效率

省　份	2008 年	2007 年	2006 年	2005 年	2004 年
北京市	0.3133	0.1739	0.1909	0.2050	0.2399
天津市	0.3218	0.3159	0.3095	0.3132	0.3164
河北省	0.3671	0.3945	0.4038	0.3829	0.3650
山西省	0.3164	0.3176	0.3245	0.3237	0.3369
内蒙古自治区	0.3531	0.3661	0.4421	0.5121	0.3970
辽宁省	0.3741	0.3594	0.3608	0.3618	0.4556
吉林省	0.3644	0.3508	0.3540	0.3473	0.3540
黑龙江省	0.3935	0.3794	0.4974	0.3825	0.3928
上海市	0.2742	0.1842	0.1791	0.2068	0.2436

省　份	2008 年	2007 年	2006 年	2005 年	2004 年
江苏省	0.4533	0.3353	0.3459	0.3593	0.4012
浙江省	0.2838	0.1976	0.2383	0.2599	0.2502
安徽省	0.3724	0.3426	0.3451	0.3508	0.3705
福建省	0.3676	0.3236	0.3335	0.3248	0.3286
江西省	0.3613	0.3468	0.3462	0.3470	0.3567
山东省	0.4091	0.3823	0.4156	0.4001	0.4110
河南省	0.3598	0.3583	0.3647	0.3600	0.3677
湖北省	0.3738	0.3582	0.3635	0.3916	0.3782
湖南省	0.4009	0.3688	0.3710	0.3698	0.3723
广东省	0.4088	0.3459	0.3553	0.3587	0.3245
广西壮族自治区	0.3215	0.3208	0.3423	0.3424	0.3625
海南省	0.4010	0.3156	0.3210	0.3227	0.3327
重庆市	0.3125	0.3079	0.3094	0.3299	0.3411
四川省	0.3560	0.3450	0.3484	0.3655	0.3740
贵州省	0.3095	0.2805	0.2897	0.3012	0.3108
云南省	0.3077	0.3049	0.3152	0.3180	0.3251
西藏自治区	0.2377	0.2569	0.2688	0.2687	0.2881
陕西省	0.2945	0.4431	0.2998	0.3039	0.3160
甘肃省	0.2608	0.2639	0.2800	0.2970	0.3095
青海省	0.2683	0.2616	0.2722	0.2877	0.2859
宁夏回族自治区	0.2918	0.2858	0.2890	0.2975	0.3187
新疆维吾尔自治区	0.3005	0.2959	0.3351	0.3480	0.3250

二、因素选取与权重确定

研究中的基础数据为省级面板数据,在新增费分配的四个目标下,应用 Stata 软件,采用固定效应模型、随机效应模型和混合 OLS 模型进行估计。检验结果表明,混合 OLS 模型优于固定效应模型和随机效应模型,故这里仅给出混合 OLS 模型的估计结果,以此作为 4 种目标下新增费分配方案因素选取与权重确定的依据(表 8-6 至表 8-9)。

（1）耕地保护目标

在耕地保护目标下,通过 Stata 模型筛选及显著性检验的因素为 X_1、X_3 及 X_9,即对中央分成新增费耕地保护效率影响显著的因素为基本农田面积、耕地质量等指数及粮食单产水平,其他因素影响较弱,故予以剔除。这三项因素的 t 检验均在 10% 水平上显著,模型拟合较好。

表 8-6　耕地保护目标下的面板数据模型拟合结果

变量	估计系数	标准差	t 统计量	p 值
X_1	0.3775	0.0498	7.58	0.0000
X_3	0.1201	0.0517	2.33	0.0280
X_9	0.1018	0.0590	1.73	0.0960
常数项	−0.1270	0.0476	−2.67	0.0130

从模型估计结果看,各变量符号均为正,说明各因素对新增费分配效率的影响均为正向。基本农田面积越大、耕地质量等指数越高、粮食单产越大,则新增费的耕地保护效率就越高。换而言之,当某阶段新增费的分配使用以耕地保护为主导或者重点是保护各地区耕地合理利用和维护国家粮食安全时,则中央分成新增费分配因素就应选取基本农田面积、耕地质量等指数和粮食单产三项,将新增费向基本农田保护情况较好、耕地质量较差、粮食单产水平较高的地方倾斜,以在有限的资金总量约束下,通过对土地整治的合理布局,重点提升这部分地区的耕地质量水平,建设耕地集中连片的高标准基本农田,用有限的资金换取更多的粮食产量和耕地保有量,切实保障国家粮食安全。从上述因素对中央分成新增费分配耕地保护效率的影响程度看,三个因素标准化后的回归系数分别为 0.0498、0.0517 和 0.0590,鉴于 Stata 模型中输入数据已进行极差标准化,故以此系数的比例关系确定新增费分配方案的权重,三因素的权重比为 0.31∶0.32∶0.37。

（2）土地利用效率目标

在土地利用效率目标下,通过模型筛选及显著性检验的因素为 X_3、X_4、X_5、X_6 及 X_7,即对中央分成新增费土地利用效率影响显著的因素为耕地质量等指数、新增费上缴金额、违法用地面积及政策扶持力度。

表 8-7　土地利用效率目标下的面板数据模型拟合结果

变量	估计系数	标准差	t 统计量	p 值
X_3	−0.1866	0.0385	−4.85	0.0000
X_4	0.1229	0.0457	2.69	0.0080
X_5	−0.1087	0.0466	−2.34	0.0210
X_6	0.0554	0.0218	2.54	0.0120
X_7	−0.0360	0.0211	−1.71	0.0890
常数项	0.1609	0.0306	5.26	0.0000

从模型估计的结果来看，X_3、X_5 及 X_7 的变量符号为负，说明其对新增费分配效率的影响是负向的，耕地质量等指数越低、违法用地面积越小的非中部省份，新增费的土地利用效率越高；X_4、X_6 的变量符号为正，说明其影响为正向，新增费上缴金额高的东部省份，土地利用效率也相应较高。当某阶段新增费的分配使用以经济发展为主导或者重点在于提高土地利用效率时，则新增费分配的主导因素应选取耕地质量等指数、新增费上缴金额、违法用地面积及政策扶持力度四项，将新增费向耕地质量好、新增费上缴金额大、违法用地面积小的东部省份倾斜，以将有限的资金投入到投入产出效率较高的发达地区，以增加农业产值为目标，通过资金换取效率，切实提高农业投资回报率和区域农业经济发展水平。上述五因素标准化后的回归系数分别为 0.0385、0.0457、0.0466、0.0218 和 0.0211，对应的因素权重比为 0.22∶0.26∶0.27∶0.13∶0.12。

（3）资源配置与公平目标

在资源配置与公平目标下，通过模型筛选及显著性检验的因素为 X_3、X_5、X_6 及 X_8，即对中央分成新增费土地利用效率产生显著影响的因素为耕地质量等指数、违法用地面积、政策扶持力度及粮食总产量。

表 8-8　资源配置与公平目标下的面板数据模型拟合结果

变量	估计系数	标准差	t 统计量	p 值
X_3	0.2205	0.0525	4.20	0.0000
X_5	−0.1370	0.0782	−1.75	0.0820
X_6	−0.0491	0.0289	−1.70	0.0910
X_8	0.4478	0.0588	7.62	0.0000
常数项	0.6165	0.0408	15.10	0.0000

从模型估计的结果来看，X_3、X_8 的变量符号为正，说明其对新增费分配效率的影响为正向；X_5、X_6 变量符号为负，其影响为负向。当某阶段新增费的分配使用以平衡区域间发展差距为主导或者重点在优化资源配置时，则新增费分配的主导因素应选取耕地质量等指数、违法用地面积、政策扶持力度及粮食总产量四项，将新增费重点投向耕地质量有待提高、违法用地面积较小、发展程度较低的中西部和粮食主产区，以将有限的资金投入到目前资源基础条件较为薄弱、发展较为弱势，但土地执法情况较好的粮食主产区，优化区域间资源配置，以更多的资金投入支持弱势地区发展壮大，在保证粮食主产区耕地面积的同时，重点致力于提高耕地质量，达到均衡发展和资源优化配置。上述四因素标准化后的回归系数分别为 0.0525、0.0782、0.0289 及 0.0588，对应的因素权重比为 0.24 : 0.36 : 0.13 : 0.27。

（4）综合效率目标

当耕地保护目标、土地利用效率目标和资源配置与公平目标同样重要时，通过模型筛选与显著性检验的因素为 X_2、X_3、X_6 及 X_8，即对中央分成新增费土地利用效率影响显著的因素为水田面积、耕地质量等指数、政策扶持力度和粮食总产量。

表 8-9　综合效率目标下的面板数据模型拟合结果

变量	估计系数	标准差	t 统计量	p 值
X_2	0.0638	0.0344	1.85	0.0750
X_3	0.1496	0.0458	3.27	0.0030
X_6	−0.0292	0.0202	−1.44	0.0161
X_8	0.1724	0.0376	4.59	0.0000
常数项	0.2001	0.0268	7.47	0.0000

从模型估计的结果来看，X_2、X_3、X_8 的变量符号为正，X_6 的变量符号为负。当某阶段新增费的分配使用以各方面统筹兼顾为主导、追求三个目标的协调共同发展时，则新增费分配的主导因素应选取水田面积、耕地质量等指数、政策扶持力度及粮食总产量四项，将新增费向水土资源匹配程度较高、耕地质量有待提高、发展程度较为弱势的中西部省份和粮食主产区倾斜，追求土地利用效率最优，同时

适当照顾中西部省份和耕地质量较低的地区,优化地区资源配置,促进区域均衡发展。上述四因素标准化后的回归系数分别为 0.0344、0.0458、0.0202 及 0.0376,对应的因素权重比为 0.25 : 0.33 : 0.15 : 0.27。

三、优化设计结果

依照面板数据模型分析得到的中央分成新增费各分配目标下的因素选取和权重确定结果,以 2006—2010 年中央分成新增费省级分配数据为基础(表 8 - 10)进行优化设计,在中央分成新增费资金总量保持不变的条件下,得出不同目标驱动下的中央分成新增费省级分配方案。

表 8 - 10 2006—2010 年中央分成新增费分配情况   单位:亿元

省份	分配金额	省份	分配金额	省份	分配金额
北京市	2.0523	浙江省	11.3240	海南省	4.8232
天津市	1.6182	安徽省	41.4551	重庆市	21.8048
河北省	35.4680	福建省	8.5207	四川省	53.3531
山西省	13.1830	江西省	34.7417	贵州省	17.1101
内蒙古自治区	33.2803	山东省	56.4672	云南省	32.7211
辽宁省	17.6146	河南省	41.8249	陕西省	17.1203
吉林省	51.0993	湖北省	55.4338	甘肃省	20.5897
黑龙江省	65.8070	湖南省	33.7230	青海省	5.4302
上海市	2.4238	广东省	15.4172		
江苏省	41.9634	广西壮族自治区	31.3256		

(1)耕地保护目标

在耕地保护目标下,中央分成新增费分配优化选取因素为基本农田面积、耕地质量等指数及粮食单产,三因素的权重分别为 0.31、0.32 和 0.37,按照各省份所选因素的实际值和因素权重,求得耕地保护目标下各省份新增费分配方案(图 8 - 3)。

从图 8 - 3 的分配结果看,各省份之间较为平均,最大差距不足中央分成新增费总额的 5%,分配比例最高的 5 个省份分别为黑龙江、内蒙古、山东、吉林和河南,均为粮食主产区和耕地资源丰富的省份;分配比例最低的 5 个省份分别为海

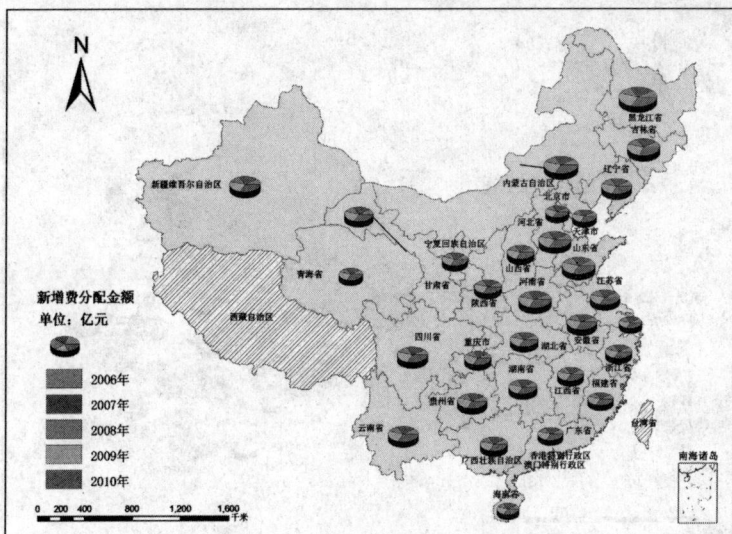

图 8-3　耕地保护目标下中央分成新增费(2006—2010 年)分配优化结果

南、上海、北京、青海和天津。在耕地保护目标下,新增费分配倾向于向耕地基数较大、耕地保护形势较好的省份倾斜,通过中央资金的投入促进这些省份耕地质量的改善,在"保量"的基础上突出"保质",在追求耕地数量的同时也强化耕地质量的稳定与提高。这种分配方式相较于在耕地资源匮乏地区进行土地开发更为有效。

(2)土地利用效率目标

在土地利用效率目标下,中央分成新增费分配优化选取的因素为耕地质量等指数、新增费上缴金额、违法用地面积及政策扶持力度,相应权重分别为 0.22、0.26、0.27、0.13 和 0.12,按照各省份所选因素的实际值和因素权重,求得土地利用效率目标下各省份新增费分配方案(图 8-4)。

从图 8-4 的分配结果看,各省份之间的分配差距较耕地保护目标大,最大差距超过中央分成新增费总额的 14%。除青海省外,新增费分配较大程度向东部沿海发达省份倾斜,分配比例最高的 5 个省份分别为青海、江苏、山东、广东和福建。其中,青海省分配金额较高的原因主要在于其土地执法监察情况较好,违法

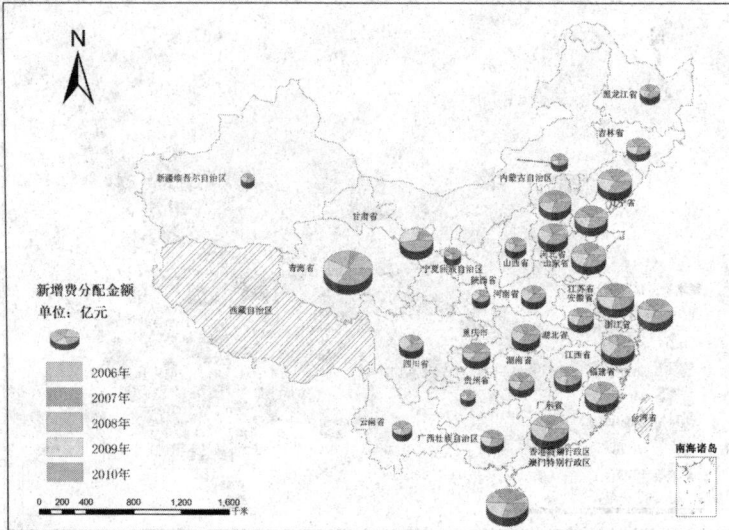

图 8-4　土地利用效率目标下中央分成新增费(2006—2010 年)分配优化结果

用地面积少,故在新增费分配中给予了倾斜;新增费分配比例最低的 5 个省份分别为新疆、宁夏、内蒙古、贵州和山西,在土地利用效率目标下,新增费分配倾向于经济基础较好、自然资源较为丰富、土地利用投入产出效益较高的省份,遵循效率优先原则,土地利用效率较高的地区获得的资金也相应增多。通过以资金换取效率,这部分地区的优势将进一步扩大,规模效应将继续显化。

(3) 资源配置与公平目标

在资源配置与公平目标下,中央分成新增费分配优化选取因素为耕地质量等指数、违法用地面积、政策扶持力度和粮食总产量,相应权重分别为 0.24、0.36、0.13 和 0.27。按照各省份所选因素的实际值和因素权重,求得资源配置与公平目标下各省份新增费分配方案(图 8-5)。

从图 8-5 的分配结果看,各省份的分配差距也较耕地保护目标下大,最大差距已超过中央分成新增费总额的 20%,且分配方案与土地利用效率目标下的分配结果呈相反的趋势,新增费分配较多的地区多为资源短缺、经济欠发达但用地监管情况良好、违法用地较少的省份,这也成为新增费分配兼顾公平原则的重要体现。

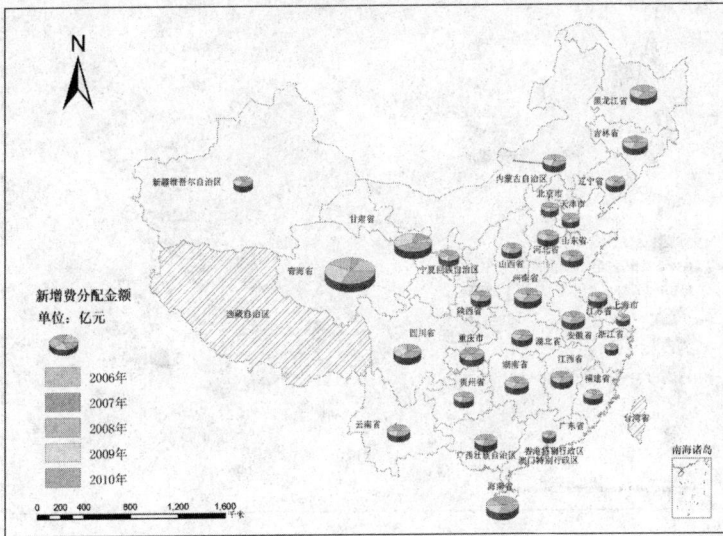

图 8-5　资源配置与公平目标下中央分成新增费(2006—2010 年)分配优化结果

分配比例最高的 5 个省份分别为青海、甘肃、河南、重庆及黑龙江;分配比例最低的 5 个省份分别为上海、浙江、广东、北京和天津。分配额低的发达省份在资源条件、经济水平和发展程度方面均显著领先于其他地区,适当削弱这些省份的资金投入,可适度优化资源配置,防止"两极分化"现象扩大,缩小地方发展差距。

(4) 综合效率目标

在综合效率目标下,中央分成新增费分配优化选取因素为农田面积、耕地质量等指数、政策扶持力度和粮食总产量,相应权重分别为 0.25、0.33、0.15 和 0.27。按照各省份所选因素的实际值和因素权重,求得综合效率目标下各省份新增费分配方案(图 8-6)。

从图 8-6 的分配结果看,各省份之间的分配差距较小,分配结果也较为平均。中央分成新增费分配倾向于向水土资源匹配度较高、经济发展状况与耕地保护情况较为平均的省份倾斜。经济发达省份如北京、上海等因资源配置与公平目标限制,分配比例较小;青海、宁夏、新疆等基础条件较为薄弱地区受土地利用效率影响,分配比例也不高;安徽、四川、湖南等中部省份因其耕地保护情况、土地利

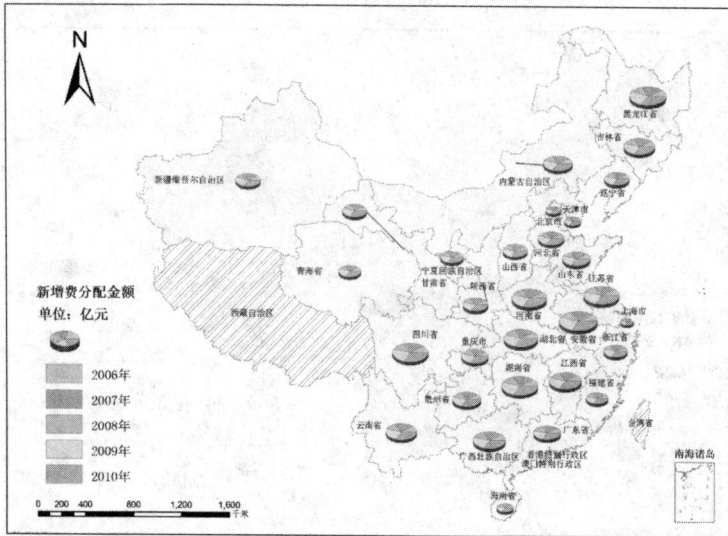

图 8-6　综合效率目标下中央分成新增费(2006—2010 年)分配优化结果

用效率、资源优化配置水平等各项指标较为均衡,无明显的弱项因素,其发展模式
属于政策鼓励范畴,故在新增费分配中得到倾斜。

　　根据"新增费"的设置机理和功能取向,若中央分成新增费继续采取因素法方
式进行分配,其分配目标可设定为耕地保护目标、土地利用效率目标、资源配置与
公平目标及综合效率目标四类,各省份在四个目标下的中央分成新增费分配优化
结果见表 8-11、图 8-7。

表 8-11　中央分成新增费分配优化设计结果　　　　　　　　　单位:亿元

省　份	实际分配值	耕地保护目标	土地利用效率目标	资源配置与公平目标	综合效率目标
北京市	2.05	19.40	34.37	15.62	9.00
天津市	1.62	20.92	34.77	17.18	11.23
河北省	35.47	33.75	28.99	22.41	23.86
山西省	13.18	26.61	15.88	21.01	22.67
内蒙古自治区	33.28	36.78	10.98	25.95	29.35

续　表

省　份	实际分配值	耕地保护目标	土地利用效率目标	资源配置与公平目标	综合效率目标
辽宁省	17.61	30.84	37.51	19.60	23.26
吉林省	51.10	35.01	19.80	30.84	33.71
黑龙江省	65.81	46.10	14.42	34.04	44.18
上海市	2.42	18.99	40.02	10.55	7.58
江苏省	41.96	28.66	43.85	18.82	41.30
浙江省	11.32	24.64	36.66	10.12	20.72
安徽省	41.46	30.67	22.09	27.60	47.22
福建省	8.52	22.59	36.42	19.29	18.17
江西省	34.74	24.19	25.02	26.22	35.68
山东省	56.47	36.07	38.38	25.24	27.44
河南省	41.82	35.39	20.28	35.34	41.78
湖北省	55.43	26.95	27.31	22.32	40.04
湖南省	33.72	27.73	22.68	27.42	45.24
广东省	15.42	22.29	43.58	10.92	26.06
广西壮族自治区	31.33	26.61	19.50	26.04	36.37
海南省	4.82	17.94	54.73	48.52	11.19
重庆市	21.80	24.98	26.12	29.85	26.21
四川省	53.35	31.32	20.25	35.51	44.09
贵州省	17.11	29.61	9.05	21.38	28.98
云南省	32.72	30.53	14.21	25.41	33.84
陕西省	17.12	25.50	12.00	21.81	23.52
甘肃省	20.59	28.38	36.64	60.54	23.08
青海省	5.43	20.09	73.39	106.42	19.36
宁夏回族自治区	12.65	23.14	11.03	21.46	19.42
新疆维吾尔自治区	56.87	31.52	7.33	19.79	22.73

图 8 - 7　中央分成新增费(2006—2010 年)分配金额优化结果

第四节　新增费设置土地整治绩效分析[149,150]

鉴于中央分成新增费是开展土地整治的专项基金,其分配方案的调整和优化将对我国土地整治格局和效果产生直接、显著影响。进行中央分成新增费分配对土地整治绩效影响的分析,一方面可以预判不同新增费分配方案下的土地整治效果,通过分配方案择优提升土地整治效益;另一方面,通过预估特定分配方案下的土地整治效果,有利于"由果推因",对影响土地整治效益发挥的限制因素进行分析,以及时采取相关措施,平衡土地整治效益的区域差距,规避新增费使用风险。

一、中央分成新增费分配对土地整治效果的影响

总体来说,新增费分配对土地整治的影响主要体现在经济效益、社会效益与生态效益三方面。新增费的合理分配与使用既能产生增加有效耕地面积、提高粮食产量、改善农业生产条件等直接效益,也能产生推动农民学习新知识、改变传统耕作习惯、改善落后生产面貌等间接效益;新增费资金分配对土地整治的影响既

包括显性效益,也有隐性效益;既包括正面效益,也有负面效益。新增费对土地整治经济效益的影响是指通过资金分配改变农用地的利用方式和投入产出关系;对土地整治社会效益的影响是指通过资金分配优化社会环境系统并产生相关宏观社会效应;对土地整治生态效益的影响是指通过资金分配改善区域生态环境,扩大自然资源合理利用而带来的正面效应。

(1) 对经济效益的影响

土地整治的经济效益是指投资主体对土地整治项目所投入的资本、劳力、技术与劳动成果间的对比,反映的是土地整治投入的经济产出。中央分成新增费对土地整治的投资旨在增加整治区有效耕地面积,提高整治区域农地综合生产能力,提升区域粮食生产总能,从而确保国家粮食安全。因此,新增费对土地整治的投资并不以盈利为目的,投资受益者是整治区内的农村集体经济组织和农民,这一投资具有公益性质,投资行为是无偿的。一方面,集体经济组织获益于区域土地质量的提高、基础设施的完善和集体综合实力的增强;另一方面,农民获益于土地经营面积的扩大、农业生产成本的降低和粮食产量的提高。因此,总的来说,新增费分配对土地整治经济效益的影响主要体现在:第一,减少农业生产成本。通过资金的合理投入使用,实现了农地的规模经营、水利设施与田间道路系统的完善,促进了整治区的田块归并集中,节省了农民往返田块间及运输的成本。第二,增加农业生产效益。在新增费资金的支持下,土地整治项目带来的直接经济效果包括增加耕地面积、完善农业基础设施、促进增加土地投入及采用先进农业技术,进而带动整治区农作物产量提高。由于我国土地整治项目投入主要由资金和少量劳力构成,故土地整治经济效益的评价就是通过对区域投入产出的分析,研究项目的盈利能力及对宏观经济的贡献,从而评价中央分成新增费分配所支持的土地整治项目对当地社会经济发展的贡献程度及资金分配方案在经济上的合理性。

(2) 对社会效益的影响

土地整治的社会效益是指土地整治的实施对社会经济发展目标,如促进区域发展、增加就业机会、缩小城乡差别、促进公平分配等所作的贡献。目前,社会效益的提高是我国土地整治工作的首要目标和核心任务。新增费分配对土地整治社会效益的影响主要体现在三方面:一是促进农地保护、缓解人地矛盾。通过新增费投入促进土地整治事业发展,有利于坚守耕地红线、抑制建设占用农用地冲动、促进耕地总量动态平衡与区域间占补平衡、保障社会可持续发展。二是提高农业生产积极性。通过新增费实现土地整治资金的持续投入,从侧面显示出我国对农田基础设施建设和农村经济建设的关注程度,有利于鼓舞农民和农村集体经济组织的士气,增强农民的信心,提高其从事农业生产的积极性,促进"三农"问题的解决。三是明悉农地产权,减少土地纠纷,维护农村社会稳定。新增费的分配使用,实现了零散地块的归并和权属界线的科学划分,改变了边角地和插花地遍布及农地破碎化的现象,间接减少了因产权不明引起的权属纠纷,降低了土地整治工作的建设和运营风险,提高了资金的使用效率。四是健全区域基础设施体系,促进农地的节约集约利用。利用资金支持完善田间道路系统、灌溉排水系统和供电系统,消除了农用地利用中的障碍因素,促进农村集约化、规模化、机械化生产和现代化农业技术的推广应用。

(3)对生态效益的影响

土地作为一种重要的自然资源,是生态系统不可或缺的一部分,在土地资源上进行的一切活动,如开发、利用、保护和整治,都会对自然环境和生态系统产生重大影响。土地整治行为对区域环境与生态系统的完善和保护,是支撑土地整治工程可持续发展的重要因素。新增费分配对土地整治生态效益的影响主要体现在:一是通过土地整治资金的合理使用,利用工程和生物措施减缓土地坡度、改善土壤质地、提高土壤肥力;二是对生产建设中因挖损、塌陷、压占等行为造成破坏或废弃的土地进行复垦,对田、水、路、林、村进行综合整治,对水土流失、土地盐碱化、沙漠化、旱涝、病虫灾害等方面进行治理,进而改善区域生态环境;三是在土地生态学和土地规划学的指导下,完善农业生产基础设施,消除土地利用障碍因素,通过土地整治,将农业生产与自然、人文景观结合起来,改变过去田块破碎、沟渠路杂乱分布的景象,形成优美的田园风光,增强土地整治区域的视觉效应和景观美感。

二、土地整治效益量化分析

以土地整治的经济效益、社会效益和生态效益为评价内容,参考相关研究成果,总结得出土地整治效益的量化计算方法。

（1）经济效益

主要反映土地整治的实施在宏观上对国民经济的贡献和在微观上的清偿及盈利能力，一般用整治区耕地数量增加、质量提高和生产条件改善所带来的粮食总产量的产值增加量来表示。按式 8-6 进行计算：

$$E_{实施} = \sum_{i=1}^{n} [S_i \times (P'_i - P_i) \times V_i] + \sum_{i=1}^{n} [(S'_i - S_i) \times P'_i \times V_i] \qquad (8-6)$$

式（8-6）中，V_i 为第 i 类作物单位面积的净收益，$E_{实施}$ 为土地整治实施后每年新增收入值，P_i 和 P'_i 分别为土地整治实施前后第 i 类作物的单产水平，S_i 和 S'_i 分别为土地整治实施前后第 i 类作物的种植面积。

（2）社会效益

主要反映土地整治实施在实现明晰土地权属、改善农村社会环境、提高农民生活水平和生活质量、维护社会稳定等社会发展目标时所带来的效益。假设土地整治的社会保障职能主要体现在失业保障和养老保险两方面，根据土地整治区域人均粮食消费量、新增耕地数量、原有耕地增产等情况可确定土地整治实施可安置的农业人口数量，将其按年龄划分为保养人口（65 岁以上）、基本人口（15～65 岁）和被抚养人口（0～15 岁）。

① 养老保险

由于被抚养人口主要由其父母抚养，土地整治对养老保险只计算基本人口和保养人口。

$$Y_{养老} = Y_{基本-养老} \times P_{基本} + Y_{保养-养老} \times P_{保养} \qquad (8-7)$$

式（8-7）中，$Y_{养老}$ 为养老保险金总额；$Y_{基本-养老}$ 和 $Y_{保养-养老}$ 保险分别为基本人口和保养人口的养老保险金；$P_{基本}$ 和 $P_{保养}$ 分别为基本人口和保养人口数量；$Y_{基本-养老}$ 由式（8-8）确定；$Y_{保养-养老}$ 以当地最低生活保障标准计算。

$$Y_{基本-养老} = Y_m \times P_i / P_0 \qquad (8-8)$$

式（8-8）中，Y_m 为基本人口保险费趸缴金额基数；P_i 为保险费领取标准（基本生活费）；P_0 为保险费基数（参照商业保险费率，趸缴金额基数为 9585 元/年）。

② 失业保障

失业保障可理解为农民失去"新增耕地"和"原有耕地增产"，离开农业生产，造成"失业",通过一定期限的补助,使其重新稳定下来开始新生活所需支付的资金支持。以一定期限的生活保障费用来代替计算。

$$Y_{失业} = Y_b \times (P_{被抚养} + P_{基本}) \qquad (8-9)$$

式(8-9)中,$Y_{失业}$为失业保障价值;Y_b为土地整理对被抚养人口、基本人口的人均最低生活保障;$P_{被抚养}$和$P_{基本}$分别为被抚养人口和基本人口数量。

(3) 生态效益

根据 Costanza、谢高地等人的研究成果,本研究以土地整治实施后生态系统服务价值的增加量表示土地整治的生态效益。计算公式为:

$$ESV_{实施} = ESV_{后} - ESV_{前} \qquad (8-10)$$

$$ESV_{前} = \sum_{i=1}^{n} \sum_{j=1}^{m} A_i \times V_{ij} \qquad ESV_{后} = \sum_{i=1}^{n} \sum_{j=1}^{m} A_i' \times V_{ij} \qquad (8-11)$$

式(8-10)、(8-11)中,$ESV_{前}$、$ESV_{后}$分别表示土地整理前后项目区生态系统服务价值;$ESV_{实施}$代表土地整理项目实施所取得的生态系统服务价值;A_i和A_i'分别代表项目区土地整理前后第i类土地的面积;V_{ij}表示不同生态系统服务类型上不同土地利用类型的生态系统服务价值系数(其中:$j=1,2,\cdots,m$分别代表气候调节、气体调节、生物多样性保护、食品生产、水源涵养等生态系统服务功能;$i=1,2,\cdots,n$分别代表耕地、林地、交通用地、水域等整治区土地利用类型)。

三、中央分成新增费分配方案的土地整治效果预期分析

1. 我国土地整治的基本情况

"十一五"期间,上缴中央的新增费为1053亿元,中央分成新增费通过因素法下达地方871亿元。地方用于土地整治的各级各类资金共计5048亿元,其中用于农村土地整治项目的资金为3115亿元,占可用资金总额的62%。这一时期,全国批准立项土地整治项目12.41万个,预算投资2961亿元,整治规模1107万公顷(1.66亿亩),新增耕地267万公顷(4005万亩)。各地基本能够自觉执行国家有关土地整治专项资金和项目管理的政策,大多数项目做到了分账核算、分类统计,项目实施和资金管理较为规范。

2006—2010年间我国取得了较好的土地整治效果。就经济效益而言,新建和维修沟渠170万千米、田间道路120万千米,累计投入资金648.6亿元,占总投

资的 43.8%；新建机井 25.3 万眼、泵站 15.5 万座；新增和改善农田灌溉与洪涝面积 438 万公顷(6576 万亩)，农田防灾减灾能力显著提升；耕地质量平均提高 1～2个等别，粮食产能普遍提高 10%～20%，新增粮食产能 1585 万吨。就社会效益而言，土地整治惠及群众 9100 万人，人均新增年收入 500 元左右。通过村庄整治，完成农村建设用地复垦 9.87 万公顷(148.1 万亩)，拓展了建设用地新空间，进一步释放了农村闲置、废弃的集体建设用地和宅基地，有效优化了城乡土地利用结构，反哺农村 2394 亿元，为保障经济发展必需用地提供了支撑。就生态效益而言，种植农田防护林林木 2.7 亿株，开展坡改梯工程、实施坡面防护建设等措施，治理水土流失面积 145.07 万公顷(2176 万亩)；推广应用节水灌溉技术，灌溉水利用率从普遍的 0.3～0.4 提高到 0.6 以上，减少了农业用水量，为干旱少雨地区的植被恢复、水土保持和环境保育创造了条件。

根据以上研究设定的土地整治效益计算方法，以 2006—2010 年土地整治清理检查结果为基础，分别计算 5 年来我国各省份土地整治的经济效益、社会效益和生态效益，结果见图 8-8。

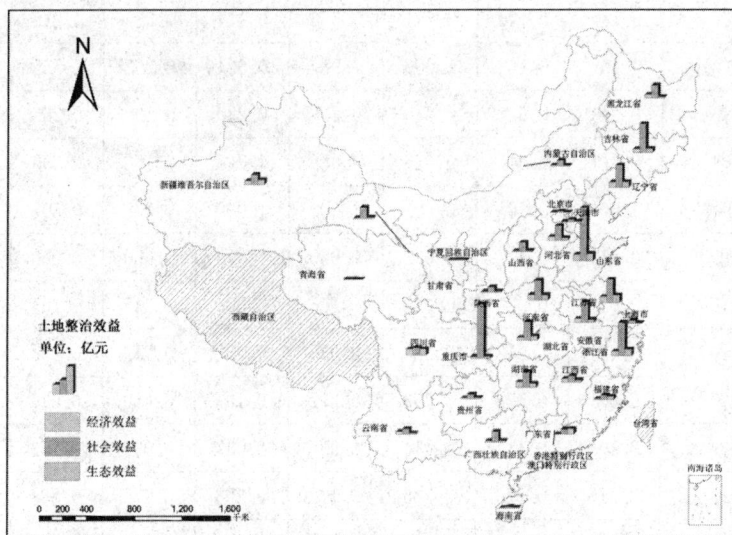

图 8-8　"十一五"我国土地整治效益计算结果

从目前的计算结果看，土地整治效益较高的省份大多属于东部资源条件较好的粮食生产大省,这些省份得益于国家资金支撑与政策倾斜,因此用于土地整治的资金、劳动力投入都较多,相应整体收益也较高。

2. 基于 BP 的土地整治效益仿真分析

(1) BP 神经网络的建立及检验

以 2006—2010 年新增费中央分配金额、新增费地方配套金额、平均耕地质量等指数、人均耕地面积、平均粮食劳动生产量、年均农业机械拥有量、年均有效灌溉面积及年均化肥施用量作为输入向量,将其标准化后,作为学习样本输入动态模拟 BP 神经网络(表 8 - 12),激活函数中 Q 值取 1,设定误差允许值 0.0001,固定速率 0.08,经多次学习训练,直至误差 e 满足设定精度,模拟训练结束(图 8 - 9)。

表 8 - 12　学习样本及标准化拟合值

省　份	新增费中央分配额	新增费地方配套额	耕地质量等指数	人均耕地面积	粮食劳动生产量	农业机械拥有量	有效灌溉面积	化肥施用量
北京市	0.007	0.380	0.374	0.002	0.213	0.017	0.002	0.009
天津市	0.000	0.462	0.577	0.078	0.217	0.049	0.024	0.030
河北省	0.527	0.382	0.595	0.260	0.202	0.920	0.910	0.513
山西省	0.180	0.170	0.741	0.356	0.114	0.235	0.215	0.161
内蒙古自治区	0.493	0.142	1.000	0.952	0.524	0.262	0.555	0.246
辽宁省	0.249	0.686	0.645	0.276	0.280	0.190	0.265	0.203
吉林省	0.771	0.317	0.586	0.639	0.746	0.166	0.299	0.262
黑龙江省	1.000	0.168	0.696	1.000	1.000	0.285	0.607	0.291
上海市	0.013	0.417	0.033	0.000	0.318	0.000	0.000	0.010
江苏省	0.629	0.977	0.056	0.165	0.504	0.345	0.753	0.560
浙江省	0.151	0.912	0.283	0.082	0.062	0.219	0.253	0.143
安徽省	0.621	0.492	0.352	0.272	0.197	0.460	0.677	0.504
福建省	0.108	0.482	0.414	0.081	0.037	0.099	0.152	0.186
江西省	0.516	0.276	0.226	0.172	0.258	0.278	0.338	0.210
山东省	0.854	0.843	0.329	0.225	0.238	1.000	0.972	0.789
河南省	0.626	0.492	0.249	0.239	0.194	0.910	1.000	1.000
湖北省	0.838	0.565	0.034	0.232	0.271	0.263	0.441	0.538

省　份	新增费中央分配额	新增费地方配套额	耕地质量等指数	人均耕地面积	粮食劳动生产量	农业机械拥有量	有效灌溉面积	化肥施用量
湖南省	0.500	0.336	0.283	0.157	0.126	0.383	0.520	0.363
广东省	0.215	1.000	0.000	0.056	0.001	0.195	0.343	0.368
广西壮族自治区	0.463	0.445	0.315	0.250	0.017	0.222	0.271	0.361
海南省	0.050	0.067	0.306	0.241	0.012	0.027	0.002	0.063
重庆市	0.314	0.376	0.485	0.221	0.156	0.079	0.089	0.135
四川省	0.806	0.095	0.397	0.202	0.112	0.253	0.478	0.395
贵州省	0.241	0.125	0.691	0.355	0.021	0.141	0.144	0.126
云南省	0.485	0.236	0.579	0.405	0.018	0.187	0.274	0.269
陕西省	0.242	0.252	0.647	0.319	0.076	0.157	0.224	0.266
甘肃省	0.296	0.036	0.863	0.553	0.070	0.155	0.215	0.123
青海省	0.059	0.000	0.829	0.286	0.000	0.025	0.004	0.000
宁夏回族自治区	0.172	0.049	0.679	0.554	0.318	0.055	0.046	0.045
新疆维吾尔自治区	0.861	0.057	0.704	0.602	0.420	0.125	0.702	0.237

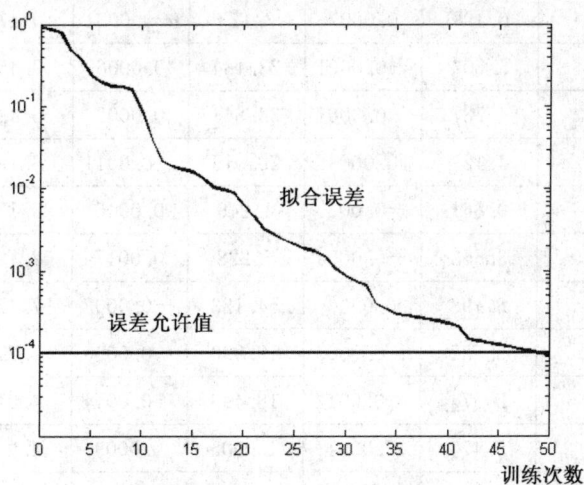

图 8-9　BP 神经网络训练过程

保持输入向量不变,将其输入已拟合的 BP 神经网络中,对学习后的神经网络进行仿真计算,获得全国 30 个省份 2006—2010 年土地整治效益标准化拟合值。定义网络拟合误差=(土地整治效益拟合值-实际值)/土地整治效益实际值×100%。计算逆归一化后的 BP 神经网络拟合误差(表 8-13),网络误差均控制在 1%以下,动态 BP 神经网络模型的模拟效果较好,具备进行模拟仿真实验的条件。

表 8-13　土地整治效益拟合值及误差

省　份	土地整治经济效益		土地整治社会效益		土地整治生态效益	
	拟合值	误差(%)	拟合值	误差(%)	拟合值	误差(%)
北京市	0.200	0.0009	1.375	0.0014	0.173	0.0012
天津市	0.321	−0.0009	2.059	0.0010	0.418	0.0009
河北省	4.060	0.0001	14.886	−0.0004	2.616	−0.0007
山西省	0.546	0.0001	8.928	−0.0028	0.560	0.0003
内蒙古自治区	0.641	−0.0001	5.562	−0.0003	0.248	−0.0008
辽宁省	5.267	−0.0004	22.280	−0.0009	5.465	0.0000
吉林省	3.469	0.0007	29.182	0.0008	3.918	0.0006
黑龙江省	3.436	0.0002	12.783	−0.0015	1.107	0.0013
上海市	0.199	0.0007	3.123	−0.0001	0.479	0.0004
江苏省	5.803	−0.0001	23.184	0.0006	7.459	0.0000
浙江省	4.737	−0.0001	33.844	0.0002	6.496	−0.0004
安徽省	4.127	0.0004	20.915	−0.0011	3.193	0.0003
福建省	0.861	−0.0035	4.246	0.0006	3.118	−0.0007
江西省	3.552	0.0004	6.228	0.0017	2.190	0.0005
山东省	6.498	0.0000	54.123	−0.0002	7.455	−0.0004
河南省	5.532	−0.0003	19.990	−0.0006	5.211	0.0000
湖北省	2.574	−0.0012	18.499	−0.0014	4.010	0.0006
湖南省	5.470	0.0001	15.905	0.0009	4.239	0.0003
广东省	0.186	0.0002	4.979	0.0003	5.579	0.0004
广西壮族自治区	1.429	0.0007	10.719	0.0016	1.649	0.0020

省　份	土地整治经济效益		土地整治社会效益		土地整治生态效益	
	拟合值	误差(%)	拟合值	误差(%)	拟合值	误差(%)
海南省	0.003	0.0000	1.136	0.0006	0.279	−0.0009
重庆市	1.847	−0.0016	54.926	0.0000	2.126	0.0009
四川省	5.958	−0.0004	7.692	−0.0013	6.283	−0.0003
贵州省	0.985	−0.0031	4.892	0.0003	1.386	−0.0020
云南省	2.667	0.0005	5.435	−0.0002	1.205	0.0024
陕西省	0.817	−0.0035	5.208	0.0003	0.984	0.0008
甘肃省	0.652	0.0002	11.141	−0.0022	1.099	0.0024
青海省	0.161	−0.0005	0.313	0.0000	0.095	0.0000
宁夏回族自治区	0.119	0.0022	0.384	0.0005	0.298	0.0006
新疆维吾尔自治区	4.028	0.0003	10.277	−0.0017	5.086	−0.0001

（2）虚拟仿真实验

为独立分析中央分成新增费方案对土地整治效果的预期影响，假设在仿真实验过程中除中央分成新增费分配金额外，其他因子保持现实水平不变，不再单独阐述其他因素对土地整治效益的影响，分别仿真在耕地保护目标、土地利用效率目标、资源配置与公平目标以及综合效率目标下中央分成新增费分配方案的土地整治效益变化情况，以定量研究中央分成新增费分配方案的土地整治效果预期。

① 土地整治经济效益仿真

从土地整治经济效益的仿真结果（见图 8 - 10）来看，不同目标下的新增费分配方案所带来的效益值差别较大。就全国整体水平而言，2006—2010 年土地整治经济效益最高的为综合效率目标下的分配方案，其次为土地利用效率目标，两种情况下的土地整治经济效益分别达到 88.4 亿元和 78.6 亿元，均高于现实情况下的土地整治经济效益值；土地整治经济效益较低的为耕地保护目标和资源配置与公平目标下的新增费分配方案，效益值分别为 71.6 亿元和 71.2 亿元。造成预期效益值低于现实情况的主要原因在于耕地保护目标和资源配置与公平目标下的分配方案将重点较多地转移到了加强耕地资源保护和缩小区域间发展差距等方面,投资重点多为耕地质量低、产能水平差和经济欠发达地区,这导致新增费投入短期内在经济效益上难以体现;综合效率目标下的分配方案综合考虑了各目标间的均衡发展,理论上较为科学,故其经济效益最高;土地利用效率目标下的分配方案以效率优先为导向,故其经济效益也较高。

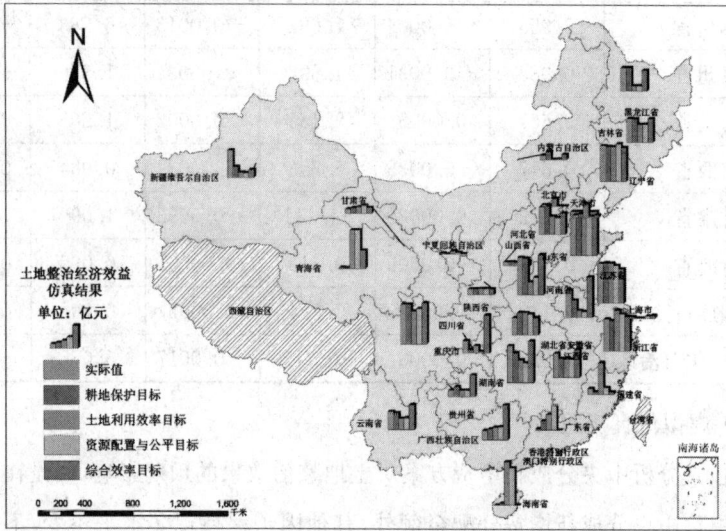

图 8-10　土地整治经济效益仿真结果

就省级层面而言,土地整治经济效益仿真值的变化情况与现实情况下的变化规律类似,效益较高的省份集中于河南、江苏、山东等粮食主产区,而效益较低的地区一般为耕地资源匮乏、耕地质量较差的省份,如北京、天津、新疆、内蒙古等。不同的分配目标下,土地整治经济效益也各有差异,具体表现如下:

耕地保护目标。在耕地保护目标下,中央分成新增费分配方案中经济效益最高的省份为山东、四川和江苏,效益最低的是北京、上海和青海。在所分析的30个省份中,效益仿真值高于现实值的省份有13个,低于现实值的有17个,增加值最大的是广东省,达1.2亿元,其后是湖北的0.79亿元和内蒙古的0.51亿元;经济效益减少较多的省份包括新疆、安徽、湖南、江西等。

土地利用效率目标。在土地利用效率目标下,中央分成新增费分配方案中经济效益最高的省份分别为山东、海南和浙江,效益最低的是新疆、上海和内蒙古。

在所分析的 30 个省份中,经济效益仿真值高于现实值的省份为 13 个,低于现实值的有 17 个;增加值最大的是海南省,达 6.4 亿,福建、广东、天津、浙江也有较大增幅;经济效益减少较多的省份包括新疆、河南、安徽等。

资源配置与公平目标。在资源配置与公平效率目标下,中央分成新增费分配方案中经济效益最高的省份为山东、青海和江苏,效益最低的是新疆、北京和内蒙古。在所分析的 30 个省份中,经济效益仿真值高于现实值的省份为 12 个,低于现实值的有 18 个,增加值最大的是青海省,达 5.6 亿元。

综合效率目标。在综合效率目标下,中央分成新增费分配方案中经济效益最高的省份为山东、湖南和四川,效益最低的是北京、宁夏、广东和海南。在所分析的 30 个省份中,经济效益仿真值高于现实值的省份为 18 个,低于现实值的有 12 个;增加值最大的为广西,达 3.8 亿元;经济效益减少最多的是新疆,净减2.8 亿元。

各分配目标下的经济效益仿真值见图 8-11。

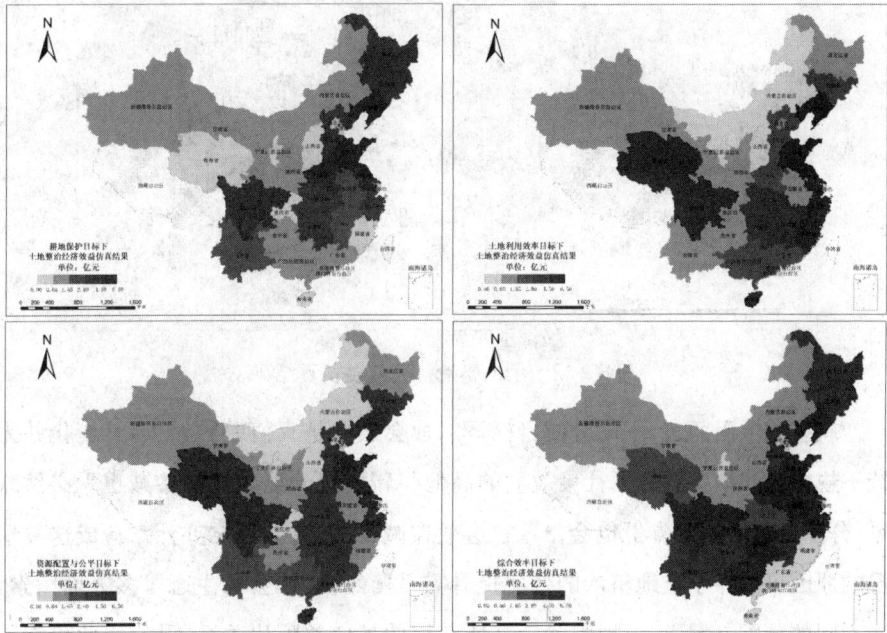

图 8-11　各分配目标下的土地整治经济效益仿真值

② 土地整治社会效益仿真

从土地整治社会效益的仿真结果（见图8-12）来看，不同目标下的新增费分配方案所带来的社会效益均较为明显，仿真值均显著大于实际值，表明优化设计后社会效益得到显著改善，资金配置的合理性得到增强，增加了受惠人数，提高了相应的社会保障程度，也由此表明，开展中央分成新增费分配方案的优化设计是必要且有积极意义的。从全国整体情况看，社会效益最高的是综合效率目标方案，效益值达793.5亿元，比目前现实情况高出379.3亿元；其次是土地利用效率目标和耕地保护目标方案，相应的效益值分别为775.0亿元和644.3亿元；资源配置与公平目标下的效益值最低，为504.7亿元。

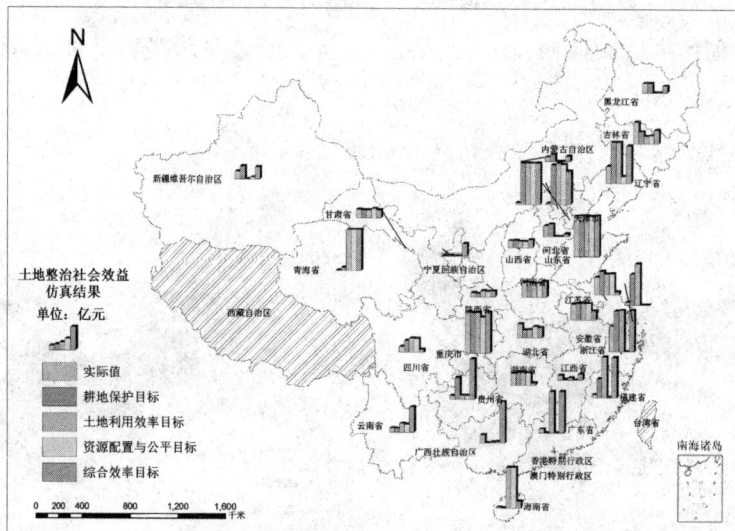

图8-12　土地整治社会效益仿真结果

就省级层面而言，不同分配目标下的社会效益仿真值差异较大，其变化并无统一规律，同时，各目标下社会效益的高低与新增费分配金额的增减也无必然联系，分配资金增加的省份也会出现社会效益减少的情况，反之亦然。造成这种情况的原因可能在于土地整治的效益提升需平衡经济、社会和生态等多方面因素，在不同的分配方案下，土地整治资金所获得的各效益配比关系不同，由此可能导致资金增加促进某种效益提升的同时引起其他效益的减少。不同分配目标下的

土地整治社会效益变化情况如下:

耕地保护目标。在耕地保护目标下,中央分成新增费分配方案中社会效益最高的省份为天津、山东和辽宁,效益最低的是海南、广东和广西。在所分析的30个省份中,仿真值高于现实值的省份为19个,低于现实值的有11个;增加值最大的为天津,达52.9亿,此外,北京、上海、辽宁、浙江等的增加值也较大;社会效益出现减少的省份包括广西、湖北、江西等,减少幅度介于1亿~13亿元不等。

土地利用效率目标。在土地利用效率目标下,中央分成新增费分配方案中社会效益最高的省份为广东、海南和青海,效益最低的是新疆、内蒙古、宁夏和广西。在所分析的30个省份中,仿真值高于现实值的省份为17个,低于现实值的有13个。增加值较大的省份包括海南、青海、北京、天津和上海,增加值均在50亿元以上;社会效益出现减少的省份包括吉林、河北、黑龙江、新疆等,减少值介于10亿~20亿元之间。

资源配置与公平目标。在资源配置与公平效率目标下,中央分成新增费分配方案中社会效益最高的省份为青海、海南和天津,效益最低的是河北、黑龙江、内蒙古和江西等。在所分析的30个省份中,仿真值高于现实值的省份为12个,低于现实值的有18个;增加值最大的是青海,达54.6亿元;减少最多的是浙江,减少值达33.8亿元。

综合效率目标。在综合效率目标下,中央分成新增费分配方案中社会效益最高的省份为广东、重庆、广西,效益最低的是上海、湖南和河北。在所分析的30个省份中,仿真值高于现实值的省份为20个,低于现实值的有10个,仿真结果优于其他目标。其中,增加值最大的是青海,达54.6亿元,天津、广东位列其后,分别增加了52.8亿元和49.9亿元;社会效益减少最多的是江苏,减少值达19.2亿元,此外,湖南、吉林和河北也减少了10亿元以上。

各分配目标下的社会效益仿真值见图8-13。

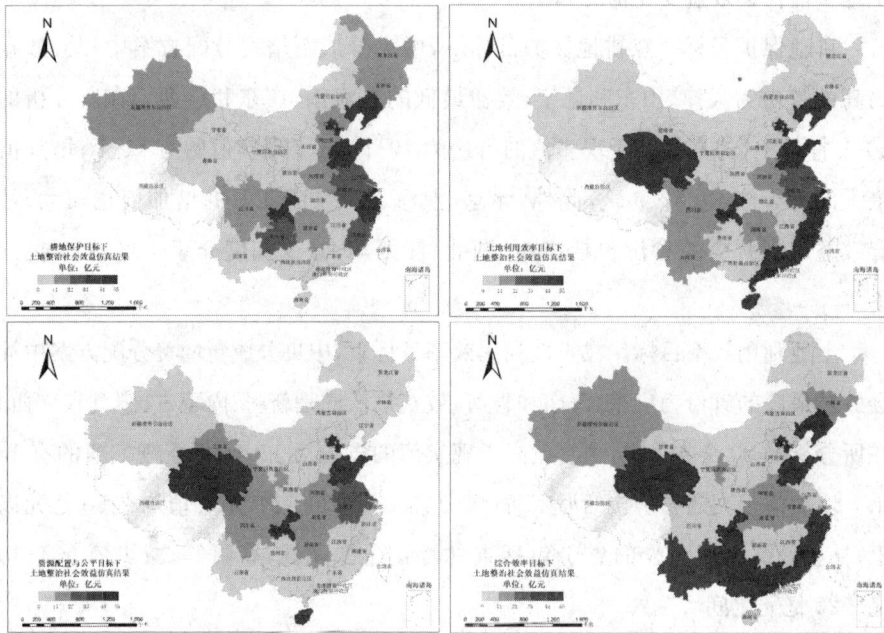

图 8-13　各分配目标下的土地整治社会效益仿真值

③ 土地整治生态效益仿真

　　从土地整治生态效益的仿真结果(见图 8-14)来看,不同目标下新增费分配方案的生态效益值变化情况与经济效益仿真结果类似。从全国整体情况来看,综合效率目标方案下的生态效益最高,其次为土地利用效率目标,相应的生态效益值分别为 100.2 亿元和 90.0 亿元,均高于现实情况。耕地保护目标和资源配置与公平目标方案下的生态效益值较低,分别为 82.6 亿元和 51.6 亿元,明显低于现实情况。造成这一现象的主要原因在于耕地保护目标和资源配置与公平目标下的新增费分配方案较多地照顾了耕地质量较差、产能不稳定和经济欠发达的地区,一方面,这些区域的资金投入具有时滞性,难以在短期内予以体现;另一方面,这些地区在自然资源条件上的欠缺导致投入产出效率相对较低。

　　在省级层面,土地整治生态效益仿真值的变化情况与现实情况类似,效益较高的省份集中于山东、辽宁、浙江、江苏等自然资源丰富、生态环境基础较优、耕地保护形势较好的省份;效益值较低的地区一般为耕地质量较差、水土资源耦合度

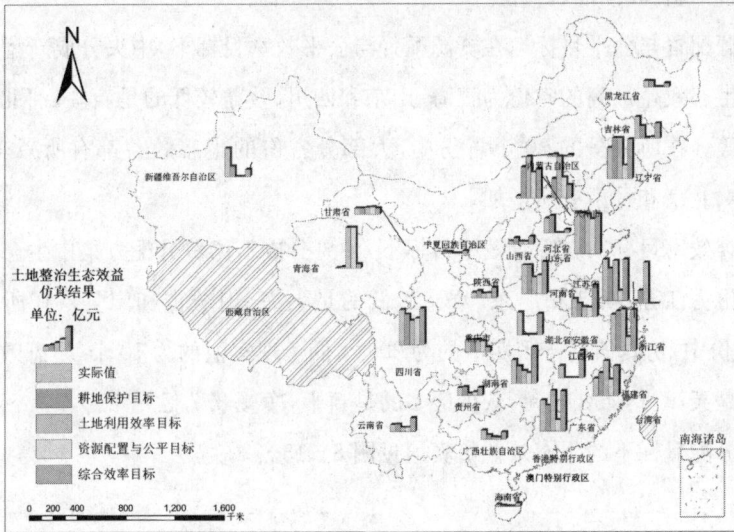

图 8-14　土地整治生态效益仿真结果

不佳、生态环境亟待改善的省份,如宁夏、青海、广西等。不同分配目标下的土地整治生态效益变化情况如下:

　　耕地保护目标。在耕地保护目标下,中央分成新增费分配方案中生态效益最高的省份为山东、辽宁和浙江,效益最低的是江西、湖北和海南。在所分析的 30个省份中,仿真值高于现实值和低于现实值的省份各有 15 个。与社会效益的地区分布趋势不同,生态效益增长的大多为新增费分配额增多的省份,也即资金分配对生态效益具有直接影响。其中增长额最高的是天津,达 5.19 亿元,其次是北京的 3.3 亿元和上海的 1.9 亿元;生态效益减少较多的省份包括湖北、新疆、江西、江苏等。

　　土地利用效率目标。在土地利用效率目标下,中央分成新增费分配方案中生态效益最高的省份为上海、北京和天津,效益较低的是新疆、江西和海南等。在所分析的 30 个省份中,仿真值高于现实值的省份仅有 10 个,低于现实值的达 20个,虽然仿真值减少较为普遍,但减少幅度较小,一般在 1 亿~2 亿元,而剩余省份的增加值较大,故总体而言,生态效益仍有所提高。仿真值较现实值增加最多的是青海,达 7.3 亿,北京、上海、天津也有 6 亿~8 亿元的增加值;生态效益减少的省份包括新疆、湖北、吉林等。

资源配置与公平目标。在资源配置与公平效率目标下,中央分成新增费分配方案中生态效益最高的省份为青海、山东和四川,效益较低的是新疆、河北、江西、黑龙江等。在所分析的 30 个省份中,大部分省份的生态效益都有所减少,仅青海、天津、北京和甘肃有所增加。

综合效率目标。在综合效率目标下,中央分成新增费分配方案中生态效益最高的省份为江苏、浙江和广东,效益最低的是上海、内蒙古和宁夏。在所分析的 30 个省份中,仿真值高于现实值的为 20 个,低于现实值的为 10 个,生态效益增加最多的是天津,达 4.8 亿元;减少最多的是新疆,净减 3.7 亿元 。

各分配目标下的生态效益仿真值见图 8-15。

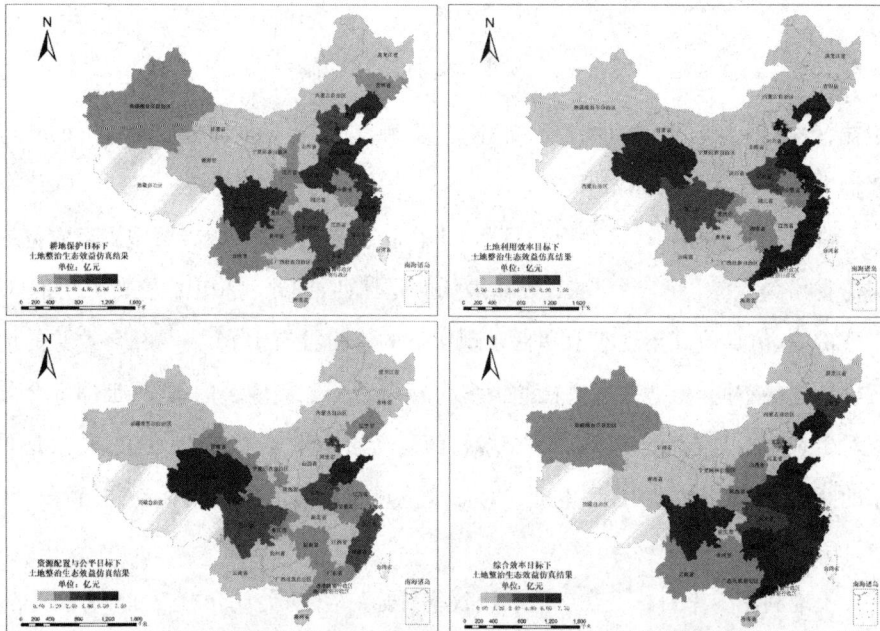

图 8-15　各分配目标下的土地整治生态效益仿真值

根据各分配方案的土地整治预期效益仿真结果与数据分析,可得出以下主要结论:

(1) 就不同效益类型而言,同一分配目标下的效益值呈现有规律的变化,即新增费分配的社会效益最高,经济效益次之,生态效益最低。这说明生态效益是目前土地整治工作的薄弱之处,新增费资金投入带来的生态效益增加较为有限,远低于经济效益和社会效益。虽然土地整治的主要和直接目标是增加耕地面积、提高耕地质量,以在有限的土地面积内产出更多的经济价值,供养更多的人口,但其生态效益同样不容忽视,在开展土地平整、完善农田水利设施的同时,应加强对整治区生态环境的改善。

(2) 就新增费分配的不同目标来看,同一类型土地整治效益随新增费分配目标变化,其效益值由高到低依次为综合效率目标、土地利用效率目标、耕地保护目标、资源优化配置与公平目标。由于综合效率目标下新增费分配方案较好地协调与平衡了不同分配目标下的矛盾,在省级新增费分配中呈现出较为均衡的态势,各方面效益都高于实际值,是相对较优的方案。耕地保护目标和资源配置与公平目标下的新增费分配效益显现出一定的时滞性,短期内难以和其他目标下的分配方案效益相比,但从长远角度看,随着耕地质量的提高和地区间发展差距的缩小,资金投入会得到相应的效益回报,且可有效地解决区域发展不均衡的问题,切实保护耕地,促进高标准基本农田建设。

(3) 就不同省份新增费分配的土地整治预期来看,不同的新增费分配目标和土地整治各项效益的变化规律各异,且与中央分成新增费的分配金额无直接联系。造成这种现象的主要原因在于各省份的资源禀赋和发展状况各异,相同的资金投入带来的效益产出也各不相同,但整体而言,效益值较现实出现增长的情况要多于效益降低的情况,各省份新增费方案经优化设计后的土地整治效益普遍得到增强。

四、中央分成新增费分配方案土地整治投入产出效率评价

中央分成新增费分配方案对土地整治效果的影响是积极的,不仅要求土地整治的经济、社会、生态三方面效益有所提高,还应充分考虑土地整治的资金投入和综合效益。一方面,由于各省份自然和资源禀赋以及经济社会发展情况不同,土地整治三方面的单项效益也难以完全均衡,效益倾斜的现象时有发生。这就造成在设计新增费分配方案时,难以直接判断分配方案的优劣与有效性;另一方面,分配方案经优化设计后,在实际分配中部分省份是得到倾斜和侧重的,某些省份虽

然土地整治效益较高,但资金投入同样巨大,这就要求在土地整治效率评价中,除了关注效益的变化,还要综合衡量资金投入与土地整治效益间的动态变化关系,寻找投入产出的平衡点,以使有限的资金得到最充分的利用。因此,为追求土地整治的最佳效益,优化分配方案,应考虑土地整治综合效益产出与整治资金投入的动态变化关系,将其转化为具有可比性的投入产出效率,以满足中央分成新增费土地整治效果预期评价和方案择优的需要。

1. 投入产出指标体系

目前,我国土地整治资金的主要来源包括新增费(包括中央分成新增费和地方下达新增费)、耕地开垦费、土地复垦费、用于农业土地开发的土地出让收入以及其他资金。其中,新增费是我国土地整治资金的主要来源,占到省级土地整治资金的50%~90%。"十一五"期间省级土地整治资金来源情况见图8-16。

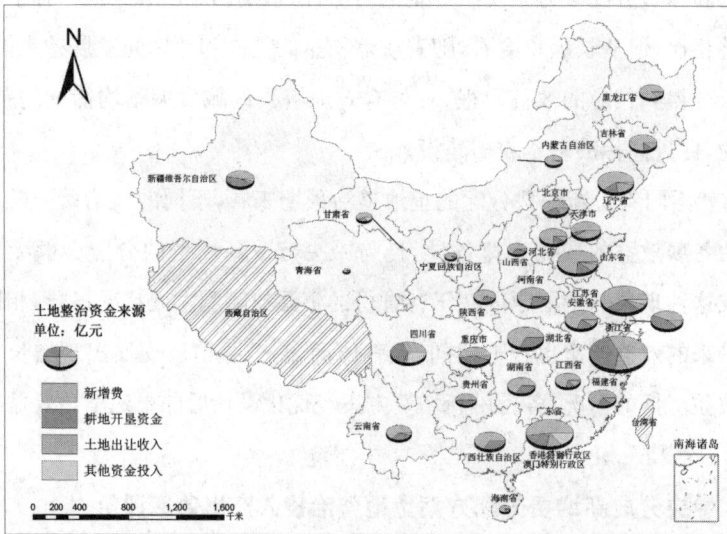

图8-16 "十一五"期间省级土地整治资金来源情况

按照土地整治资金的来源,以上述四方面资金投入金额作为投入因子,以经济效益、社会效益、生态效益作为效益评价因子,中央分成新增费的投入产出效率评价指标体系见表8-14。

表 8-14　中央分成新增费投入产出效率评价指标体系

投　入　指　标	产　出　指　标		
新增费投入金额（中央分成＋地方下达）	土地整治 经济效益	土地整治 社会效益	土地整治 生态效益
耕地开垦资金投入金额			
土地出让收入投入金额			
其他资金投入金额			

2. 投入产出效率评价方法

数据包络分析(Data Envelopment Analysis)简称 DEA，1978 年由 A. Charnes 和 W. W. Cooper 等人创建。DEA 根据多指标投入和多指标产出数据，以数学规划为主要工具，以相对效率概念为基础，以优化为主要方法，对相同类型的企业或部门（即决策单元 DMU）进行相对效率或有效性评价的一种系统分析方法。[151—155]具体来讲，DEA 方法具有以下特征：一是数据无需标准化。只要受评价的 DMU 均使用相同的计量单位，则目标函数不受投入产出计量单位的影响，即决策单元的最优效率指标与投入指标值及产出指标值的量纲选取无关，在效率评价前无需对数据作标准化处理。二是属于相对效率的范畴。DEA 所评价的效率是相对效率，而不是绝对效率，也就是指各决策单元之间相对最有利的效率值，对于任何一个决策单元，如果效率值为 1，则表明在现有的输入条件下，任何一种输出都无法增加，除非同时降低其他类型的输出；或者要达到现有的输出，任何输入都不能降低，除非同时增加其他类型的输入。如果一个决策单元达到了 100％ 的效率，则该决策单元就是有效的，称作有效的决策单元。三是可评价多投入、多产出问题。DEA 是一种数理学方法，它可以处理多项投入、多项产出的评价问题，而不需要事先知道投入产出间的函数及预估参数，尤其适用于具有多投入、多产出的复杂系统。四是权重确定不受主观因素影响。一般的系统分析方法在赋权时多采用专家打分法，其受主观影响较大。DEA 方法则摒弃了传统的主观赋权方法，利用数学规划方程推得权重，使得权重的确定不受主观因素影响。

此外，DEA 方法对决策单元的选取有两个要求：首先，所有决策单元必须具有相同的类型，即具有相同的外部环境、相同的输入、输出指标和相同的目标任务等；其次，决策单元的数量要大于输入指标和输出指标之和。

DEA 基本模型主要包括 CCR、BCC、FG、ST 等模型,其中应用最广泛的模型 CCR 模型为 CRR 模型,其基本原理为:假设有 n 个决策单元 DMU($1 \leqslant i \leqslant n$),每一个决策单元 DMU_i 有 m 项输入 $x_{1i}, x_{2i}, \cdots, x_{mi}$ 和 s 项输出 $y_{1i}, y_{2i}, \cdots, y_{si}$(其中 x_{ji}, y_{ji} 均大于 0)。对应的 $v_1, v_2, \cdots, v_m$ 和 $u_1, u_2, \cdots, u_s$ 分别为这 m 项投入和 s 项输出的权重,记为 $x_i = (x_{1i}, x_{2i}, \cdots, x_{mi})^T, y_i = (y_{1i}, y_{2i}, \cdots, y_{mi})^T, v = (v_1, v_2, \cdots, v_m)^T, u = (u_1, u_2, \cdots, u_s)^T$,可得 CCR 的分式规问题:

$$\begin{cases} \max \dfrac{y_i^T u}{x_i^T v} \\ \dfrac{y_i^T u}{x_i^T v} \leqslant 1 (1 \leqslant i \leqslant n) \\ v \geqslant 0 \\ u \geqslant 0 \end{cases} \tag{8-12}$$

根据 Charnes-Cooper 变换,式(8-12)可化为:

$$\begin{cases} \max y_i^T u \\ y_i^T u \leqslant x_i^T v (1 \leqslant i \leqslant n) \\ x_i^T v = 1 \\ v \geqslant 0, u \geqslant 0 \end{cases} \tag{8-13}$$

引入非阿基米德无穷小量 ε(ε 为很小的正数),以检验 DEA 模型的有效性,可得出式(8-14)的对偶规划:

$$\begin{cases} \min[\theta - \varepsilon(e_m^T s^- + e_s^T s^+)] \\ \displaystyle\sum_{i=1}^n \lambda_i x_i + s^- = \theta x_k \\ \displaystyle\sum_{i=1}^n \lambda_i y_i - s^+ = y_k \\ \theta, \lambda_i, s^-, s^+ \geqslant 0; i, k = 1, \cdots, n \end{cases} \tag{8-14}$$

设线性规划式(8-14)的最优解为 $\lambda^*, s^{*-}, s^{*+}, \theta^*$,则有以下结论:

(1)若 $\sum \lambda_i^* > 1$,则 DMU_i 为规模收益递减,若 $\sum \lambda_i^* = 1$,则 DMU_i 为规模收益不变,若 $\sum \lambda_i^* < 1$,则 DMU_i 为规模收益递增;

(2)当 $\theta^* = 1$ 且 $s^{*-} \neq 0$ 或 $s^{*+} \neq 0$ 时,则认为 DMU_i 为弱 DEA 有效,在此情况下,第 i 个决策单元可在保持原投入不变的条件下增加产出或通过减少原投入而保持产出不变;

(3)当 $\theta^* = 1$ 且 $s^{*-} = 0, s^{*+} = 0$ 时,则认为 DMU_i 为 DEA 有效,此时第 i 个决策单元已经达到投入产出最优状态,无需进行调整;

(4)当 $\theta^* \neq 1$ 且 $0 < \theta^* < 1$ 时,则认为 DMU_i 为 DEA 无效,此时第 i 个决策单元投入过剩,可进行等比例压缩。

由于土地整治涉及多方面的投入与产出,符合 DEA 模型处理的要求,因此采用 DEA 模型进行土地整治项目效益评价具有适用性。根据土地整治区域 DEA 投入产出效率评价结果,可有效分析该区域土地整治资金利用的有效性,对资金投入与整治产出的关系作出有效判断并提出相应改进措施。若 DEA 模型有效,则区域内不存在低效整治资金投入,土地整治的实施实现了投入产出的优化目标,且具有较高的整治综合效益;反之,DEA 模型无效,表明评价区域的土地整治要素组合不甚合理,则可通过与有效项目或区域的对比分析找出产生投入冗余的所在,以此改变资金投入和使用方式,对生产要素进行重新整合,改进土地整治整体效率。

以上 DEA 基本模型主要用于截面数据的分析,在此情况下,任一决策单元与所有其他决策单元进行纵向比较而不考虑时间、决策条件等其他横向因素,在动态背景下容易造成误导。相较于截面数据,在面板数据模型下,任一决策单元不仅可以和其他决策单元进行纵向比较,也可在给定的时期和决策条件下考察决策单元的投入产出效率,实现统一决策单元的横向比较,因而面板数据评价更能反映出决策单元的真实效率。

窗口分析是在传统 BCC 及 CCR 模型基础上发展而来的基于面板数据的 DEA 模型,除可实现传统 DEA 模型不同决策单元的效率对比评价功能外,还可用于评估同一决策单元在不同时间段或不同决策条件下的相对效率。窗口分析模型将每一时间段或每一决策条件下(即各个窗口)的同一决策单元当作不同的单元进行处理,首先确定窗口内包含的时间段数或决策条件数(即窗口的长度)和决策单元数(即截面的长度),然后收集每个窗口内决策单元的输入输出值,并将其用于相对效率的评估。在窗口分析的实现过程中,窗口每滑动一次就将最早的一个时段或决策条件从窗口中去掉,同时再增加一个新时段或决策单元。窗口分析可动态地评估任意一个决策单元的相对效率,同时实现投入产出效率值的纵向对比和横向分析,可有效地监控评价单元的绩效并为管理者的相关决策提供参考和依据。

鉴于中央分成新增费分配方案的土地整治投入产出效率评价涉及多个省份多个分配目标下的效率计算与对比分析,属典型的面板数据类型,故本研究采用DEA窗口分析模型,对各省份各目标下的土地整治投入产出效率进行综合评价,以定量分析各新增费分配目标下的省级土地整治投入产出效率,探讨中央分成新增费分配方案的有效性,寻找影响资金使用效率的主要因子,对中央分成新增费的分配、管理和使用以及我国土地整治工作提供参考和建议。

3. 不同分配方案的土地整治投入产出效率评价

以"十一五"期间我国土地整治实际资金投入和整治效益作为现实情况下的投入产出源数据,维持其他资金投入不变,以各分配目标下中央分成新增费分配优化设计结果与省级新增费之和作为该目标下土地整治的新增费投入额,以各目标下新增费分配的土地整治经济效益、社会效益、生态效益的 BP 神经网络仿真值作为该目标下的效益产出,以及耕地保护目标、土地利用效率目标、资源配置与公平目标和综合效率目标下的投入、产出作为 DEA 窗口分析的 5 个窗口,运用DEA solver 软件中的窗口分析模块进行运算,得出 2006—2010 年省级中央分成新增费分配目标下的土地整治投入产出效率值(见表 8 - 15、图 8 - 17)。

表 8 - 15　中央分成新增费不同分配方案的土地整治投入产出效率

省　份	现实情况	耕地保护目标	土地利用效率目标	资源配置与公平目标	综合效率目标
北京市	0.0313	0.4935	0.7339	0.5430	0.4186
天津市	0.0490	0.5879	0.6429	0.5322	0.6141
河北省	0.4067	0.4553	0.2488	0.2491	0.3086
山西省	0.1529	0.1935	0.1295	0.1068	0.2429
内蒙古自治区	0.1225	0.2115	0.0000	0.0173	0.1610

续　表

省　份	现实情况	耕地保护目标	土地利用效率目标	资源配置与公平目标	综合效率目标
辽宁省	0.4515	0.4860	0.4666	0.3695	0.4900
吉林省	0.3993	0.3896	0.2967	0.2695	0.4175
黑龙江省	1.0000	1.0000	0.3545	0.2668	0.9070
上海市	0.0611	0.3361	0.6599	0.0330	0.0426
江苏省	0.3566	0.3452	0.3470	0.2652	0.3577
浙江省	0.3718	0.3956	0.3873	0.2864	0.4144
安徽省	0.3533	0.2554	0.1907	0.1758	0.5271
福建省	0.3288	0.3768	0.5416	0.2755	0.5607
江西省	0.4276	0.3353	0.3424	0.3174	0.6008
山东省	0.3998	0.4378	0.4282	0.4358	0.4542
河南省	0.4974	0.5160	0.2783	0.2765	0.5430
湖北省	0.2640	0.2398	0.2384	0.2298	0.2741
湖南省	0.6338	0.5285	0.4223	0.3427	0.7128
广东省	0.2931	0.2358	0.3441	0.1834	0.3680
广西壮族自治区	0.1615	0.1507	0.1742	0.1671	0.4113
海南省	0.1261	0.0783	0.8476	0.7891	0.2637
重庆市	0.3835	0.3739	0.3747	0.3191	0.5429
四川省	0.8371	1.0000	1.0000	0.8357	0.9805
贵州省	0.3216	0.3862	0.2409	0.2057	0.5694
云南省	0.3352	0.3284	0.2625	0.2374	0.4975
陕西省	0.1598	0.1740	0.1707	0.1536	0.2589
甘肃省	0.3817	0.3032	0.2655	0.2078	0.3501
青海省	0.1423	0.1360	1.0000	1.0000	1.0000
宁夏回族自治区	0.1131	0.0641	0.1564	0.0625	0.2743
新疆维吾尔自治区	0.7402	0.4383	0.2992	0.1803	0.4100
全国平均	0.3434	0.3751	0.3948	0.3111	0.4658

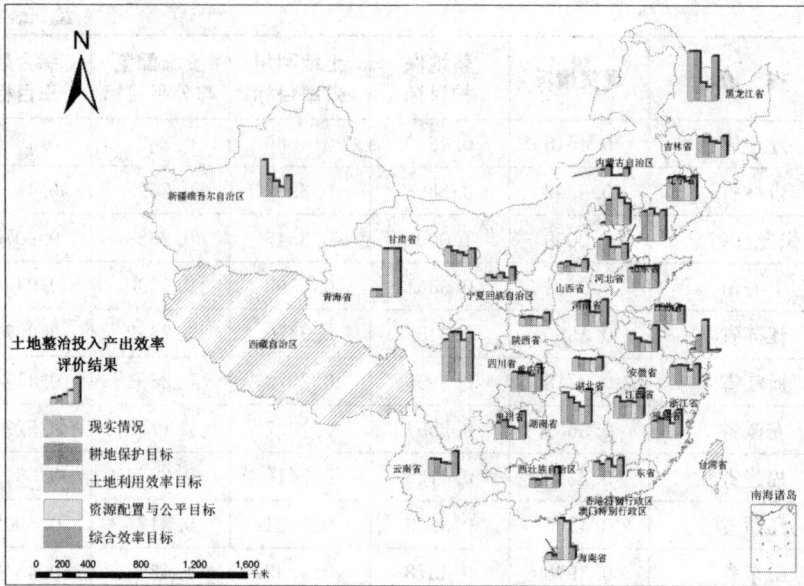

图 8-17　中央分成新增费分配方案的土地整治投入产出效率评价

　　首先,从全国土地整治投入产出效率的整体水平上来说,各分配目标下的效率由高到低依次为综合效率目标、土地利用效率目标、耕地保护目标及资源配置与公平目标。其中,综合效率目标、土地利用效率目标和耕地保护目标下的投入产出效率均高于现实情况,资源配置与公平目标下略低于现实情况。造成这一现象的主要原因在于综合效率目标下的新增费分配方案较为均衡,各省份土地整治效益产出也为四个目标下的最高值,故其综合投入产出效率最高;资源配置与公平目标下的投入产出效率值最低,因为维护社会公平和优化区域资源配置本身即是一个高投入但回报甚少的过程,其投入产出效率值的提高往往要经历几年、几十年甚至更久,故与其他目标相比,其分配方案并非最优,但可通过与其他效率目标适当综合来提高效率;其他目标下的分配方案因某个特定目标而对个别省份有所侧重,故从全国层面来看,其投入产出效率要比综合效率目标低。现今,我国在追求社会公平的同时,也在强调经济发展和社会进步,故新增费分配方案应根据不同发展阶段所追求的重点和主要目标灵活制定。

　　(1) 现实情况

　　从"十一五"期间土地整治实际的投入产出效率来看,效率较高的省份集中于耕地资源基础条件较好、粮食产量较高但质量有待提升的省份,如黑龙江、四川、新疆分别以 1、0.84、0.74 的效率值位列前三位;效率较低的省份集中于经济发达、用地紧张或资源条件基础较差的地区,包括北京、天津、上海,其投入产出值普遍不足 0.1,与整治效率高的省份差距较大。从实际情况来看,目前效率值较低的区域也不是新增费分配考虑的重点,但从长远发展角度来看,虽然发达省份可整治的耕地资源有限,但其土地复垦仍具有重要的作用,也应相应地重视其土地整治工作。

（2）耕地保护目标

在耕地保护目标下,投入产出效率最高的省份为黑龙江、四川和天津,效率值分别为 1、1、0.59;投入产出效率值最低的省份为宁夏、海南和青海,效率值分别为 0.06、0.08、0.14。土地整治效率较高的依然是耕地保护形势较好、耕地资源丰富,且整治潜力大的区域;整治效率较低的多为自然和资源基础较差、耕地资源匮乏及经济欠发达的区域。通过与现实情况进行对比,投入产出效率出现增加和减少的省份各为 15 个,其中增加最多的是天津、北京和上海,减少最多的是新疆、湖南和安徽。

（3）土地利用效率目标

在土地利用效率目标下,投入产出效率最高的省份为四川、青海和海南,效率值分别为 1、1、0.85;投入产出效率值最低的省份是内蒙古、山西和宁夏,效率值分别为 0、0.13、0.16。不同于土地利用效率目标下的仿真结果,土地整治效率较高省份的经济发展程度一般并不突出,且资源条件较为有限,土地利用效率也无绝对优势,但其投入产出效率却处于高位,主要是因为这些省份较好地协调了经济、社会和生态三方面效益的关系,收益与投入较为均衡,故综合效率优势明显。与现实情况相比,投入产出效率比现实情况提高的省份为 14 个,下降的有 16 个,效率值增加最显著的是青海、海南和北京;投入产出效率减少最多的省份是黑龙江、新疆和河南。

（4）资源配置和公平目标

在资源配置与公平目标下,投入产出效率最高的省份为青海、四川和海南,效率值分别为 1、0.84、0.79;投入产出效率值最低的省份是内蒙古、上海和宁夏,效率值分别为 0.02、0.03、0.06，相应效率值与土地利用效率目标测算结果较为相近。从理论上讲，这两类分配目标的目标对象差异较大，其相应的投入产出效率也应存在较大差异，但事实上，土地整治投入产出效率除受资金投入影响外，还在很大程度上取决于地方土地整治效率的高低，包括资金使用监管情况、土地整治执行力度等，而这些因素并不随新增费分配而变化，由此导致土地利用效率目标和资源配置与公平目标下的土地整治投入产出效率变化具有一定的相似性。与现实情况相比，投入产出效率比现实情况提高的省份仅有 6 个，而下降的有 24个，效率值提高最多是青海、海南和北京，减少最多的是黑龙江、新疆和湖南。

（5）综合效率目标

在综合效率目标下，投入产出效率最高的是青海、四川和黑龙江，效率值分别为 1.00、0.98、0.91；投入产出效率值最低的是上海、内蒙古和山西，效率值分别为 0.04、0.16、0.24。与其他目标下的效率测算结果类似，综合效率目标下的投入产出效率与省级新增费分配金额并无直接关系，但呈现出较为均衡和统一的变化

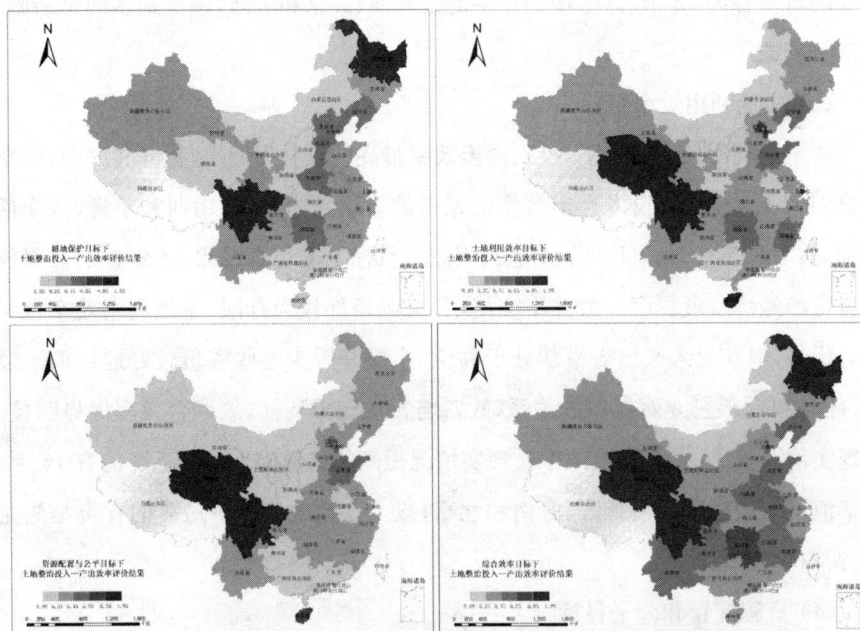

图 8-18　不同分配方案的土地整治投入产出效率

规律,即无论效率高低,均包含了不同类型的区域,也即在综合效率目标下,土地整治投入产出效率显示出较为平均的发展态势,故其平均投入产出效率为四个分配目标中的最高值。与现实情况相比,投入产出效率比现实情况提高的省份有25个,下降的仅有5个,效率值增加最多的是青海、天津和北京,减少的省份是新疆、河北、黑龙江、甘肃和上海。

综上所述,就中央分成新增费土地整治投入产出效率的省际变化而言,效率值的高低不仅取决于新增费的分配金额,也与各省份的土地资源基础条件、经济发展状况、土地整治综合效益水平、土地整治工作执行情况、资金使用监管力度等因素息息相关,某一影响因素的单独变化并不会对整体投入产出效率造成显著影响,也即欲提高土地整治的投入产出效率,需从上述因素的全面发展入手,促使其共同发挥作用。

第九章 结论与建议

第一节 研究创新性

本研究针对农用地转用征收环节有关土地税费的现状,研究分析其构成、现状和进行优化的理论与方法,在以下方面具有一定的创新性:

第一,从理论和政策层面梳理了当前农用地转用征收环节中土地税费的设置情况及其分配方式,分析了"一税三费"(耕地占用税、征地补偿费、耕地开垦费和新增建设用地土地有偿使用费)的功能取向和作用机制,测算了相关税费在农用地取得成本中所占比重及其在政府和农民之间的利益分配关系。在此基础上,分别从地方政府、土地使用者及失地农民的角度,分析税费比重对农用地保护的影响。

第二,在广泛的数据收集和资料分析的基础上,通过计量分析和统计方法对主要省份的有关税费进行实证研究,以耕地占用税为重点,测算其在农用地转用税费成本、国有土地出让成本、城市地价及工业用地最低出让标准中的比重,对相关税费分配方案进行评判,以此为基础寻求土地税费设置的完善途径和完善空间。

第三,从违法用地和与相关土地价格关系的角度入手,计算税费漏缴情况,分析其对耕地保护和农村经济发展的不良影响。以省级土地变更调查数据为基础,分析各省份历年农用地变化情况,分析农用地转用的主要影响因素与驱动力,探究农用地数量与有关税费征收管理的动态变化关系,利用卫片检查和执法检查结果,对重点城市违法占用农用地和耕地的情况进行分析,测算违法用地漏征税额。

第四,以新增建设用地土地有偿使用费为对象,运用多种方法,研究不同新增费分配方案对土地整治活动的影响。建立了中央分成新增费分配的影响因素集,提出耕地保护、土地利用效率、资源配置与社会公平等分配目标,建立了相应的权重分配机制,提出了优化中央分成新增费的分配方案的理论和技术方法。通过对不同分配目标的土地整治情景模拟,寻求土地整治效益最大化的途径,以提高中央分成新增费的使用效率并提升土地整治的综合效果。

第二节　研　究　结　论

一、土地税费的管理要求

根据现行土地管理政策,农用地转用征收环节涉及的税费较多,包括耕地占用税、征地补偿费、耕地开垦费、新增建设用地土地有偿使用费、新菜地开发建设基金、征地管理费和土地登记费等。不同税费的设税(费)目的、计税(费)依据、征税(费)对象及征收标准均有所不同,在农用地转用征收环节发挥着不同的作用并相辅相成,共同实现抑制农用地占用规模和速度,保护耕地的目的。

我国农用地转用主要通过农用地征收方式来实现。依靠土地征收权,政府在支付征地补偿费或由用地者先行垫付征地补偿费后,强制性地取得集体土地并将之转为国有土地,然后按照建设用地规划许可的土地用途予以统一供应。在此过程中,农民获得有关补偿费用,政府取得农用地转用过程中的土地增值收益,即实现了土地发展权归公和土地增值归公。从法律基础来看,《土地管理法》和《物权法》是政府控制农用地非农转化的重要法律依据。城镇土地属于国家所有,而除了法律规定归国家所有的以外,农村土地属集体所有,并由村委会代表村民行使所有权。《物权法》也规定国家对耕地实行特殊保护,严格限制农用地转为建设用地,控制建设用地总量。明确不得违反法律规定的权限和程序征收集体所有的土地。

二、土地税费规范管理的必要性

作为调节市场的重要经济杠杆,土地财税制度在促进资源有效配置方面的优势日益凸显。国家于 2007 年先后调整了"一税三费"的税费水平,普遍提高了征收标准,以期通过税费杠杆调节耕地占用行为,进一步突出农用地转用征收环节中土地税费的重要地位。从中长期看,理顺农用地转用中的经济关系,实现土地征收中的公正补偿,需要在强化土地用途管制的基础上,深化土地市场化改革和征地制度改革,缩小征地范围,积极培育并适度开放经营性农用地转用市场,形成农用地转用市场价格,为公益性目的的土地征收补偿提供客观的市场参照,从而建立与市场经济相适应的,区分公共目的和私人目的、公益性用地和私人性用地的农用地转用制度。

近年来,行政管理制度在耕地保护制度体系中发挥着主导作用,土地税费体系在强化耕地保护、遏制滥占乱用耕地、促进土地集约利用、确保国家粮食安全、实现宏观经济调控等方面发挥了积极作用,成为我国土地政策研究的重点和热点。目前,农用地转用征收环节土地税费存在费多税少、分配使用不合理等现象,虽然管理部门高度重视,但在理论和实践中都缺乏针对性研究。因此,亟待从法律层面对农用地转用中的税费征收环节进行综合控制,提高耕地占用税在农用地转用征收环节的比重,逐步降低行政规费,有效减少农用地转用对耕地资源造成的破坏。

三、土地税费优化的可行性

现行土地税费体系基本满足了对我国农用地转用征收环节调节的需要,但就具体税费标准设置及土地税费间的相互关系而言,尚存在待完善之处。本研究通过对"一税三费"的深入分析,剖析了土地税费在农用地转用征收环节中的作用,并进一步从农用地转用征收环节的利益相关者入手,分别从中央政府、地方政府、土地使用者以及被征地农民角度出发,分析了当前税费的设置情况及其分配方式的合理性。

基于以上分析,本研究认为在提高征地补偿标准,积极探索建立与市场经济相适应的、新型的农用地转用制度和征地补偿机制的同时,需改革和完善农用地转用过程中的土地税费体系,规范土地有偿出让收益的使用和管理,加快建立和完善国有土地收益基金专项管理制度。

四、土地税费的重要性

我国现行农用地转用征收环节的土地税费，其征收目的是政策性而非财政性的，即征收的本质是通过经济手段调节土地增值收益分配，以此促进土地政策目标的实现，这些目标包括约束耕地占用、促进耕地占补平衡、激励存量建设用地集约利用、增进社会公平等。但由于多种原因，预设的土地税费政策功能并未得到有效发挥。在土地出让收益成为地方政府重要财政收入来源的情况下，必须配套完善土地税费制度体系，强化其政策功能，促进土地政策全局性、战略性目标的实现。

当前我国农用地转用环节税费设置存在一定的提升和改进空间，应建立一套激励机制，在税制设计中体现"宽税基、低税率、少减免、严征管"的原则。这样既利于纳税人诚实纳税，也有利于鼓励投资，刺激经济增长，而且轻税与重罚相结合，有利于促成税收的纳什均衡。合理稳定的土地税费，清晰明确的税费标准，将有利于征税部门明确征税对象、严格征税标准、提高工作效率，保证税费的正常征收，并保护失地农民的利益。以此为基础，应积极探索农用地转用征收环节土地税费设置的完善空间，结合《土地管理法》修订工作，加强农用地转用征收环节对被征地农民土地财产权益的保护，提高农用地转用征收环节被征地农民的补偿标准与所占比重。

第三节　政策建议

一、提高税费法律层次，合理调整税费比例

土地税费收入不但是政府财政收入的重要组成部分，也对土地资源优化配置起着积极的作用。随着我国社会主义市场经济体系的逐步完善，市场对土地资源的配置作用进一步发挥，要求尽量减少政府对土地市场和土地利用的行政干预。作为农用地转用环节中的唯一税种，耕地占用税是国家运用法律和经济手段，控制乱占滥用耕地而采取的重要措施，耕地占用税的征收除为财政筹集农业开发专

项资金外,还在控制乱占滥用耕地、保护耕地面积方面起到积极作用。因此,必须进一步突出耕地占用税在农用地转用过程中的关键地位。可在继续提高税率的基础上进一步划分耕地占用税的税率档次,避免城市及其周边的优质耕地被大量占用或闲置,也为经济欠发达地区创造经济发展机会。

二、加强土地税费征管,合理收费

地方和部门应严格遵照法律规定,合理合并税费,取消不合理收费,不越权和擅自减免土地税收。实践证明,把土地税费管理权完全交给地方,很难完全管理好土地,容易造成土地资源的浪费和损失,损害农民和国家的长远利益。合理调整土地税费的管理和收益分配已成为土地严格管理与有效调控的关键环节。在土地税费权益分配上,应实现将土地绝对地租的权利交给中央,将体现级差地租的权利交给地方,以发挥好中央和地方两方面的积极性。同时应认真清理收费,加强部门间的沟通与合作,及时掌握农用地转用过程各环节的准确信息,加强税务登记、发票管理和税务稽查,严格依法征税。

三、加强生态建设,提高土地整治综合效益

土地整治效果的最优化不仅体现在单项效益最大化,更要追求综合效益的最优化。目前我国土地整治工作存在着明显的重经济社会效益、轻生态效益的现象,导致土地整治生态效益弱化,一定程度上限制了土地整治综合效益的提高。因此,在土地整治项目的设立和工程建设中,应将更多的资金、精力投入到生态环境建设中,集中连片改良盐碱化土地,有效减少水土流失、土地沙化面积,降低土地退化风险,提高土地生态安全程度和生态效益。通过土地整治和生态建设,提高林木覆盖率,形成良好的防护林体系,改善农田小气候,提高农田生物多样性。同时将基本农田等优质耕地大面积连片布局,以优化耕地空间格局,构建景观优美、人与自然和谐的生态环境。

四、加大监管力度,规范土地整治项目实施

土地整治投入产出效率的高低,不仅取决于土地整治资金分配的多寡,也与当地土地整治工作执行、监管力度息息相关,中央通过新增费分配,对部分地区的土地整治工作开展进行倾斜,就是为了促进这些地区的土地整治发挥更大效益。然而,如果缺乏健全完善的监督管理体系,土地整治效益提升也只能沦为空谈。

健全土地整治监管体系,一是要全面推进土地整治信息化工作,提高监管工作水平;二是要加强行业管理,建立土地整治市场准入制度,采取退出市场、终身负责等追究机制,确保项目规范实施和阳光运作;三是要进一步明确管理职能,实行分级负责的管理制度,加强技术指导,督促地方各级国土资源管理部门和土地整治机构履行土地整治管理职责。

参考文献

[1] 路春城,张莉.论土地税在土地资源管理中的作用及其完善[J].国土资源情报,2006(2):35—41.

[2] 曹霄琪.我国土地资源可持续利用对策研究[J].生产力研究,2009(14):110—112.

[3] 孔祥斌.粮食安全:不能忽视耕地的作用——对茅于轼先生的"18亿亩红线与粮食安全无关"的回应[J].中国土地,2011(6):57—60.

[4] 中华人民共和国国家统计局《2010年第六次全国人口普查主要数据公报》(第1号).

[5] 全国土地利用总体规划纲要(2006—2020年).

[6] 徐忠方.我国地方税制存在的问题及对策研究[J].时代金融,2011(10):35—36.

[7] 胡海.论我国地方税制的完善[J].湖南科技学院学报,2012,33(3):131—135.

[8] 杨琳.土地税收法律制度——资源保护的视角[D].青岛:中国海洋大学,2009.

[9] 曲顺兰,路春城.构建节约型社会与土地税制的完善[J].税务研究,2006(2):23—27.

[10] 唐健.我国耕地保护制度与政策研究[M].北京:中国社会科学出版社,2006.

[11] 杨晓妹.关于宏观调控中土地税收政策的思考[J].地方财政研究,

2008(10):20—22.

[12] 何来芳,麻志周,范诗鸣.目前我国耕地保护面临的主要问题及对策[J].河南国土资源,2004(8):12—13.

[13] 李保平.农地转用的行为实质及价值[J].长白学刊,2012(1):95—100.

[14] 李效顺,张绍良,汪应宏.中国经济转型阶段建设用地增长极限计量研究[J].自然资源学报,2011,26(7):1085—1095.

[15] 王滔,张坤.城市化进程中农地转用问题及对策研究[J].湖南农机,2009,36(6):75—77.

[16] 费跃锋,董道元.对我国土地税费改革的国际借鉴与思考[J].石家庄经济学院学报,2004,27(1):65—68.

[17] 中共中央马克思恩格斯列宁斯大林著作编译局.马克思恩格斯选集第4卷[M].人民出版社,1995.

[18] 王佩芬,孙文学.略论我国封建社会赋税的经济作用[J].财经问题研究,1984(4):29—34.

[19] 虞拱辰.中国赋税史[M].北京:中国财政经济出版社,1996.

[20] 侯明,杨树臣.论经济增长中的税收宏观调控[J].东北师大学报(哲学社会科学版),2001(6):61—64.

[21] 郑江平.在构建和谐社会中发挥税收作用[J].中国税务,2006,(1):29.

[22] 赵治法.关于税收职能职责和作用的思考[J].河南大学学报(社会科学版),1991,31(3):49—51.

[23] 傅文.从贡、助、彻看夏、商、西周的赋税制度[J].浙江财经学院学报,1990(2):28—34,85.

[24] 杨涛.略论中国封建赋役制度[J].云南师范大学学报,1998,30(1):25—29.

[25] 中共中央马克思恩格斯列宁斯大林著作编译局.马克思恩格斯选集[M].人民出版社,1972.

[26] 黄天华.论秦代赋税结构及其沿革[J].广东社会科学,2000(6):39—44.

[27] 丁玉莲.论汉代的赋税制度[J].咸宁学院学报,2009,29(Ⅰ):38—39.

［28］蔺子荣,孙肇琨.税收理论与实务［M］.济南:山东人民出版社,1989.

［29］王志瑞.高等财经专科学校试用教材——中国赋税史［M］.北京:中国财政经济出版社,1998.

［30］方史.德国侵占下的胶州湾(下)(1897—1914)［J］.山东师院学报(哲学社会科学版),1979(5):43—54.

［31］潘兆国,孙雪莲.税收理论与实务［M］.沈阳:东北大学出版社,1995.

［32］叶公强,谢纪聆,周国清.孙中山地价思想初探［A］.中国土地问题研究——中国土地学会第三次会员代表大会暨庆祝学会成立十周年学术讨论会论文集［C］.1990.

［33］中国社科院近代史所.孙中山全集［M］.中华书局,1900.

［34］章启辉,付志宇.南京国民政府时期税收政策演变的思考［J］.湖南师范大学社会科学学报,2009(2):125—127.

［35］匡珊吉.四川军阀统治下的田赋附加和预征［J］.四川大学学报(哲学社会科学版),1981(1):79—85.

［36］何先鹰,刘礼堂.试论敌后抗日根据地的农业税［J］.武汉大学学报(人文科学版),2003,56(1):60—66.

［37］刘佐.中国税制概览(2003版)［M］.北京:经济科学出版社,2003.

［38］辽宁省地方税务局.农业税 农业特产税 耕地占用税 契税纳税辅导［M］.沈阳:白山出版社,1995.

［39］李永贵.土地增值税讲解［M］.北京:中国商业出版社,1995.

［40］程雪松,张宝江.土地增值税与资源税实用指南［M］.北京:中国商业出版社,1994.

［41］刘大宽,彭章华,祁维昌等.耕地占用税征收与管理［M］.武汉:武汉工业大学出版社,1996.

［42］张启珍.谈加强耕地占用税征收管理对保护耕地的作用［J］.中国国土资源经济,2004(17):10—11,33.

［43］希罗多德.历史［M］.北京:商务印书馆,1959.

［44］Cary,Scullard. A History of Rome:Down to the Reign of Constantine

[M]. New York：Bedford Books，1979.

[45] 大卫·李嘉图. 政治经济学及赋税原理[M]. 郭大力，王亚南，译. 北京：商务印书馆，1997.

[46] 王三义. 古罗马"赋税名目"考略[M]. 史学月刊，2006(6)：87—91.

[47] 周莹莹. 中世纪英国的土地税[D]. 济南：山东大学，2007.

[48] 厦门市地方税务局课题组. 海峡两岸房地产税制比较研究[J]. 福建论坛·人文社会科学版，2011(9)：125—131.

[49] 许合进. 台湾土地税立法及对大陆的启示[J]. 甘肃政法学院学报，1999(3)：38—41.

[50] 宋国明. 加拿大土地税收管理[J]. 国土资源情报，2006(2)：24—26.

[51] 张蔚文. 韩国土地税制[J]. 中国土地，2001(7)：42—46.

[52] 王惠. 各国土地税法的比较与我国土地税法体系的完善[J]. 经济师，2004(2)：69—70.

[53] 吴霖. 我国古代税收思想初探[J]. 财经论丛(浙江财经学学院报)，1992(4)：26—31.

[54] 顾炎武. 日知录集释[M]. 长沙：岳麓书社，1994.

[55] 许苏民. 论顾炎武经济思想中的近代性因素[J]. 湖北大学学报(哲学社会科学版)，2004，31(6)：627—633.

[56] 王成柏，孙文学. 中国赋税思想史[M]. 北京：中国财政经济出版社，1995.

[57] 夏国祥. 中国近代税制改革思想研究(1900—1949)[D]. 上海：上海财经大学，2003.

[58] 晏才杰. 租税论[M]. 北京：新华学社，1922.

[59] 裴世安. "非税"思想的传播、讨论及其影响[J]. 陕西财经学院学报，1986(2)：62—67.

[60] 许建国. 辉煌与思考——对我国税收理论发展50年的简要回顾[J]. 税务研究，2000(1)：4—11.

[61] 许建国. 我国税收理论发展50年[J]. 湖北经济学院学报，2003，1(1)：

5—10.

[62] 许建国,李波.改革开放 30 年来税收理论发展的历程[J].税务研究,2008(10):11—15.

[63] 陈多长.土地税收理论发展:从威廉·配第到费尔德斯坦[J].哈尔滨工业大学学报(社会科学版),2002,4(3):27—30.

[64] 罗鸣令.从《赋税论》看威廉·配第的税收思想[J].铜陵学院学报,2009(3):32—33.

[65] Feldstein,M. S. The surprising incidence of a tax on pure rent:A new answer to an old question[J]. Journal of Political Economy,1977(85):349—360.

[66] Calvo ,C. A. Kotlikoff, L. J. & Kodriguez,C. A.. The incidence of a tax on pure rent:A new reason for an old answer[J]. Journal of Political Economy,1979,(87):869—874.

[67] 沈伟.现代西方经济学原理[M].沈阳:东北大学出版社,1993.

[68] 李九领.当代中国税收理论与实践[M].郑州:郑州大学出版社,2005.

[69] 郭晋芳.论市场失灵及其矫正[J].山西财经大学学报,2000(22):19—20.

[70] 阿弗里德·马歇尔.经济学原理[M].廉运杰,译.北京:华夏出版社,2005.

[71] A. C. Pigou.福利经济学[M].朱泱等,译.北京:商务印书馆,2006.

[72] 裴少峰,郭艳艳.外部性理论的演进、内涵与应用[J].商业文化,2011(10):271—272.

[73] 朱中彬.外部性理论及其在运输经济中的应用分析[M].北京:中国铁道出版社,2003.

[74] 萨缪尔森.《经济学》上册[M].商务印书馆,1979.

[75] 宁学平.略论国家财政在资源配置中的地位和作用[J].财政研究,1994(10):2—5.

[76] 钟契夫.资源配置方式研究——历史的考察和理论的探索[M].北京:中国物价出版社,2000.

[77] 王云中. 论马克思资源配置理论的依据、内容和特点[J]. 经济评论,2004(1):31—38.

[78] 胡庆康,杜莉. 现代公共财政学[M]. 上海:复旦大学出版社,2001.

[79] 刘怡. 财政学[M]. 北京:北京大学出版社,2004.

[80] 郭小聪. 政府经济学[M]. 北京:人民大学出版社,2003.

[81] 黄恒学. 公共经济学[M]. 北京:北京大学出版社,2005.

[82] 孙宗印. 西方公共财政理论与我国财政改革的目标模式[J]. 云南财贸学院学报,2000(1):60—63,92.

[83] Musgrave, R. A. The Theory of Public Finance[M]. New York:McGraw-Hill,1959.

[84] 周刚志. 论公共财政与宪政国家[M]. 北京:北京大学出版社,2005.

[85] 郭白言. 金融效率理论和度量方法浅述[J]. 东北企业文化,2011(8):11—12.

[86] 罗必良. 新制度经济学[M]. 太原:山西经济出版社,2005.

[87] 毕泗锋. 经济效率理论研究述评[J]. 经济评论,2008(6):133—138.

[88] 王振山. 金融效率论——金融资源优化配置的理论与实践[D]. 沈阳:东北财经大学,1999.

[89] 沈军. 金融效率理论框架与我国金融效率实证考察[J]. 金融论坛,2003(7):2—7.

[90] 王明国,王春梅. 金融发展和金融效率理论综述[J]. 生产力研究,2009(15):194—196.

[91] Avinash D. Persaud. 流动性黑洞:理解、量化与管理金融流动性风险[M]. 姜建清,译. 北京:中国金融出版社,2007.

[92] 谢经荣. 完善土地税收体系[A]. 中国土地使用制度改革的研究——中国土地学会 1992 年学术年会论文集[C]. 1992.

[93] 李蕊伊. 引导城市土地资源合理配置的土地税收作用研究——以武汉市为例[D]. 华中农业大学,2011.

[94] 谭术魁. 进一步改革我国土地税制的基本设想[J]. 中国农村经济,

2000(1):56—62.

　　[95] 林庶民,杨悉廉.我国土地税收体制改革的思考[J].乡镇经济,2006(3):
58—61.

　　[96] 刘维新.中国土地租税费体系研究[M].北京:中国大地出版社,1994.

　　[97] 郑威.土地税研究[D].东北财经大学,2005.

　　[98] 马克思恩格斯全集(第25卷)[M].北京:人民出版社,2008.

　　[99] 刘维新.试论土地租税费体系的建立与完善[J].中国房地产金融,
1994(4):3—5.

　　[100] 曾艳,黄征学.关于完善我国土地租税费体系的探讨[J].农业经济问
题,2000(6):39—43.

　　[101] 黄贤金,张安录.土地经济学[M].北京:科学出版社,2007.

　　[102] 曹飞.论城市土地租税费体系的调整与完善[J].现代商贸工业,
2009(4):67—68.

　　[103] 韩润仙.关于完善我国土地租税费体系的初步思考[J].国土经济,
1998(6):27—28.

　　[104] 中国科学院可持续发展战略研究组.2012中国新型城市化报告[M].
北京:科学出版社,2012.

　　[105] 调整耕地开垦费收缴标准探讨——以北京市为例[EB/OL].http://
www.lcrc.org.cn/publish/portal0/tab61/info7886.htm

　　[106] 张宏斌,贾生华.土地非农化调控机制分析[J].经济研究,2001(12):
50—54.

　　[107] 邵彦敏,杨印生.耕地保护外部性内部化的路径选择[J].农业技术经
济,2008(2):19—24.

　　[108] 司言武.环境税经济效应研究[M].北京:光明日报出版社,2009.

　　[109] 孙海兵.耕地外部性研究[M].北京:经济科学出版社,2009.

　　[110] 李世涌.外部性理论及其内部化研究综述[J].中国市场,2007(8):
117—119.

　　[111] 董德坤,朱道林,王霞.农地非农化的外部性分析[J].经济问题,

2004(4):55—57.

[112] 周晟.农用地转用价格研究[D].吉林大学,2007.

[113] 邬丽萍.城市土地价格机制研究[M].北京:经济科学出版社,2007.

[114] 王小映,贺明玉,高永.我国农地转用中的土地收益分配实证研究——基于昆山、桐城、新都三地的抽样调查分析[J].管理世界,2006,5:62—68.

[115] 王佑辉,艾建国.农地转用地价体系与增值收益分配[J].华中师范大学学报(人文社会科学版),2009,48(4):52—58.

[116] 宋佳楠,金晓斌,唐健,等.中国城市地价水平及变化影响因素分析[J].地理学报,2011,66(8):1045—1054.

[117] 王真,郭怀成,何成杰,等.基于统计学的北京城市居住用地价格驱动力分析[J].地理学报,2009,64(10):1214—1220.

[118] 华文,范黎,吴群,等.城市地价水平影响因素的相关分析:以江苏省为例[J].经济地理,2005,25(2):203—205,218.

[119] Mostafa Morsi El Araby. The role of the state in managing urban land supply and prices in Egypt[J]. Habitat International,2003,27(3):429—458.

[120] Min Hwang, John M Quigley. Economic fundamentals in local housing markets:Evidence from U. S. metropolitan regions[J]. Journal of Regional Science,2006,46(3):425—453.

[121] Ogawa K, Suzuki K. Land value and corporate investment:Evidence from Japanese Panel Data [J]. Journal of the Japanese and International Economies, 1998,12(3):232—249.

[122] 武文杰,刘志林,张文忠.基于结构方程模型的北京居住用地价格影响因素评价[J].地理学报,2010,65(6):676—684.

[123] Ahlfeldt G, Maennig W. Impact of sports arenas on land values:Evidence from Berlin[J]. The Annals of Regional Science,2010,44(2):205—227.

[124] 高延娜,朱道林.基于特征价格模型的农村土地征收价格影响因素研究[J].武汉大学学报(信息科学版),2008,33(11):1198—1201.

[125] Bryk A S, Raudenbush S W. On heterogeneity of variance in

experimental studies: A challenge to conventional interpretations [J]. Psychological Bulletin, 1988,104(3): 396—404.

[126] Rogosa D R, Brand D, Zimowski M. A growth curve approach to the measurement of change[J]. Psychological Bulletin,1982(90): 726—748.

[127] 宋佳楠,金晓斌,周寅康. 基于多层线性模型的耕地集约利用对粮食生产力贡献度分析——以内蒙古自治区为例[J]. 资源科学,2010, 32 (6): 1161—1168.

[128] 郭志刚等译. 多层线性模型:应用与数据分析方法[M]. 北京:社会科学文献出版社,2007.

[129] Dempster A P, Laird N M, Rubin D B. Maximum likelihood from incomplete data via the EM algorithm[J]. Journal of the Royal Statistics Society, 1977,39:1—8.

[130] Dempster A P, Rubin D B, Tsutakawa R K. Estimation in covariance components models[J]. Journal of American Statistical Association, 1981, 76: 341—353.

[131] Goldstein H. Multilevel mixed linear model analysis using iterative generalized least squares[J]. Biometrika, 1986(73):46—56.

[132] Longford N T. A fast scoring algorithm for maximum likelihood estimation in unbalance models with nested random effects[J]. Biometrika, 1987, 74(4):817—827.

[133] Raimond M, Martin P, Steffen S. Hedonic price indices for the Paris housing market[J]. Allgemeines Statistisches Archiv,2004(88):303—326.

[134] 中华人民共和国国家标准 GB/T.18507—2001[Z]. 北京:中国标准出版社,2001.

[135] 严星,林增杰. 城市地产评估[M]. 北京:中国人民大学出版社,1999.

[136] 柯善咨,何鸣. 市场和政府共同作用下的城市地价——中国城市的实证研究[J]. 当代经济科学,2008,30(2):25—32,124—125.

[137] Raudenbush S W, Liu X. Statistical power and optimal design for

multisite randomized trials[J]. Psychological Methods,2000,5(2):199—213.

[138] 丁洪建.土地供应规则的变化对北京市住宅用地市场的影响[J].中国土地科学,2007,21(3):11—18.

[139] 邵晓梅.从土地利用变化态势谈集约利用[EB/OL]. http://www.mlr.gov. cn/tdzt/zdxc/tdr/2006lt/jyjyly/200711/t20071127_664174. htm,2007 - 11 - 27.

[140] 郭杰,欧名豪,刘琼,等.基于 BP 神经网络的南通市建设用地需求预测[J].资源科学,2009,31(8):1355—1361.

[141] 苏安玉,李衡,濮励杰.基于 RAGA—BP 神经网络模型的三江平原地下水资源预测研究[J].地理科学,2009,29(2):283—287.

[142] 张利权,甄彧.上海市景观格局的人工神经网络(ANN)模型[J].生态学报,2005,25(5):958—964.

[143] 游和远,吴次芳,林宁,等.耕地占用税与耕地数量变化的动态模拟及政策启示——浙江省的实证研究[J].中国土地科学,2009,23(11):38—44.

[144] 赵婕,金晓斌,唐健,等.耕地占用税设置的功能定位与调控机制分析[J].国土资源科技管理,2011,28(2):102—108.

[145] 刘大宽,彭章华,祁维昌,等.耕地占用税征收与管理[M].武汉:武汉工业大学出版社,1996.

[146] 蒋冬冬,赵鹏飞.浅议耕地占用税[J].新财经(理论版),2010(12):174.

[147] 金晓斌,丁宁,张志宏,等.中国土地整治资金在省际间分配及土地整治效果[J].农业工程学报,2012,28(16):1—9.

[148] 杨绪红,金晓斌,管栩,等.2006—2012 年中国土地整治项目空间特征分析[J].资源科学,2013,35(8):1535—1541.

[149] 金晓斌,丁宁,唐健,等.新增建设用地土地有偿使用费征收标准调整对耕地保护效果影响的计量分析——以江苏省为例[J].地理科学,2011,31(7):817—822.

[150] 丁宁,金晓斌,唐健,等.新增建设用地使用费的耕地保护绩效测算[J].自然资源学报,2011,26(7):1096—1106.

[151] 徐国鑫,金晓斌,周寅康.基于 DEA 和空间自相关的我国土地市场化程度分析[J].地理与地理信息科学,2011,27(5):64—68.

[152] 魏权龄.数据包络分析[M].北京:科学出版社,2006.

[153] 梁志森.基于 DEA 方法的我国商业银行效率测度及影响因素分析[D].华东师范大学,2006.

[154] 杜栋,庞庆华.现代综合评价方法与案例精选[M].北京:清华大学出版社,2005.

[155] 颜鹏飞,王兵.技术效率、技术进步与生产率增长:基于 DEA 的实证分析[J].经济研究,2004(12):55—65.

后　记

　　本书依托 2010 年以来南京大学与中国土地勘测规划院合作开展的三个农用地转用征收环节有关税费的专项研究，通过进一步完善和深化，编写而成。相关课题研究在当前我国城镇化进程快速推进、农用地保护形势日益严峻的宏观背景下，针对农用地转用征收环节土地税费的现状，回顾梳理了国外土地税费制度以及相关理论进展，从理论、技术和管理三个层面进行了系统研究，旨在通过典型区域重点税费的深入分析，探索优化土地税费设置在国民经济健康稳定发展与农地保护之间的最佳平衡关系，在有效保护农地的前提下，全面协调土地的可持续利用。

　　近年来，随着我国工业化、城镇化进程的加速发展，农用地转用与征收面积逐年增长。与此同时，谷物、大豆等农作物进口量逐年上升，耕地保护与粮食安全的形式日益严峻。农用地转用征收环节土地税费作为政府保护耕地、调节市场行为的重要经济手段，发挥了积极作用。由于我国当前社会、经济等各方面的快速发展，农用地转用征收环节的土地税费对保护耕地与调节市场的影响力逐步下降，已不能满足税费预期设置的目标。本书将农用地转用征收环节土地税费作为研究对象，研究内容涵盖了国内外土地赋税发展、中国土地税费构成、农用地转用征收环节税费与土地出让成本及城市地价的关系，选取典型区域重点税费测算了其耕地保护绩效，并对部分税费进行了优化设计分析。

　　通过研究发现，以耕地占用税、新增建设用地土地有偿使用费、耕地开垦费、征地补偿费（"一税三费"）为主要内容的农用地转用征收环节税费是我国土地管理与财税制度的重要组成部分，具有保护耕地、资金统筹、保障失地农民利益、土地收益分配等多方面目标，其本质是通过经济手段提高土地取得成本，保障农民土地财产权利、促进农地保护目标的实现。目前上述税费预设的功能尚未充分实现,后期应重点考虑从土地清费立税、优化税费结构、体现农民财产权利等方面予以规范与完善,努力实现土地取得由侧重于行政手段向市场行为的过渡。

本研究理论层面分析了国内外土地税费的发展历史,围绕当前我国农用地转用征收过程中土地税费的现状进行了探讨;技术层面,以农用地转用征收环节中的"一税三费"为研究对象,运用数理统计、实证分析、区域比对等方法,分析了各项税费间的相互关系,测算了其资金绩效,以此对现阶段税费的运行情况进行了判断,对税费改进与完善的空间和实现途径进行了探讨;管理层面,综合借鉴国内外耕地保护和土地税费制度的经验,从制度建设、法律手段、经济手段、技术手段、生态保护和宣传教育等角度提出了相应的措施和建议。

本书由金晓斌、周寅康拟定编写大纲并组织相关人员集体协作而成。具体分工如下:第1章:张志宏、周寅康执笔;第2—3章:丁宁、胡一琦执笔;第4章:张志宏、胡一琦、赵婕执笔;第5—6章:金晓斌、丁宁、宋佳楠执笔;第7—8章:张志宏、丁宁、胡一琦执笔;第9章:张志宏、周寅康执笔。全书最后由张志宏、金晓斌统稿。

本书在编写过程中得到了国家税务总局财产行为税、国土资源部财务司相关主管处室领导的大力指导与帮助。中国土地勘测规划院唐健研究员、魏西云副研究员对书稿的编撰给予了全程指导与帮助。南京大学地理与海洋科学学院部分学生也参加了调研和数据分析工作,包括博士研究生李朝旗、郭贝贝,硕士研究生管栩、杨旭红、黄晓阳、赵新新、潘倩、王金朔、张晓霞、徐康、张庶等。感谢大家辛苦的付出和四溢的智慧!

本书的顺利出版得到了江苏高校优秀学科工程资助项目和江苏省土地开发整理技术工程中心的支持,在此表示感谢!

本书编写时参考了大量国内外相关著作和研究成果,在此对著作作者和研究成果完成者表示衷心的感谢!由于时间仓促,加之水平有限,书中恐有疏漏,恳切期望得到专家、学者及所有同行和读者们的批评与指正!

张志宏

2013 年 10 月 20 日